一战

全史

徐 谦

编著

1914-1918

辽海出版社

图书在版编目（CIP）数据

一战全史 / 徐谦主编 . —沈阳：辽海出版社，
2018.12

ISBN 978-7-5451-5214-2

Ⅰ.①—… Ⅱ.①徐… Ⅲ.①第一次世界大战—历史
Ⅳ.①K143

中国版本图书馆 CIP 数据核字（2019）第 025660 号

一战全史

责任编辑：柳海松
责任校对：丁　雁
装帧设计：廖　海
开　　本：630mm×910mm
印　　张：14
字　　数：215 千字
出版时间：2019 年 3 月第 1 版
印刷时间：2019 年 3 月第 1 次印刷

出版者：辽海出版社
印刷者：北京一鑫印务有限责任公司

ISBN 978-7-5451-5214-2　　　　　定　价：68.00 元

前 言

20世纪初，是一个躁动与不安的年代。自从以机器与大都市为代表的工业文明出现以来，各殖民大国及其利益集团，就开始了一场世界范围内的新的角力。老牌殖民帝国英、法、俄同德、日、美等新兴国家在争夺资源和殖民地上产生了不可调和的矛盾，同时，资本主义国家周期性的经济危机和国内阶级矛盾的尖锐也使各国统治不稳，于是纷纷扩军备战、寻找同盟，企图通过对外战争来缓和国内矛盾。

第一次世界大战发生于1914~1918年，主要战场在欧洲但波及全世界。它是一场帝国主义国家间的争霸战，也是人类历史上一次空前的劫难，是作为毁灭之神降临人世的。战争主要在同盟国与协约国这两大军事集团之间进行，德国、奥匈帝国、土耳其、保加利亚等属同盟国阵营，英国、法国、俄国和意大利等则属协约国阵营，后来发展到共38个国家、15亿人卷入这场真正意义上的全球性军事冲突。

1914年6月28日的萨拉热窝事件引爆了欧洲的火药桶，随着奥匈帝国向塞尔维亚宣战，欧洲列强纷纷全面动员，倾其全国之力，投入这场前所未见的残酷血战。绵延千里的铁丝网和壕沟阵地，成为列强厮杀拼搏的角力场。数以百万计的军人在弹片四溅、血流成河的泥泞战场，试图打出一个世界新秩序。曾经历过两次世界大战的丘吉尔这样评价本次大战："政府和个人都按照这悲剧的韵律，摇摇晃晃地进入到无效的暴力之中，屠杀和破坏的规模日益增大，使人类社会所遭到的伤害，在一个世纪内都难以恢复。"本次战争的战线主要分为东线（俄国对德、奥作战）、西线（英、法对德作战）和南线（又称巴尔干战线，塞尔维亚对奥匈作战），其中以西线的战事最为惨烈，如著名的马恩河战役、索姆河战役、凡尔登战役。

这场史无前例的世界大战，利用了人类文明从物理到化学全面的科技成果，使人深刻体会到了文明的负能量。两个集团都疯狂扩军，并建立起发达的军事工业，许多新式武器被投入了战场，飞机、坦克、机枪和毒气的首次使用，完全改变了以往的战争形式，大大增加了这场战争的残酷性，客观上也促进了许多军事理论的产生。在海战方面，无畏级战列舰、潜水艇及航空母舰的初次使用，则拉开了大洋海战新形式的序幕。

德国依靠它先进的军事工业基础，率先发起了进攻，但双方都低估了对方的经济和军事潜力，因此基本上都只准备打一场速决战。没承想大战持续了一年又一年，其残酷性和持久性是各参战列强始料不及的。大炮喷吐着铁雨，地球浸泡在血泊之中，战壕如同一个粉碎人体的巨大磨盘，绞杀着无数的生灵，无数青年的鲜血，喷涌而出，汇成了河。血腥、恐怖、凄惨，构成了一幅惨不忍睹的末日画卷。在为时四年零三个月的残酷战争中，有 3000 多万人死伤，欧洲几乎失去了整整一代的年轻人——仅就英国而言，战后就有 200 多万妇女无法再组建家庭。以致英国外交大臣爱德华·格雷悲哀地表示："全欧洲的明灯都熄灭了，我们有生之年将不会看到它们能够再次亮起。"

随着 1918 年 11 月 11 日德国投降，第一次世界大战终于以协约国的胜利告终。人类在这次浩劫中蒙受的损失之大，令人瞠目结舌——仅经济损失就达 1700 亿美元（当时币值）。这次大战，使帝国主义各国的力量对比发生了巨大变化：德国战败，被迫割地赔款；德意志、奥匈、奥斯曼、沙俄四大帝国遭到摧毁和瓦解；英法虽取得了胜利，但在战争中受到削弱，元气大伤；只有美国在战争中牟取暴利，一跃成为战后世界上的头号金融强国。战后列强奴役掠夺战败国和宰割弱小国家的《凡尔赛和约》等分赃条约，虽暂时调整了各当事国之间的关系，但没有消除它们之间的根本矛盾，这场号称将结束一切战争的战争，造成的结果，竟是下一场更大规模的世界大战。但大战的影响绝不止于此，它对人类历史发展的进程，对世界的政治经济格局，对人们的思想观念等，都产生了极其深远的影响。

本书不仅分析战争形势和战略战术，介绍战役经过、主要将领、武器装备，更论及历史谜团和一战逸闻等，尽量还原第一次世界大战的本来面目，生动述说这段血与泪、罪与罚、生与死交织的悲剧历史。回顾这次空前浩劫，重温那段那血与火的岁月，不仅可以丰富知识，更可以吸取历史教训，更深入地反思人类的生存与发展、战争与和平等问题，从而更加珍惜生命、珍惜和平。

目　录

第十三章 改变战争天平的砝码——美国的介入

第十四章 大局已定——协约国军队的反攻

第十五章 尾声

第一章　大战策源地

——从大炮中"孵化"出来的德国

一、德国崛起的源头——普鲁士

德国，位于欧洲西部，它东邻波兰、捷克，南接奥地利、瑞士，西接荷兰、比利时、卢森堡、法国，北与丹麦相连，并与挪威隔海相望。德国的领土面积虽然只有357000多平方公里，但它却是一个颇具影响力的世界大国，也是欧洲的核心国家之一，自中世纪以来，德意志国家就是欧洲历史发展中的一个强有力的因素。作为德国历史上的第一帝国，神圣罗马帝国曾经称霸西欧，势力盛极一时。但是在17世纪爆发于欧洲大陆的"宗教战争"中，法国一举打败了哈布斯堡王朝统治下的奥地利，从而确定了法国在欧洲大陆的霸主地位，而从属于奥地利治下的神圣罗马帝国，则从此陷入了长期分裂的局面。在其后的一百多年中，德意志陷入了分崩离析的状态。当西欧的英、法等国早已形成统一强大的民族国家之际，在德国的土地上，却散落着三百多个大小不等的独立诸侯和一千多个骑士领地。用法国著名学者伏尔泰的话说，这时的神圣罗马帝国既不神圣也非罗马，更谈不上什么帝国，它已经成了名存实亡的地理概念。

就在德国陷于四分五裂的时候，在德国东部地区，一个以柏林为中心的边陲小邦勃兰登堡却在不断发展壮大，进而形成了普鲁士王国。普鲁士王国的统治者霍亨索伦家族推行了一种实用主义的政策，把领土扩张和保持一支强大的军事力量当作自己的根本任务，到了18世纪中期以后，普鲁士王国已经建立起了一支远远超过德意志各邦的常备军。由于继承了条顿骑士团的军事专制传统，普鲁士王国的军队向来以教育素质高、纪律严明、骁勇善战而著称。在老威廉一世担任普鲁士国王以后，他对不是花在军队上的每一分钱都十分吝惜，他在赴柯尼斯堡举行加冕典礼的路程上，总共只花掉 2547 个银币，而他父亲为此曾经花了银币 500 万个。威廉一世以爱护军队著称，他所制定的全部政策都是用来为军队服务的，而他本人则是一直身着制服露面的第一位普鲁士国王。在他在位期间，大大强化了普鲁士的军事国家色彩，当时普鲁士人口只居欧洲大陆各国的第 13 位，领土居第十位，而军队却居第四位。到威廉去世时，普鲁士军队已经达到 83000 多人，普鲁士国家收入的 80% 被用于军队，而同期欧洲大陆霸主法国的军费开支仅占国家收入的 60%。

18 世纪末到 19 世纪初，法国大革命就像一声惊雷，撼醒了沉睡于封建社会的德意志民族，法国军队对于奥地利和普鲁士两大德意志邦国的胜利，终于使德国人认识到，德国在欧洲已经严重落伍了，只有改革德国内部陈腐的政治、经济和社会结构，德意志民族才有可能重现中世纪的辉煌，德意志国家才能重返欧洲舞台的中心。1806 年后，普鲁士首相卡尔·施泰因开始推行了一系列改革，1809 年在柏林创办了柏林大学，同时又开始对普鲁士军队进行改革，经过在工业、农业和商业等各个领域里的改革，到 19 世纪上半期，德国经济已经出现了前所未有的发展势头。这个时候，德意志的分裂状态已经严重阻碍了社会的进步，经济的发展迫切要求德意志民族的统一。到 19 世纪中期，普鲁士的爱国主义情绪高涨，要求结束分裂割据状态、建立一个统一的民族国家的呼声不断高涨。虽然德国民族统一问题一直没有得到解决，但民族主义作为一股强大的思潮和一种运动已经极大地震撼了德国社会的各阶层，从而为德国的统一奠定了思想基础。

在德意志众多的邦国之中，根深叶茂的奥地利历来居于主导地位，与奥地利争夺德意志霸权一直是普鲁士统治阶级所追求的梦想，自 18 世纪以来，普鲁士一刻也没有停止过与奥地利争夺德意志霸主地位的斗争。1848 年 3 月，德意志联邦的各邦代表，在美因河畔的法兰克福召开了预备会议，会上对以谁为核心组成统一的德国问题，出现了两种意见。多数的代表主张，应该由奥地利来领导，建立一个统一的大德意志帝国，称为"大德意志派"，由于当时的奥地利疆域辽阔，民族众多，所以这个"大德意志帝国"将是一个由多民族组成的国家。

少数代表则认为，应把奥地利排除在外，建立一个由普鲁士领导的统一的小德意志帝国，称"小德意志派"，这个"小德意志帝国"则是一个纯粹由日耳曼民族组成的单一民族的国家。这次预备会议上奥地利占了上风，选出了奥地利的约翰大公担任临时帝国的首脑，但是在实际上，约翰大公并没有任何实权，德意志各邦的王公们依然是我行我素，根本不听他的调遣，所以这个首脑形同虚设，德意志仍然无法实现真正的统一。

在德意志各邦中实力较强的普鲁士几次尝试统一德国，但都遭到了失败，因为欧洲各国是决不愿意看到一个新的强国出现的，而奥地利也决不会轻易地放弃它在德意志联邦中的霸主地位，德意志各中小邦的统治者们为了保住自己的独立统治地位，更是不会自愿放弃他们数百年来一直捍卫的权利。当时还是普鲁士亲王的威廉一世在1849年以后就已经得出了结论："谁要统一德国，就必须先征服德国"。1861年，威廉一世登上普鲁士国王的宝座，当他即位之后，在所发表的第一次训词中就说："在将来，普鲁士的陆军就要变成普鲁士的武装民族。"这句话改变了欧洲的命运，也改变了世界的命运。为了实现统一德意志各邦的目的，普鲁士立即扩充军备，计划建立一支拥有37万常备军和13万后备部队的小型军队，并在全国储备16万人的国民预备兵。这在当时的欧洲，可以说是无与伦比的。同时，威廉一世任命具有新思想的人物罗恩为军政部长，杰出的军事家赫尔穆特·毛奇为总参谋长，着手进行军事改革。1862年，威廉一世又任命以"铁血"著称的奥托·冯·俾斯麦为首相兼外交大臣，这一任命，标志着普鲁士王国加快走上了用王朝战争统一德意志的道路。

奥托·冯·俾斯麦是坚决主张用武力统一德国的强硬派，早就声称若任命他担任首相，他将不惜一切强行推行陆军改革和新兵役制度。上台后的俾斯麦竭力推行他所谓的"铁血政策"，着手策划德意志的统一大业，从此致力于德国的统一事业，并且由于他在实际中所取得的成绩而成为19世纪后期德国乃至欧洲最著名的政治家。俾斯麦特别欣赏德国著名军事理论家克劳塞维茨的观点，认为要实现德国统一的道路只有一条，那就是"通过剑，由一个邦支配其余各邦"。1862年9月30日，出任首相不久的俾斯麦在普鲁士议会上发表了著名的"铁血演说"，他声称："当前的重大问题不是通过演说和多数人的决议能够解决的，而是要通过铁和血。"在俾斯麦的领导下，普鲁士王国在19世纪中后期，通过与丹麦的战争、与奥地利的战争和与法国的战争最终完成了德意志的统一，从此，在欧洲建立起了一个令欧洲各国侧目的强大国家——德意志帝国。

二、在三个鸡蛋上跳舞——"铁血宰相"俾斯麦

"让我们把德国扶上马鞍！"这是奥托·冯·俾斯麦一句著名的话语。

俾斯麦崇尚武力，素有"铁血"之名；他在俄、法、奥三个鸡蛋上跳舞，终于完成了德意志的统一；他曾充满豪气地宣称："在这世界上，我们德国人只畏惧上帝，此外什么也不畏惧。"但他最后却不得不黯然下野。

1815年4月1日，俾斯麦出生于普鲁士一个容克贵族地主家庭，他的父亲曾是腓特烈大帝手下的军官，腓特烈大帝70岁时与这位下级军官进行了一次随意的交谈，这成了整个俾斯麦家族的荣耀。俾斯麦在他父亲的庄园里度过了自己的童年，八岁时被送往柏林小学读书，那是一所处于首府中的小学，绝大部分学生都是新兴资产阶级的孩子，对于一个大容克地主的儿子可谓罕见，因此，被视为乡下人的俾斯麦在学校中总是受到同学们的排挤，这使得他的童年生活充满了痛苦和压力，不过这样的环境也促成了他那抗争的性格。大一点后他考入了号称"学术之都"的哥廷根大学学习，在学习期间，体格雄壮的俾斯麦强悍粗暴，曾与同学进行过27次决斗，脸上还因此留下了一道长长的剑伤而破了相。然而在当时的社会中，那是最受尊重的标志。

在普鲁士统一德意志的过程中有两个最杰出的人物，那就是老毛奇和俾斯麦，这两个人的外表与他们所选择的行业正好相反。作为普鲁士的一代名将，老毛奇自青年时代就生得瘦削文弱，一副书生模样，以致曾被亲王时代的威廉一世惊呼为"这可不是一块当兵的好材料"。和老毛奇正好相反，俾斯麦是个文官，却从青年时代就人高马大、体格雄壮，很有其先祖乡村武士的遗风。同样也是这位威廉亲王，第一次见到俾斯麦时，就震惊于有这样好的体格为什么不去从军，俾斯麦的回答是"军队不适合我这种人的发展"，这在当时尚武的普鲁士，

可以说是一个另类的回答。在英国、美国、法国先后爆发资产阶级革命，并完成国家独立统一的历史任务之时，位于中欧的德意志仍然处于四分五裂的状态，这对正处于求学阶段的俾斯麦影响很大，作为一个德国人，他深切感受到国家四分五裂的痛苦，从那时起，俾斯麦就成了一名主张德国统一的坚定人物。在当时的德国，大大小小共有300多个邦，还有1700多个骑士领地，威斯特伐利亚地区仅仅1200多平方公里的范围内竟然有52个邦国，许多领地内甚至不敢进行军事演习，生怕炮弹子弹掉到别的邦国上引起纠纷。整个德意志国家关卡重重，严重妨碍了经济发展，所以要求统一的呼声已经越来越高了。1832年，在美国独立战争纪念日上，俾斯麦同自己的美国朋友莫特利用25瓶香槟啤酒打赌，他宣称，在25年内德意志必然统一，虽说德意志的最后统一时间比俾斯麦所言晚了10年，但毕竟还是在他的手中实现了。

大学毕业后，俾斯麦回到家乡去管理自己的两处领地，可他根本不适合当庄园主，一心想要出人头地的他去到英国考查。自游历英国后，只要有时间，便到处游览，足迹遍布了欧洲各主要国家。1846年秋，回到家乡的俾斯麦被任命为负责易北河右岸从耶里肖夫到圣道的一段堤坝总管，这是他的第一个独立自主的公职，也是他从政的开始。35岁时，俾斯麦正式踏入政界，担任了普鲁士国会的议员，这也是他政治生涯的转折点，在此期间，他迎来了自己人生的另一次转折，那便是他的第三次婚约。他一改往日放荡不羁的性格，去迎合乔安娜的双亲，排除万难后，终于在1847年正式结婚。

俾斯麦最大的外交长处是他善于审时度势和灵活善变。尽管他唯一的愿望是要用战争去统一德意志，但在不同的场合，他会提出与自己立场背道而驰的主张。当时奥地利是德国南方强大的邻国，曾经威胁说，如果德国企图统一，奥地利就要出兵干预。尽管俾斯麦做梦都想要击败奥地利而统一德国，但令人惊异的是，这样一个好战分子居然在国会上屡次主张和平，他说："没有对于战争后果清醒的认识，却执意去发动战争，这样的政客，请自己去赴死吧！战争结束后，你们是否有勇气承担农民面对农田化为灰烬的痛苦？是否有勇气承受身体残疾、妻离子散的悲伤？"这就使得人们还以为他是个和平主义者。

1862年，普鲁士议会举行全体会议，新当选的人民进步党议员占了多数席位。这些议员都是一些知识分子和小商人的代表，他们大力鼓吹民主和自由主义，认为普鲁士的一切都必须经过表决以多数票来决定。在国王、工人和资产阶级这三种力量中，资产阶级在议会中势力大增，因此，会场上总是议而不决，争吵不休。当年9月，俾斯麦被任命为普鲁士宰相，当过普鲁士驻俄大使和驻法大使的俾斯麦很了解俄、法统治者的内心想法，这就使他当上宰相后深知该如何使用武力去对付敌人。在他当上宰相的第一周，就站出来发表了经典的"铁血"演说。他非常激动地说道："当代的重大政治问题不是用说空话和多数派决议所能决定的，必须要用铁和血来解决，德国所指望的不是普鲁士的自由主义，而是它的武力！"

俾斯麦担任宰相的时候，正是普鲁士军事力量的上升时期，这正好为他的"铁血政策"打下了坚实的基础。俾斯麦深知，议会里的资产阶级议员有着很强的软弱性，他们是没有勇气对抗政府的，为了更有效地实行"铁血政策"，俾斯麦干脆一脚踢开议会，在议会指控政府"违背宪法"的情况下，他不但不害怕，反而公开表示："冲突在所难免，在冲突中最有力量的方面，一定获胜！"上台后的俾斯麦大力推进行军事改革，扩大军事预算，议会曾经要罢免他，他回答道："我们这里不是英国，我们这些大臣是国王的奴仆，而不是你们的。"

1863年底，丹麦合并了属于德意志联邦的石勒苏益格和荷尔斯泰因，这两个公国在名义上归属丹麦，但在实际上是存在争议的，因为这两个公国中的一个，它的居民是以德意志人为主的。第二年开始，俾斯麦以这件事为借口，联合了奥地利一同对丹麦开战，丹麦以4万士兵对抗奥普6万联军，结果战败。普鲁士得到了石勒苏益格，奥地利得到了荷尔斯泰因。打败丹麦后，"铁血政策"的第二步，就是挑起对奥地利的战争，俾斯麦调转枪口，对准了奥地利。当时的欧洲形势对普鲁士极其有利，俄国在克里米亚战争中失败，奥地利在战争中没有支持俄国，反而和英国、法国结盟，战后，奥俄两国在巴尔干半岛的矛盾加剧，因此奥地利此时不可能再指望得到俄国的帮助。英国深恐法国独霸欧洲，于是支持普鲁士，牵制法国。而法国则等待着即将到来的普奥之战，好准备在双方的厮杀中坐收渔人之利。

尽管外部条件比较有利，然而奥地利毕竟是个大国，打败它可不像打败丹麦那样容易，俾斯麦先和与奥地利有冲突的意大利结成反奥联盟，然后又亲往法国，假意许诺打败奥地利后，让法国得到一份领土报酬，这样就稳住了法国。在做好了这些铺垫之后，俾斯麦挑起了普奥战争。1866年，俾斯麦一举击溃了奥军，由于他估计到法俄此时定会出面干预，再加上从长远考虑，他拒绝了乘势攻下奥地利首都的建议，而是和奥地利签订了宽松的条约，这样，就为统一德意志迈出了第一步。法国直到这时才突然惊觉普鲁士已不再是以前那个弱小的邦国了，如果普鲁士统一德意志各邦，成立一个强大的帝国，并与法国为邻，这会令法国在欧洲大陆上的霸主地位消失，法国不能再坐视不理。法国此时不愿意德意志强大起来，便竭力阻止德国的统一，这时对法作战就成为统一德意志最后的关键。俾斯麦在等待着有利的时机，他这次是利用南部德意志诸邦对法国的恐惧心理和它们之间的矛盾，以此促进南北德意志的民族感情。1870年，时机到来，俾斯麦毫不迟疑地发动了普法战争。在战争中，南北德意志并肩作战，战后，南部四个邦便与北部联邦合并，成立了"德意志帝国"。

普法战争结束后，法国与德国签订了《法兰克福条约》，主要内容为：法国割让阿尔萨斯和洛林东部给德国，赔款50亿法郎，分三年付清，赔款付清前德军留驻巴黎和法国北部诸省。由于《法兰克福条约》条件苛刻，令战败的法国与德国从此结怨，引起了法国的复仇主义，埋下了第一次世界大战最早的起因。在普法战争中，战败的法国割地赔款，德意志不仅完成了政治上的统一，而且来自法国巨大的战争赔款，使得德国迅速成为欧洲列强之一。用当时欧洲列强的话来说，还没等人们看清楚是怎么回事时，一个强大的德国已经从大炮中"孵化"出来了，俾斯麦到此实现了"让我们把德国扶上马鞍"的誓言。

1871年1月18日，在法国巴黎的凡尔赛宫，威廉一世被拥立为南北德意志帝国的皇帝，不过当时的威廉一世并不真的为此而高兴，按照他的意见，普鲁士国王才是男人一生追求的最伟大的荣誉。4月16日，新选出的德意志帝国议会批准了德意志帝国的宪法，俾斯麦成为这个帝国的第一任首相。就这样，在不到7年的时间里，通过三次王朝战争，俾斯麦用铁和血统一德意志的计划取得了完全的成功。

才思敏捷、机智善变的俾斯麦成了举世瞩目的人物。左拉在罗浮宫详细端详俾斯麦的举止后说，他"像一位诙谐的巨人在和少数的来宾侃侃而谈"。德国人的深沉和高卢人的优雅在俾斯麦身上得到了恰到好处的融合，他是德国将国家政治和思想精神融为一体的少数典范之一。俾斯麦最大的优点在于善于拿捏尺度，打击对手的同时适可而止，让对方不会产生非常强烈的反应。但俾斯麦对法国却没能拿捏好分寸，强逼割地引发法国对德国深深的仇恨，而将法国抽干的外交政策，直接导致了威廉二世日后的严重外交失误。俾斯麦靠三场对外战争来达成统一的大业，但这并不表示俾斯麦是一位好战分子，俾斯麦最高明的地方，是记住了战争只是一种政治手段，必须为政治服务，必须有明确的政治目的，战争必须不能走得太远。他只视战争为一种协助统一的"工具"，当统一完成后，便将其弃之不顾，采用一种较"柔和"的手法来处理国际事务。他并不希望扩张殖民地，只想维持一个和平的国际环境，让德国平稳地发展，令德国强大起来。

在德国的历史上，俾斯麦是独一无二的政治人物，他堂堂的仪表和举止，确实使得国王对这位臣下深信不疑。从 1862 年成为普鲁士的首相以来，28 年来，他把普鲁士从欧洲五大强国中最弱的一个，逐渐变成了有能力决定世界格局的一支力量。但俾斯麦办事风格强悍，很少听进别人的意见，这种强势性格在统一过程中，可以坚定地完成很多压力很大的改革，但当德国统一后，这种性格的缺陷就暴露出来了。统一完成后，德国无一人地位可与俾斯麦媲美，政令基本出自俾斯麦之手，一些机密的外交文件甚至不经德皇过目，这便埋下了他日后被德皇摒弃的根源。俾斯麦的性格可以说是有些神经质，他勇敢善战，甚至晚年还接受过决斗，不过，他又易于意志消沉，忧郁寡欢；他是个彻头彻尾的独裁者，越到晚年越是专横傲慢，不过有时，他也确实能做到和别人商量，谅解别人的过失。他也曾私下里把国王比作自己的坐骑，认为必须用马刺驱使它疾驰，这一切激怒了威廉二世，成为导致俾斯麦下台的重要原因。

俾斯麦在外交领域中纵横捭阖，合纵连横，在 19 年的帝国首相任内，他与奥地利、俄国和意大利等国结盟，对宿敌法国也很宽松对待，这位"铁血宰相"借着三帝同盟巧妙地保持着欧洲的和平，从而使德国处在了一个良好的发展环境之中。威廉二世继位后，急于向世界扩张，罢免了年事已高的俾斯麦，并抛弃了他的一贯政策，挑起了第一次世界大战，最终导致了德国的战败。

三、统一德国的序幕——普丹战争

俾斯麦统一德国的第一场王朝战争是1864年与丹麦的战争。1848年，丹麦与普鲁士曾因石勒苏益格和荷尔斯泰因这两个公国问题发生了冲突，为了解决丹麦与德国在两公国问题上的矛盾，欧洲列强于1852年签订了伦敦议定书，规定这两个公国在丹麦国王的个人领导下与丹麦联合——当时的丹麦国王是这两个公国的国王。丹麦的老国王去世后，德意志人认为，这两个公国中德意志居民占大多数的荷尔斯泰因应该归属德意志。面对德意志统一派咄咄逼人的宣传攻势，1863年11月13日，一个"黑色星期五"的晚上，由年轻的丹麦国王领导下的丹麦议会作出了一个重大决议，取消了石勒苏益格和荷尔斯泰因的传统特权，强行将两个公国并入丹麦。此事引起了两地德裔人士的愤怒，俾斯麦在德意志邦联提出动议，最后达成决议，德意志邦联派出军队占领荷尔斯泰因公国。1863年圣诞节时，普鲁士军队占领了荷尔斯泰因，第二年1月，局势持续紧张，但没有发生战斗，丹麦军掌握艾达河北岸，德军则在南岸。

两公国争端的出现，成为俾斯麦检验其"铁血政策"的良机。他的目标是利用有利时机吞并这两个公国，作为统一德国的序幕。当时的国际形势也有利于俾斯麦推行自己的政策：俄国由于普鲁士支持其镇压1863年波兰起义而心存感激，表示"绝不出兵打普鲁士"，法国则正兵陷墨西哥，自顾不暇；英国虽然威胁要干涉，但没有大陆盟国的配合，难有作为。俾斯麦利用欧洲各列强之间的矛盾，稳住了英、法、俄等国。为了避免成为众矢之的，俾斯麦联合奥地利共同出兵，并许诺奥地利可以获得两个公国中的一个——荷尔斯泰因。在俾斯麦的精心策划下，普鲁士与奥地利这两个德意志最重要的邦国站出来为荷尔斯泰因的德意志同胞"讨说法"来了。1月16日，俾斯麦向丹麦发出最后通牒，要求它在48小时之内废除合并两个公国的决议。但这在政治上是不可能的，尤其因为限时太短，丹麦政府拒绝接受。两天后，普鲁士和奥地利军队渡过艾达河，到达石勒苏益格，战争已无可避免。从表面上看，普、奥联手对付一个小小的丹麦，可谓胜券在握，可是当时的丹麦手中握有强大的海军，陆军虽弱，但在本土作战，亦占有有利的因素，更重要的是，丹麦与英、俄这两大强国的关系不错，故而这场战争的最大未知数就是英、俄的干涉。俾斯麦的解决办法是将战火严格限制在石勒苏益格与荷尔斯泰因境内，同时争取速战速决。

1864年1月普丹战争爆发后，普奥联军几乎未遇太大的抵抗就占领了石勒苏益格，迅速击败了丹麦军队。奥普两国原先没有计划入侵丹麦，但在2月18日，一些普鲁士轻骑兵受到一场骑兵遭遇战刺激，横越边界并占领科灵。俾斯麦决定利用这一情况扭转局势，他向奥地利力陈采取强硬政策的需要，以期彻底解决公国以至德意志邦联的问题。丹麦以4万士兵对奥普6万联军，结果战败。丹麦政府在求援无望之下，被迫签订《维也纳和约》，丹麦国王放弃对公国的所有权利，将之让与奥地利皇帝和普鲁士国王。8月，普奥签订加斯坦因专约协议，石勒苏益格割让给普鲁士，荷尔斯泰因割让给奥地利，荷尔斯泰因首府基尔港由普鲁士托管。其实只要看一下欧洲地图就会发现，普鲁士正处于荷尔斯泰因与奥地利之间，奥地利得到的是一块"飞地"。奥地利要进入荷尔斯泰因，必须要经过普鲁士。其实通过停战协议，俾斯麦已为普奥战争埋下了伏笔。在这次战争中，普鲁士首次动用整顿讨的军队，并充分显示了实力。不过，奥地利忽略了普军的力量，这使它在18个月后付出代价。奥普两国对于公国的管理和未来地位，不久后就起了龃龉，俾斯麦就以此为由，在两年后策划了普奥战争。奥地利在克尼格雷茨战役失败后，德意志邦联被解散。奥地利撤出荷尔斯泰因，结果普鲁士兼并了荷尔斯泰因和石勒苏益格。

四、"用铁与血"统一德意志——普奥战争

发生于1866年的普奥战争又称七周战争，是近代战争史上发生在中欧地区的一场著名战争，是普鲁士为争夺统一德意志领导权对奥地利进行的一场战争。这次所进行的战争，不是一次普通意义上的侵略战争，也不是一次征服性的战争，而是一次外交性的战争。普鲁士的目的不是想屈辱奥国，也更不想削弱它，而只是要使奥国认清，在日耳曼，民族主义已经是大势所趋，它要求统一，不准奥国加以反对。进行对奥战争，是普鲁士领导德国统一的关键性一步，俾斯麦对此花费了巨大精力。从1864年10月即对丹麦的和约签字开始，俾斯麦就

领导普鲁士政府积极投入战争准备工作，决心使用军事力量来解决奥地利在德意志的霸权问题。这场战争的爆发，对于双方来说都不意外，而且阵线早已分明。19世纪初，德意志分崩离析，四分五裂，随着时代的发展需要，已面临着一个统一的问题，在统一德意志领导权这个问题上，普鲁士与奥地利相争由来已久，普鲁士虽然在德意志各邦国中实力最强，但比起疆域广大的奥地利来说显然尚逊一筹，长期以来，中欧大国奥地利一直居于领导地位。1848年3月，德意志联邦的各邦代表，在美因河畔的法兰克福召开了预备会议，会上选出了奥地利的约翰大公担任临时的德意志帝国首脑，但这个首脑形同虚设，并没有任何实权，各邦的王公也根本不听他的调遣。

1862年，俾斯麦被普鲁士国王威廉一世任命为普鲁士的首相，主张用"铁"与"血"来实现德意志统一的俾斯麦马上开始策划统一德意志的活动，要建立一个由普鲁士主宰的德意志。在普鲁士与丹麦的战争胜利后，俾斯麦又开始策划对奥地利的战争，他认为只有通过一场战争，才能完成统一德意志的宏图大业。在发动与奥地利的战争之前，俾斯麦先做好了许多外交上的努力，先是跟与奥地利有冲突的意大利结成了反奥联盟，让它在战争开始后从奥地利的背后出击，使奥地利处于两面作战的地步。随后又稳定了当时的欧洲霸主法国，使法国答应不加干涉。当时的奥地利帝国在欧洲是一支强大的军事力量，在法国的拿破仑三世看来，俾斯麦是在自掘坟墓，所以拿破仑三世不仅没有做好干涉的准备，反而担心万一普鲁士输得太惨，会不会使法国丧失对奥地利的战略优势。俾斯麦就是利用了拿破仑三世的这个心理误算，加上又与俄国交好，成功避免了自己的多线作战。在一切准备就绪后，俾斯麦向奥地利提出了貌似公允却难以被对方接受的条件：两个从丹麦夺来的公国由普鲁士亲王管理，但是不并入普鲁士。奥地利对普鲁士吞并这两个公国的背后企图心知肚明，为了打击普鲁士的野心，奥地利于1866年6月1日提出将两公国的前途交由德意志联盟议会表决，以便使普鲁士与整个联盟为敌。这正是俾斯麦等待着的机会，他立即宣称，奥地利将两公国前途交由德意志联盟裁决的决定破坏了奥普两国共管两公国的加斯坦因协定，遂命普军于6月7日开进了由奥地利管辖下的一个公国——荷尔斯泰因。

6月14日，当奥地利组织召开的德意志联邦议会以9：6的票数通过了反对普鲁士的方案后，俾斯麦立即公使声明：联邦议会无权以这种方式对待它的成员，并坚决要求解散联邦议会。同时向萨克森国王、汉诺威国王等三个德意志邦国提出最后通牒，要求他们接受普鲁士提出的《联邦改革纲要》，并且允许普军自由通过他们的国土。普鲁士的过分要求自然遭到三个邦国的拒绝。当日，俾斯麦请一位法国记者和他共进晚餐，席间他将对三国下最后通牒一事透露给记者，那位记者当即将消息发往巴黎，这等于是公开向奥地利发起挑战。奥地利在德意志联邦中也是有盟友的，在德意志境内，中南部的邦几乎一边倒地追随奥地利，在北部也不乏它的追随者，但是奥地利的指挥体系效率太低，各邦之间的协调也大成问题。反之，普鲁士则在开战之初就利用它战略性的铁路系统快速抢占要点，迅速控制了汉诺威与库尔黑森诸邦，并占领了德意志联邦议会所在地法兰克福。

14日，普奥战争终于在俾斯麦的策划之中揭开了序幕，20日，意大利按照意普盟约对奥宣战，普鲁士利用同意大利的结盟，将部分奥军吸引到南部战场。普鲁士方面战争的指挥者为总参谋长毛奇将军，他根据自己制定的作战计划，利用先进的铁路运输实施战略输送，使用先进的电报手段进行统一指挥，在很短的时间内，就将25万余兵力和800门火炮集结到了萨克森和奥地利的边境地区，使之在宽约420公里的正面上，完成了集结和展开。俾斯麦万万没料到的是，意大利的军队居然不堪一击，开战没多久就因失败而失去了对奥军的威协力，这就使得预计中让奥军两线作战的设想落了空，普军在战场上的优势已然不再存在，战局变得难以确定了。但在南部意军失利的同时，北部的普鲁士军队在短时间内还是控制了整个北德意志。

7月3日早晨，一大批步行的士兵和骑马的军官簇拥着四个骑马的首脑站立在奥地利杜布村的一个山头上，在中间的是威廉一世，右边是沉着而自信的毛奇将军，左边是普鲁士的战争部长罗恩和忐忑不安的俾斯麦。在他们的眼前是比斯特里茨河谷及周边的大片荒原，在这里即将进行一场决定命运的生死拼搏。8时整，卡尔亲王的第一军团奉命向奥军阵地发起攻击，欧洲有史以来参战人数最多、流血牺牲最惨的一仗打响了！这一天在此参战的双方人数共有45万之多。普军第一军团自西向东对奥军发起了正面攻击，由于地形有利和炮兵的有效支援，奥军很快挡住了普军的进攻，并且展开了反击，第一军团随之陷入危急之中。卡尔亲王极为恐慌，曾要求派预备队支援第一军团战斗，建议第二军团立即投入交战。然而，毛奇对于自己的部署却信心十足，他拒绝改变原定计划。事实上，毛奇的决策是正确的，他之所以用第一军团去做正面攻击，就是要以此吸引和牵制奥军主力，而以易北河军团和第二军团攻击敌军的两侧和后方，对奥军实行南北夹击。午后一时，俾斯麦忽然发现东边地平线处有一行树林似的东西向萨多瓦方向移动，有深入奥军炮火火力范围之势，他问毛奇这是怎么回事。毛奇用望远镜观察了一会，然后神色庄重地向国王报告："陛下已经赢得了这场战役，而且也将赢得整个战争。是太子的军队到了，他们正在十分出色地分割奥军，您将马上获得全面胜利，维也纳即将俯伏在陛下面前。"

从侧翼杀来的普军劲旅使毫无防备的奥军整个阵线顿时陷于崩溃之中，奥军各部溃不成军，三个小时后，萨多瓦战役以普鲁士全胜结束。此战奥军伤亡、被俘人员多达45000余人，虽然是溃败，但奥军总司令贝奈德克率领的15万人总算是从战场上安全撤退了。普军在作战中伤亡达1万人。此役决定了战争的命运，奥地利军队已无力再战。胜利之际，普军上下兴奋不已，军事将领纷纷主张长驱直入占领维也纳，迫使对手缔结城下之盟。俾斯麦毫不客气地指出，那样只能是让法国渔翁得利，只怕普军未入维也纳，法军已过莱茵河。再者俾斯麦还有更深远的用意，打败奥地利只是开头，普鲁士真正的敌手是法国，俾斯麦绝对不想把奥国变成一个死敌，因为他知道有一天为了欧洲的霸权，德法之间势必要做一次决斗，所以到了那时，他希望奥国能保持中立。因此俾斯麦不仅不进军维也纳，反而主张与奥地利签订极其宽大体面的和约。当普鲁士国王选择与军人保持同一立场时，俾斯麦断然递交了辞呈。最终在王储的斡旋下，普鲁士国王终于决定按照俾斯麦的意思办。事实证明俾斯麦是英明的，在随后的普法战争中，奥地利果然没有乘机对普鲁士下手，从而使普鲁士避免了两线作战之忧。

7月26日，德奥缔结停战协定，8月23日奥普签订了《布拉格和约》，普鲁士获得了石勒苏益格－荷尔斯泰因及汉诺威等地，而奥地利退出了德意志联邦，昔日奥地利在欧洲的政治地位就此一去不复返了。普鲁士因获得汉诺威、石勒苏益格、黑森和纳绍而大大扩张了自己的版图，与德意志南部各公国也分别订立了有利的军事盟约，次年以普鲁士为首建立了北德意志联邦，基本完成了德意志的统一。对当时的欧洲而言，普鲁士取得的是一个魔术般的胜利，正在坐山观虎斗的法国完全没有料到普奥之间的战争会是这样一个结局，完全没有给这个欧洲霸主插手的机会战争就结束了，拿破仑三世到这时才明白，一个新的强劲对手已然出现了。普奥战争后，由普鲁士控制的北德意志联邦成立了，但是南部的巴伐利亚、符腾堡、巴登、黑斯－达姆斯塔四邦仍然置身于联邦之外。俾斯麦没有因为它们在普奥战争中站在奥地利一边而惩罚它们，也没有强迫它们加入北德联邦。俾斯麦只是把普奥战争后法国对莱茵河诸邦的吞并野心通知给巴伐利亚国王及南德意志诸邦政府，从而在南德诸邦中造成了恐惧法国的心理。利用南德意志诸邦的这种心理状态，俾斯麦获得了它们的支持，促使南德诸邦与其缔结同盟，为下一步的普法战争做好了准备。现在，德国统一已经只剩最后一个障碍，当然也是最大的障碍，那就是拿破仑三世和他的法兰西帝国。

在奥普战争中，普军广泛使用装弹方便、发射速度快的线膛后装炮，并充分发挥了火车和电报在战争中的作用，第一次成功地体现了"闪击战"的军事思想，更为重要的是，这场战争的计划是由普鲁士参谋总部事先经过周密计划设计出来的，一反从前那种全靠战场指挥官的临场发挥的作战方式，从而使德军的参谋总部从此在战争中开始发挥重要的作用。当然，普鲁士两个杰出的人物也就此展现到了世人面前，他们就是首相俾斯麦和参谋总长毛奇将军。

第二章 "挑战海上霸主"

——走向大洋

一、霍亨索伦王室的终结者——威廉二世

德皇威廉二世继承了一个欧洲最强大的帝国——德意志帝国。他有着旺盛的精力和聪明的头脑，在其全盛时期，他的一言一行都足以震动世界，在声势显赫如日中天地统治德意志帝国三十年后，他却被总参谋部架空，被人民抛弃，最后凄凄惨惨地躲到外国苟延残喘地度过余生。

1888年6月15日，在德意志帝国首都柏林举行了一场隆重的加冕典礼，当天，一位踌躇满志的年轻人戴上了尊贵的皇冠，他就是德意志帝国的第三位也是最后一位皇帝、霍亨索伦王室的终结者——威廉二世。威廉二世于1859年1月出生于波茨坦，是腓特烈三世和维多利亚皇后的长子。维多利亚皇后是亚历山德拉皇后的姑妈，英王爱德华七世的姐姐。威廉从小就接受了良好的贵族教育，大学毕业后，他按皇家惯例到军队服役，并于1885年被任命为波茨坦第一近卫军团司令，可谓少年得志。但可叹的是威廉二世出生时左臂因病而萎缩，失去了手臂的正常功能，这对一个崇尚武力的国家的继承人来说是一个令人烦恼的缺陷。也许是生理上有病所致吧，威廉二世显得过度虚荣和喜欢炫耀自己，他常炫耀自己的数百套军装，高兴的时候一天能换装十几次。有一则在柏林圈子流行的笑话："他不挂上海军上将徽章就不逛养鱼池，不打扮成英国陆军元帅的样子就不吃葡萄干布丁。"在第一次世界大战爆发时，五十多岁的威廉已经统治德国长达二十多年了，可是他仍然保留着一股孩子气。许多人宣誓效忠于他，却觉得他既不

成熟也不可靠，这一点都不奇怪。在很多相片中，威廉经常用左手拿着一对手套，让左手看起来长一点。他也喜欢用左手倚在剑或拐杖上，达到比较体面的效果。

霍亨索伦家族在普法战争后站到了欧洲的巅峰，外表冷漠的德皇威廉一世，做事非常井然有序，柏林人习惯于根据他出现在窗前的时刻调自己的表。他统治着欧洲最强大、最具活力的国家。威廉二世的母亲是英格兰维多利亚女王最喜爱的女儿，在她的劝说下，威廉二世的父亲决定在继位后将以英国为榜样把德国改造成一个民主的君主制国家。威廉一世逝世后，威廉二世的父亲被加冕为腓特烈三世皇帝，但仅几个月便死于咽喉癌，威廉二世继承了一个欧洲最强大的帝国，成为德意志帝国的皇帝。威廉二世和俾斯麦一样，在年轻时代对自己的母亲充满着敌意，而且事实上，他的母亲的确有一部分的责任。作为一名英国贵族，这位维多利亚女王的女儿总是感到自己和普鲁士人格格不入，在她眼中，这些普鲁士人都是野蛮人，因而常常向儿子灌输英国地位至上的概念，使这位未来的皇帝从小就对英国有一种复杂的感觉，并可能影响了他后来对英国的态度。威廉二世是霍亨索伦家族中第三个登上德国皇位的人，与哈布斯堡家族不同，霍亨索伦家族在1914年所统治的国家正处于上升时期，而且这个家族表现得更加精力充沛，更加好战。德国的崛起过程并不像哈布斯堡家族那样依靠婚姻，而是依靠武力和机智。不夸张地说，才华横溢的俾斯麦帮助霍亨索伦家族创造出了现代德国。

威廉二世是一个性情冲动、头脑硬化的人，虽然也很勤勉、诚恳和具有爱国心。他理想多于实际，爱慕虚荣，一向以一个独裁者自命。即位不久，他就曾经宣布说："这个国家只能有一个主人，那就是我自己。"母亲的争强好胜和普鲁士人要求未来的国王首先是个战士的思想无形中结合在了一起，尽管威廉的左臂天生太短，完全残废，但他还是要接受很残酷的训练，他要和所有的军官一样，骑马，游泳，击剑，射击，而且他必须还要干得更出色。作为一位年轻的帝王，威廉二世在治国方面还是颇有才能和建树的，然而这些成功也助长了威廉二世的狂妄和自负，并直接导致了他与开国元勋俾斯麦的决裂。

1890年俾斯麦提出了辞呈，德皇在两日后批准，俾斯麦正式下野，自此德国的政权牢牢地掌握在了野心远大于能力的威廉二世手里。他一手把俾斯麦精心构制的外交政策全部拆毁，其政策与俾斯麦相比可谓大相径庭。提到俾斯麦，后人常用一种崇拜的口吻，似乎他的才华震烁欧洲外交政坛，一生纵横捭阖，几近于神。俾斯麦在欧洲外交上合纵连横，建立了"三帝同盟"和"三国同盟"，极大地孤立了与德国仇恨最大的法国，使德国处在一个优势的位置，然而随着他的被罢黜，德国的这种优势地位也就渐渐消逝了。

有关宫廷对威廉二世出生之记录指出，他的脑部可能患过病，以致造成脑部损害。如此的健康问题，可能令他培养了具有野心、冲动鲁莽的性格，以及在对待问题或别人时显出傲慢的态度，造成他的施政弊病，例如罢黜俾斯麦的事件。虽然威廉在未当皇帝前，也曾很仰慕俾斯麦，但他登位后，马上就与这位"铁血宰相"发生了冲突。其实，这位少年皇帝是不甘受制于人的，他要亲自掌握统治帝国的最高权力。于是，他在1890年迫使盛气凌人的俾斯麦去职，任命冯·贝特曼·霍尔维格为首相。威廉尤其尊重贝特曼·霍尔维格的意见，并肯定他对内政事务的远大目光，例如他对普鲁士选举法的改革。

至于俾斯麦，则自信地以为无人能替代他的位置，甚至宣称："皇帝是一个最能迁就人的主子，无论什么政事他都不敢反对我。"但重要的是，二人在内政外交政策方面出现了巨大分歧，俾斯麦抱怨说："皇上像只气球，不把线抓紧，就不知道过一会儿他会飞到哪里去。"这一切成为导致他们决裂的主要原因。威廉二世奉行帝国主义，以显示德国蒸蒸日上的国力，积极推行著名的世界政策而一改以往俾斯麦以德国为核心的欧洲中心主义。在帝国议会的讲演中，威廉二世以无比热情的口吻说："俾斯麦推行的欧洲大陆政策十分狭隘，而今我奉行的是世界政策，世界各地都应体现德国政策。"帝国议会为此爆发出雷鸣般的掌声。对外政策由俾斯麦时期的大陆政策转为威廉二世对外扩张的世界政策之后，德国便加入了欧洲国家的造舰比赛的行列，俾斯麦曾告诫德国要以陆上力量为满足，威廉二世则对意大利国王说："我在位多少年来，我的幕僚们、欧洲的那些君主们总是把我的话当作耳边风。要不了多久，有我伟大的海军做后盾，我的话就会有人洗耳恭听了。"

威廉二世刚即位不久时，他的大臣们甚至怀疑他不能胜任工作，不过威廉是个头脑聪敏的人，他善于取悦于人，很快就把这些大臣摆平。

可以说，他把母亲的智慧和父亲的耐心在一定程度上结合起来，这一点的确吸引了很多人。有人说威廉二世毫无政治才能，那无疑不符合事实，如果威廉二世真的不懂得玩弄政治手腕、操控民意和培植党羽，就不可能在1890年的政治危机中一举搞垮俾斯麦。俾斯麦是德意志的创立者，事实上的民族之父，也是欧洲近代最受尊敬的政治家之一，可是他已经老了，虽然俾斯麦根本没有认真反抗，但威廉二世的胜利仍然是很难得的。由于天生的缺陷，威廉一直都在当演员，他扮演着既敏捷又强健的军人，当参加典礼时，他总是使劲地挥舞右臂以掩饰自己孱弱的左臂。由于担心被人看成弱者，威廉二世一直保持昂首阔步、虚张声势的架势，在几乎1/4世纪的时间里，他一直面对世界高谈阔论，这位年轻的统治者行使权力的后果就是将他那神经质的性格发挥到了极致。马克斯-韦伯对威廉二世时期的德国政治评价如下："我觉得我们处在一群疯子的统治之下。"为首的"疯子"就是皇帝本人，在他的脑海中，英国人、法国人、俄国人企图联合颠覆德意志帝国，用威廉二世的话来说，德国感到他们处于刺刀的包围之中，于是用人们所谓的"愤怒的沙文主义"来作出回应。"当在会议桌上发生争论时，德国总是在开口前把一支左轮手枪摆在桌面上，结果使别的国家望而生畏，联合起来对付它。"事实上，英国、法国和俄国之间错综复杂的利益冲突使它们很难联手对付德国，但威廉二世的疯狂外交手段居然把它们逼到了一起，真的搞出了一个针对德国的三国协约，而这在俾斯麦当政时是被巧妙避开了的。

1890年德国同俄国的条约即将到期，威廉二世没有成功地继续与俄国结盟。沙皇尼古拉二世曾说过："威廉是一个没有教养的恶少。"可以看出沙俄对德国新主人的反感和敌意。此后俄国逐渐向法国靠拢，终于在1893年同法国正式缔结了军事同盟。也许这其中的原因也不能完全归咎于威廉二世，各国之间的关系原本也是伴随着利益的变化而变化的。在俾斯麦时期，德国国力尚弱，除陆军外无力涉及更多领域，伴随着德国公海舰队的建立和德国在世界范围内开始争夺殖民地，英国人于是选择了与法国人结盟来对抗德国。俄国本来是德国盟友，但在巴尔干地区与德国盟友奥匈帝国发生冲突，德国在协调巴尔干问题上不能有效平衡各方利益，终将俄国推向了英法一边，这也是历史的发展使然。威廉二世是一位狂热的军国主义者，其政治野心就是称霸世界。1895年，他宣称德意志帝国要成为世界帝国，即建立起所谓的"大德意志帝国"。

1914年，欧洲局势风云变幻，大战一触即发，威廉二世处在至关重要的位置上，他的一言一行都有可能影响局势的发展和变化。6月28日，震惊世界的萨拉热窝事件发生后，威廉二世欣喜若狂，极力鼓动奥匈帝国发动战争。在他的煽动下，第一次世界大战爆发了，与他预期的相反，战争最终以德国的惨败告终。战败后的德国发生了十一月革命，当时威廉正在比利时的德军总部。兵变令他十分惊讶，此时的帝国已经失去最后的支持，就连兴登堡这个一生拥护皇帝的将军，也只能劝谕威廉退位。霍亨索伦王朝结束了，退位后的威廉二世流亡到了荷兰，在那里度过了自己暗淡的余生。但他并没有忘记德意志，当"二战"爆发后，希特勒德国打败了英法联军，法国在贡比涅森林中签署了向德国投降书后，闻讯的威廉二世给希特勒发了热情洋溢的贺电。1941年6月4日，这位曾叱咤一时的战争狂人终于在"德国将征服世界"的美梦中去世了。

威廉二世的遗愿有两个：一个是他死后葬礼上不能出现纳粹标志，但纳粹德国并没有按照他的遗愿去做，在威廉二世的葬礼上出现了纳粹党党徽。第二个是王朝不复辟他的遗体就不运回德国安葬，这个遗愿得到了纳粹德国的尊重，直到今天，威廉二世的遗体还安葬在荷兰。

二、高悬的达摩克利斯之剑——欧洲的两大军事集团

欧洲的稳定在德国统一以后发生了变化，自从13世纪以来，日耳曼就分裂成了几百个小国，因为一盘散沙而羸弱不振，而普鲁士最初只是德意志诸邦国中的一个小邦，地域狭小，主要是霍亨索伦王朝在小渔村柏林附近的一些领地。在政治上，普鲁士更加微不足道。到19世纪下半期，普鲁士在"铁血宰相"俾斯麦的治理下，迅速强大起来，开始了统一日耳曼联邦的进程，法国不愿意看到日耳曼的统一，出来阻止，因而于1870年爆发了普法战争，这场战争以普鲁士大获全胜、建立德意志帝国告终。

战争是争夺利益的最激烈形式，人类历史的经验表明，大国的崛起和衰落往往都伴随着战争。1871年德意志帝国建立，德国统一后迅

速崛起，而新兴大国需要更加广阔的生存空间。从1871年到1914年的43年间，德国日益强大，德皇威廉二世欲当欧洲霸主，英法俄等传统大国的利益受到新兴大国德国强有力的挑战。

普法战争结束后，德皇威廉一世以胜利者的姿态在战败国法国巴黎的凡尔赛宫被加冕为德意志帝国的皇帝，一个曾经分裂为无数小邦、彼此征战不息、内耗不断的民族，在俾斯麦手中奇迹般地在短短几十年里一跃成为欧洲最强大的国家。欧洲大陆的中心突然出现了一个统一强大的德意志帝国，对所有的欧洲大国都造成了巨大的冲击，英国很快发现，统一的德国已经在欧洲大陆上占据了支配地位，并且很快成为欧洲最强大的国家，比之前拿破仑三世统治下的法兰西第二帝国更难以捉摸，更难以对付。

俾斯麦在统一战争中的战略上的胜利，以及其后娴熟的外交政策，曾一度将新帝国领入了欧洲一个独一无二的地位，但是他的后继者们没有看到德国位置的优越性，而且也未意识到，任何使德国成为欧洲霸主的企图都将使其他国家联合起来对抗它。自普法战争之后，普鲁士与法国结下了不解之仇，俾斯麦担心法国报复，因此采取结盟政策来围堵法国。他本来使德国与奥匈帝国及俄国结成了"三帝同盟"，可是后来俄国在巴尔干半岛与奥匈帝国发生利益冲突，加上俄国的内心也不希望普鲁士强大起来，德国最终选择了奥匈帝国作为盟友，与奥匈帝国缔结德奥联盟。与此同时，俾斯麦又看上了与法国在殖民地事务上有利益冲突的意大利，这样就有了后来的"三国同盟"。

俄国得知德奥两国签订了"德奥同盟"后，十分愤怒。但俾斯麦是一个老练的政治家，为了保持与俄国的良好关系，于1887年与俄国签订了"再保险条约"。这一协定承诺：当协约一方和第三方发生战争时，另一方应保持中立。俾斯麦一被免职，从大臣及法官干预下解放出来的那些德国外交部的专家们就说服威廉取消了1887年与俄国共同签署的"再保险条约"，他们相信法兰西共和国和沙皇俄国绝不会结成联盟。然而1891年沙皇在演奏法兰西革命歌曲时居然脱帽肃立，加上法国在财务上支持俄国工业化后，1894年，两国结成同盟，是为"法俄同盟"。至此，倘若大国之间的冲突爆发，德国将面临两面作战的可能。英国由于与法国之间有互保条约，并且英国也希望俄国能够从背后牵制德国这个新兴的强劲对手，最终也成了俄国的盟国，这样，法、俄、英结成了"协约国",而德国和奥地利加上后来的意大利是"同盟国",两方对峙的力量开始形成。欧洲从此分为两大阵营,只要有任何风吹草动,都有演变为世界大战的可能。

19世纪末,德国外交政策发生了重大变化,抛弃了俾斯麦的"大陆政策",开始推行对外扩张的"世界政策"。德皇威廉二世宣布:"德国在古老欧洲的狭窄边界以外有很多任务要完成。"德国的海军大臣提尔皮茨坚持认为,德国的工业化和海外征服"就像自然法则那样不可抗拒"。威廉二世实行的"世界政策"引起英国的恐慌,因为大英帝国的生存基础就是世界性贸易和对海外殖民地的控制,德国的扩张政策,注定要损害英、俄等老牌殖民主义国家的利益,英国人开始坐立不安。

1890年,马汉的《海权对历史的影响》一书问世,他的理论受到各海军大国的欢迎,对激烈的海军军备竞赛起到了推波助澜的作用。1905年的日俄对马海战,把"大舰巨炮"制胜理论和战列舰主宰海洋理论推向了新阶段。自此,拥有战列舰的多少和主炮口径的大小,就成了衡量海军战斗力的标志、国家实力的象征。进入20世纪,欧洲的两大军事集团开始了激烈的军备竞赛,德国开始大张旗鼓地发展海军。在所有欧洲国家中,战前德国在工业发展上最为惊人,并且具有很高的经济和文化水平,对此英国很是紧张,为了保持自己在海上的优势,从1905年开始,英国开始建造"无畏"舰。德国不甘落后,1907年,德国也开始建造"无畏"舰。倍感压力的英国不得已,遂采取"以二对一"的海军政策以相应付。

自普法战争结束后,法国失去了欧洲大陆霸权,不仅失去了阿尔萨斯和洛林地区,而且还屈辱地让普鲁士皇帝在法国凡尔赛宫的镜厅里加冕为德意志皇帝,这导致法德之间的仇恨不共戴天。法德两国的决策者推行互相仇视的外交政策,也造成了欧洲对立的两大政治军事集团不可缓和的格局。德国迅速崛起以后,不满足于旧的世界秩序,企图凭借强大的军事实力重新瓜分世界;英国想要消灭德国这个竞争者,同时削弱法国和俄国;法国则打算收复阿尔萨斯和洛林。由于奥斯曼土耳其帝国的衰落,巴尔干地区出现利益真空,巴尔干地区的国家纷纷获得了独立,奥匈帝国和俄国都把手伸进了巴尔干。1900年,巴尔干地区出现了5个独立国家:罗马尼亚、保加利亚、塞尔维亚、希腊和黑山。波斯尼亚虽名义上还属于土耳其，实际上已经被奥匈帝国控制。俄国于是想阻止奥匈帝国在塞尔维亚、黑塞哥维那和波斯尼亚的扩张，并企图攻占博斯普鲁斯海峡和达达尼尔海峡，巩固自己在巴尔干地区的地位。各自的野心，使得第一次世界大战前的欧洲战争阴云密布，山雨欲来，已经变成一只巨大的火药桶，只是在等待着某一根导火线的引爆。

三、"海权论"的鼻祖——马汉

阿尔弗雷德·赛耶·马汉，是美国著名的海军战略家和历史学家，曾两度担任美国海军学院院长，"海权论"的创立者。马汉"海权论"的要旨是：要拥有并运用优势的海军和其他海上力量去控制海洋，以实现己方的战略目的。"海权论"思想对美国以及其他海军强国的海洋战略产生了深远影响，其有关争夺海上主导权对于主宰国家乃至世界命运都会起到决定性作用的观点，更是盛行世界百余年而不衰。美国总统罗斯福称赞马汉是"美国生活中最伟大、最有影响的人物之一"。马汉在书中概述了制海权理论，鼓吹建立强大海军，宣称没有强大海军，任何国家都不能在国际舞台上树立权威。马汉的制海权理论适应了帝国主义向海外扩张的需要，对美国等西方国家的国防建设有很大影响，他曾预言在第一次世界大战中，中欧强国和德国海军必败。

马汉于1840年9月27日出生于美国一个丹麦移民的家里。他的父亲丹尼斯·哈特·马汉是西点军校的著名教授，在战争艺术和军事工程学方面均颇有造诣。具有戏剧性巧合的是，马汉父子二人都崇拜约米尼的战争思想，而儿子致力于将约米尼关于陆上战争的战略战术原则运用于海上作战之中。家庭无疑对童年时代的马汉产生了巨大的影响，1854年马汉进入纽约的哥伦比亚学院。虽然老马汉是美国陆军军官学校的校长，但马汉却违背了父亲的意愿，在两年后转入美国安纳波利斯海军军官学校三年级就读。1856年10月2日，马汉在安纳波利斯海军军官学校进行了入学宣誓，从此他抱着极大的热情投入了军校的学习生活。在日后短暂的海上航行中，马汉长时间地沉浸在一种高昂激奋的精神状态中，他感到自己终于实现了在童年时代梦寐以求的那种海上骑士般的冒险生活。军校的岁月很快地过去了，在军校学习期间,马汉树立了远大的抱负,他在致友人的信中说:"产生斯蒂芬、德凯特式的海上英雄豪杰的时代已一去不复返了。如今,没有客观现实条件和一定的环境,想单凭勇敢而成为流芳百世的英雄是极困难的。因此,我下决心通过理论研究这一途径,在海军赢得声誉。"年轻的马汉怀着自命不凡的抱负开始了海军生涯的新起点。

19 岁的马汉以第二名的成绩毕业于美国海军军官学校,毕业后一直在北军"国会"号军舰上任职,随舰在巴西、乌拉圭海岸执勤。但只参加过一些零星的小规模战斗,一直默默无闻,直到他 43 岁时写了一本研究美国海军内战的书,这本书被美国海军战争学院的院长鲁斯看到了,于是邀请马汉到他的学院去教书。在海军军校执教的生活使得马汉能有更充分的时间从事战史研究以及海军战略的思考。在教学期间,马汉的第二本书《制海权对历史的影响》出版了,此书一面世便引起了巨大的轰动,陆续被译成多国文字,成为当时影响最大的世界畅销书之一。该书被称为"海军史上最杰出的著作"。马汉也因此一下子成为美国海军历史学会的主席,俨然成为美国海军理论的头号权威。

在制海权理论中,马汉认为,国家的繁荣、发展和安全都与海权具有密切的关系,海权不仅能够决定海上和陆上战争的胜负,而且可以决定历史的进程。他还指出,海权的强弱取决于地理位置、自然结构、领土范围、人口数量、民族特点、政府性质六方面的因素,海权实际上就是一个国家在海洋上的综合实力,建立和发展强大的海上力量对夺取制海权和打赢海上战争以及维护国家国际政治地位具有重要的意义。以此观点看,海权不仅标志着一个国家利用海洋和控制海洋的总体能力,同时也决定着一个国家和民族能否成为一个伟大民族。因此,马汉的海权论实际上是论述如何通过夺取制海权以达到控制世界的理论。

尽管马汉在自己的军官生涯中从未亲自实践过自己的理论,但他是世界上第一个海洋战略家,也是直到第二次世界大战结束前美国唯一登上历史舞台的战略思想家。在英国,马汉的书被视为"国家的福音书";在日本,此书被列为日本海军军官人手一册的必读书;德国皇帝威廉二世则这样表达他阅读马汉《海军战略论》一书时的心情:"我不只是在阅读这本书,我简直是想把它一口吞食下去。"可以说,马汉的制海权理论在日后一直影响着世界海军的发展，两次世界大战中的海上战争就是对马汉理论最全面、最完整的实践与检验。1908年，68岁的马汉少将前往海军学院临时服役，以便撰写《海军战略》一书，三年后《海军战略》发表，马汉在这本书中汲取了众多前人的研究成果，提出了包括"中央位置"、"交通线"、"舰队决战"、"集中兵力"等作战原则，丰富了海权论理论体系。从那以后，马汉的理论也在一次又一次的海上战争中得以充实，直到今天仍在影响着各国海军的发展和建设。1914年12月1日，74岁的马汉在华盛顿逝世。

四、走向大洋——崛起中的德国海军

"德国的目标是求得这样一个地位——在那些欧洲文明范围之外的国家，在他们的人民中间，德国的影响、德国的资本、德国的商业、德国的工业和德国的聪明才智可以和其他强国在平等条件上进行竞争……"这段话出自19世纪末柏林大学历史学教授德尔布吕克所写的《为什么德国建造军舰》，字里行间反映出当时德国迫切追逐海外利益的要求。

德国位于欧洲中部，北部濒临北海和波罗的海，南靠阿尔卑斯山脉，海岸线长1300公里。但德国海军不仅力量较弱，而且偏于西欧一隅，其主要任务局限于国内防御，使其活动和作战区域仅局限于北欧地区，也就是德国海军舰船通常只在自家门口打转。

19世纪末，由于经济的迅猛发展，英国不断进行对外扩张，强占殖民地，掠夺财富，米字旗在世界各地飘扬。为了加强对殖民地的统治，更多地进行掠夺，英国加强了海军力量的建设。当时英国海军是世界上最强大的海军，且有效地控制了世界贸易航道。

1889年9月，登基仅一年多的威廉二世接受英国邀请，以海军名誉元帅身份率领一支德国舰艇分队，出席了盛大的皇家阅舰式。英格兰南部怀特岛外斯皮特黑德海峡洋面浩大壮观的皇家海军战舰群，令威廉二世所挑选的"德国海军最好的战舰"相形见绌，盛大的典礼强烈刺激了威廉二世的自尊心，皇家海军的霸主气势使其羡慕不已。1895年，年轻的威廉二世公然宣布："德国是个世界强国。""德国的未来在海洋上。"当然，他在大言不惭地说这番话时，根本不顾及英国人已经海上称雄的这一事实。他不顾这些，开始致力于建造一支庞大的海军。他利用英国对布尔共和国的战争在整个欧洲引发的对英国的敌意，竭力推动建立一支庞大海军的计划，这一计划与德国在非洲和太平洋的迅速扩张，引起了英国的震惊和不安。

俾斯麦时期的德国，在海洋方面一直采取防御态势，此时的德国海军的规模，比起英、法、俄等国均要弱小得多，完全属于近海防御力量，需要依托海岸掩护，但能够有效保卫重要出海口和港口。不过，它缺乏公海航行和作战的能力，也无法威胁到其他列强的远洋交通线，对于德国的海外利益不能有效地维护和支援。1898年，俾斯麦时期的大陆政策转为了威廉二世的对外扩张的世界政策，国会通过了威廉二世扩充海军的政策，其中明确指出："这种强大海军的目的，是要使最伟大的海权国家都不敢向它挑战。"这无疑强烈地刺激了英国的感情。虽然德国并无意对英国发动战争，但是英国人却感受到了某种威胁，并由此导致了英德关系渐为紧张。随着德国海军战略的不断调整、新型武器装备的陆续服役、海军作战实力特别是远洋作战能力的逐步增强，德国海军越来越多地参与到国际军事行动中去，日耳曼战舰开始出现在世界各地。当时德国的常规潜艇技术独步天下，在1913年德国就率先研制出了潜艇专用柴油机，成为常规潜艇的典范动力。德国由此一直保持着常规潜艇建造技术上的优势，并建立起一支强大的水下力量。

海外贸易对于一个资本主义国家的存在和兴盛是不可或缺的，德国迅速从农业国转变成工业化强国后，海外扩张成了其通向帝国道路上不可避免的一个环节，因此其寻求殖民地的野心也不可能得到满足，扩张的欲望只会随实力的逐步膨胀而高涨，小心谨慎的发展策略已经难以满足利益阶级的需求。威廉二世梦想使德国成为拥有广泛海外领地的世界帝国。

在德国所面临的海洋挑战中，它不可能也没有实力以夺取制海权作为主要作战目标。然而，它的主要海上敌人——英国皇家海军，虽然有着庞大且实力强悍的舰队，却又有漫长的海上航运线需要守卫（这些航运线给英国运来了其遍布于全世界各殖民地的丰富的物产），因此战时只要切断英国的海上交通线就可能赢得一半的胜利。

作为世界海运业的绝对霸主，英国对德国的行动一直冷眼旁观。

这是因为与法、俄、意大利等强国相比，德国海运业还相对弱小，难以威胁英国的海外殖民利益。另外德国在大力发展海运业的同时，其海军发展仍然相对保守，沿海防御的战略思想一直没改变。此时德国对于海外殖民地的追求，主要通过施展高超的外交手段获得。随着工业力量的不断壮大，德国希望在每一个领域赶上或超过英国。那时，两国海军力量的较量是最明显的标志。英国不断在军舰改进上领先，而德国持续在军舰的工程、技术质量方面占据优势。威廉二世曾说："我不把我的海军建立到和我的陆军同等水平，我决不停息。"面对这一威胁，英国自然不敢掉以轻心，德国加强舰队建设对英国控制权所造成的威胁促使英国议会决心赶上"提尔皮茨计划"的每一步。

1890 年 5 月起，德国先后开工四艘"勃兰登堡"级战列舰。与以往的德国铁甲舰设计思路不同，该级舰突出了公海战斗的要求，将舰队海上思想放在首位，与英国划时代的"皇权"相似，是海军发展史上第一批真正意义的铁甲战列舰。就在德国海军开始走向大洋的同一时期，影响深远的"制海权理论"诞生了，并立即在西方世界引起轰动，为帝国主义国家的海外扩张找到了理论依据。在1900 年至第一次世界大战开始的几年里，世界目睹了前所未有的最大的海军军备竞赛。这一时期，德国的舰队开始壮大起来，准备与俄国、法国进行一场海上交战。这时，在如何对待英国的态度上它犹豫了：是对英国采取强硬态度呢，还是试图和解？德国有些举棋不定。1913 年，英国政府建议双方在一年内停止建造军舰，但德国拒绝了这项建议。德国在海洋方面的跃跃欲试，尤其是建立至少世界第二的海军的作为，从长远看是很不明智的。威廉二世非常热爱他的海军和他的地位赋予他的这套海军制服，然而他的帝国为他所做的那个漫不经心的"世界帝国"之梦付出了沉重的代价——德国制定的排斥英国海军的作战计划，促使英国警醒并与法俄结成了同盟，以封锁德国走向欧洲霸权的道路。

其他国家对待德国的崛起，是根据自身的利益得失来决定的，德国的所为，从根本上打破了欧洲一百年来维持的均衡态势。考虑到德国强大的陆军已是大陆上无人能敌的现实，而德国政府又希图建立一支同样可怕的海军，这就迫使受威胁的国家联手与它抗衡。德国不断加强海军促使英国在 1904 年和法国达成了和平协议，这解决了两国之间的许多突出矛盾。德国于是在摩洛哥问题上挑起一场外交危机，以此作为回答并试图瓦解增进中的盎格鲁—法兰西的友谊。但这个举措使这两个国家走得更近。1907 年，作为对德国政策的反应，英国又与俄国达成了和平协定，同样解决了彼此间许多突出的争端。

第三章 欧洲火药库

——动荡的巴尔干

一、被肢解的"西亚病夫"——奥斯曼土耳其帝国

奥斯曼帝国，是土耳其人建立的国家，创立者为奥斯曼一世，初居中亚，将伊斯兰教定为国教，极盛时的奥斯曼帝国地跨欧亚非三大洲，包括整个巴尔干半岛、小亚细亚半岛、整个中东地区及北非的大部分，西达摩洛哥，东抵里海及波斯湾，北及奥匈帝国和罗马尼亚，南及苏丹，控制了整个西欧到东方的通道，是一个名副其实的大国。奥斯曼土耳其帝国长期以来自认为自己的文明最优越，轻视工业和贸易，从18世纪后期开始，逐渐落后于欧洲，到了20世纪初，远远落后于西方列强，沦为半殖民地，被西方的殖民者称为"西亚病夫"。

19世纪刚开始，拿破仑曾断言土耳其的命运便是听凭列强瓜分。到萨拉热窝事件发生时，土耳其有着许多敌人，而无一个盟友，因为谁都认为不值得和它结盟。一百年来，它一直被窥视左右的欧洲列强看作已奄奄一息，只等它死后下手。可是年复一年，这个令人难以置信的"病人"却不甘死亡，衰弱的双手依然牢牢抓住巨大家当的钥匙不放。国势日蹙的奥斯曼帝国由此被迫寻求改革之路，几经折腾之后，改革无果而终。一度称霸欧洲的奥斯曼土耳其帝国，到19世纪上半期迅速衰落，中央政权不断削弱，被奥斯曼帝国长期统治的地区处于四分五裂状态之中，已成为昔日帝国的"遗产"，这为早已觊觎的欧洲列强大开了争夺的方便之门。尽管欧洲列强都企图利用奥斯曼帝国的衰弱为自己攫取更多的利益，但它们都清楚一旦奥斯曼帝国崩溃，谁都没有足够的力量拿到全部遗产。由于列强特别是英俄在奥斯曼的利

益难以相容，他们无法就瓜分帝国遗产达成一致。所以保持奥斯曼的存在并使有关大国在近东的势力保持一定程度平衡，便成为他们都能接受的一项权宜之计。

进入 20 世纪，垂暮的奥斯曼帝国更是江河日下，首先是刚刚统一的意大利向奥斯曼帝国在非洲的最后一块土地利比亚提出了领土要求，1911 年 9 月 29 日，意大利出兵 5 万多人，在 20 多架飞机的配合下，对利比亚发动了进攻。战争进行到第二年的 10 月 15 日，迫于巴尔干地区战争的威胁，奥斯曼帝国与意大利在瑞士洛桑附近的乌希签订和约，将利比亚割让给意大利，同时割让的还有多德卡尼斯群岛和罗得岛。

地处欧、亚、非三大洲地带的巴尔干半岛，是三大宗教和古代文明的发祥地。这里的大部分地区曾先后属于波斯帝国、亚历山大帝国、罗马帝国、阿拉伯帝国、蒙古帝国和奥斯曼帝国，自古以来就是强者逐鹿、兵马驰骋之疆。在漫长的历史长河中，众多民族、各种文化在这里冲突、交融，众多王国或帝国的版图随着时间的推移在不断地变化，形成历史上极为复杂的民族和宗教问题。奥匈帝国乘奥斯曼帝国陷于国内斗争，在 1908 年吞并波斯尼亚和黑塞哥维那。在 1911 年的意土战争之际，巴尔干同盟向奥斯曼帝国宣战。奥斯曼帝国在巴尔干战争里失去了巴尔干的领地，除了色雷斯及埃迪尔内，经过两次巴尔干战争，奥斯曼帝国丧失了它在欧洲的几乎全部领土。土耳其有一个无价之宝，就是它的地理位置，因为它正好处在各条权力之路的会合处。奥斯曼帝国的领土尽管失去了许多，但在 1914 年"一战"爆发的时候还是要比法国、德国、奥匈帝国加在一起还大。1914 年 10 月，德国送给土耳其的战舰"戈本"号突然袭击了俄国在黑海的港口塞瓦斯托波尔和敖德萨，揭开了土耳其参战的序幕，土耳其最终倒向了同盟国。

在"一战"中，土耳其也打过许多可以称道的战役，其中加利波利半岛登陆战役作为第一次世界大战中最大规模的登陆作战，其在战法运用、武器和兵种投入上，都具有了现代意义上的登陆作战的特色，被誉为"最具现代意义萌芽的登陆作战"。此役可以被称为"西亚病夫"土耳其的崛起之战，一直瞧不起土耳其的英军遭到了惨重损失，狼狈而归，英法联军唯一成功的是，他们在撤退时无一伤亡。这一战结束了英国"诗人将军"伊恩·汉密尔顿上将的军事生涯，丘吉尔被调离内阁，战役的直接后果是导致保加利亚加入了同盟国。

土耳其与俄国是世仇，加利波利战役后，土耳其于 1914 年底在高加索与俄国展开了搏斗。庸碌无能的土耳其陆军大臣恩维尔帕夏，亲自统率约 15 万人的第三集团军与约 10 万人的俄军对垒。在恩维尔帕夏的光荣之梦的驱使下，土耳其人在卡尔斯和阿尔达汉遭到惨败。第三集团军大部战死或冻死。到第二年初战役达到高潮时，土耳其一个完整的军又被歼灭。高加索之战，使土耳其又受到了沉重的打击。1916 年，土耳其的内政部长穆罕默德·塔拉特对帝国内的亚美尼亚人成立第五纵队的可能表示忧虑，下令逮捕亚美尼亚领袖，要求实施特西尔法，开始大规模驱逐及屠杀亚美尼亚人，强行将数千人带到叙利亚沙漠的营地，事件最后演变成种族灭绝。在战争时估计有 150 万亚美尼亚人因饥饿、缺水、暴晒、盗贼掠夺而死亡，这场种族大屠杀在战后一直遭到人们的非议。

1917 年英国人发动了加沙战役，土耳其以 3.5 万左右的兵力，抵挡英国 12 万人的军队，俘获英军 9000 人以上，但其余人的下落没有报告，他们大概不是被杀就是逃走了。这是一次代价很大的战役，英军伤亡了 4 万人，疾病也给部队造成重大损失，莫德将军本人则罹霍乱而死。英国人新派到巴勒斯坦来的一位绰号叫"公牛"的艾伦比将军于月末集结他的兵力，向加沙发动第三次进攻，土军防线后缩而且崩溃，耶路撒冷成了"公牛"艾伦比献给英国的圣诞节礼物。艾伦比的一击，使土耳其人的士气低落到无法补救，据记载，逃兵在人数上远远超过仍服军役的人，土耳其从此已不再成为中欧强有力的成员。

在战争初期，奥斯曼帝国取得了多次重要的胜利，也遭遇不少挫败，战后，《色佛尔条约》确立了奥斯曼帝国的分裂，这时，在奥斯曼帝国土地上建立起来的新国家达 40 个，奥斯曼帝国就此瓦解。"一战"后，土耳其沦为战胜国的半殖民地，凯末尔领导人民革命，取得独立后，在土耳其开始了改革，向西方学习。凯末尔认为真正的工作刚开始，获得独立只是第一步，接下来是如何振兴民族经济，走上富强，只有改革才能消除土耳其"西亚病夫"的称号，才能使土耳其崛起于世界。

二、巴尔干战争的前奏曲——意土战争

1911 年，在非洲爆发了意大利和奥斯曼土耳其帝国之间的战争，这场战争又称为的黎波里塔尼亚战争或利比亚战争。它是意大利为夺取奥斯曼帝国的北非省份——的黎波里塔尼亚和昔兰尼加——而发动的一场侵略战争。在这场战争中，意大利开创了使用飞机完成军事任务的首例，引起了世界各国的瞩目和效法，从而大大促进了军事航空事业的发展。

1911年的奥斯曼土耳其帝国，巨大而腐朽，周边的国家就像一群鬣狗，都想从它庞大的身躯上撕下一块肉来。号称欧洲五强之一的意大利早已对土耳其帝国在非洲的领地垂涎三尺，它一直在观望着其他欧洲势力向地中海及巴尔干半岛不断扩张的情景。法国继占领了阿尔及利亚和突尼斯后又前往摩洛哥。与此同时，英国控制了塞浦路斯、埃及和苏伊士。鉴于当时意大利人强大的民族主义运动，占领当时在土耳其统治下的的黎波里塔尼亚，是重新确立在地中海平衡地位的唯一可行的途径。但要达到这一目的，意大利必须得找到一个理由、一个借口。意大利对奥斯曼帝国北非属地的黎波里早就抱有野心，占领的黎波里是意大利争夺地中海霸权、向北非扩张的重要步骤，它的这一行动事先得到英国和法国的支持。1911年7月发生的摩洛哥危机为意大利的进攻提供了有利的时机。1911年9月28日，意大利政府以它在的黎波里和昔兰尼加的利益受到侵犯为借口，向土耳其发出最后通牒，要求土耳其同意它进驻的黎波里，在遭到拒绝后于次日向土耳其宣战。

在为宣战做准备期间，意大利军事新闻媒体和民族主义媒体均不停地报道的黎波里和昔兰尼加的"军事骚乱"，但事实并非如此。在卡内瓦将军的率领下，意大利两万多人的部队分别于10月1日和10月12日两次登陆的黎波里。但他们遭到4000多名土耳其部队，特别是柏柏尔骑兵的猛烈抵抗。登陆本格哈兹时，发生了一场激烈战斗，600多名意大利士兵战死。入侵的意大利部队迅速增扩至10万人，与2万名利比亚人和8000多名土耳其人作战。10月29日，意大利海军开始炮击土耳其伊庇鲁斯地区海岸城市普雷韦扎，并击沉了土耳其鱼雷艇数艘。11月5日，意大利海军登陆部队炮击并占领的黎波里和图卜鲁格。11日，意军进驻的黎波里，并在胡姆斯、德尔纳和班加西登陆，至月底占领利比亚重要滨海城市，但遭到阿拉伯部落军队和来自埃及、突尼斯等地阿拉伯志愿军的有力抵抗，向腹地的进攻进展迟缓。

在这场战争中，人类战争史上第一次使用了飞机，意大利驻西西里空军基地的飞机向敌人进行了轰炸。当陆地战争成为一场消耗战时，意大利发动了闪电般的海上进攻——五艘驱逐舰成功穿越达达尼尔海峡，与此同时，海军司令米洛率领的一支远征部队占领了罗得岛和位于爱琴海的12个土耳其岛屿。两万余人的意大利军队在飞机配合下，在的黎波里登陆并控制沿岸，意海军占领罗得岛和土耳其沿海的多德卡尼斯群岛的一些岛屿。这时适逢巴尔干战争即将爆发，土耳其处境危急，不得已只好被迫让步。1912年10月，意大利和土耳其两国在洛桑签订了《意土和约》，土耳其放弃了对的黎波里和昔兰尼加的主权，恢复两地的旧称利比亚，并承认意大利继续占有佐泽卡尼索斯群岛，经过近一年的战斗，意大利终于从土耳其的身上割下一块肉来。

意大利的这一行径令奥匈帝国感到慌恐，他们害怕这件事会对巴尔干半岛的局势产生连锁影响。奥匈的担忧并不是没有依据的，看到意大利如此轻松地击败了软弱的奥斯曼帝国，在意土战争结束后不久，巴尔干同盟成员就袭击了土耳其帝国。1912年10月，巴尔干半岛的黑山王国紧随保加利亚、塞尔维亚和希腊之后，也向土耳其宣战，引发了第一场巴尔干战争。巴尔干战争打破了欧洲各方势力的平衡局面，导致了地区局势的动荡不安，最终引发了第一次世界大战。

三、奥斯曼帝国的遗产——动荡的巴尔干

没有人会对欧洲东南角爆发动乱感到奇怪，也没有人会对塞尔维亚是动乱的中心感到奇怪。1914年的巴尔干半岛，是欧洲最不稳定的地区，这里杂居着许多因边界定义不清而时常爆发武力冲突的小国家，相互仇视的民族混杂在一起，各方都坚持自己有扩张的权利。虽说塞尔维亚王国很小，却难以忍受野心的膨胀和怨恨的煎熬，从来不愿被排除在冲突之外。1914年，由于拼凑而形成的国家相互之间不确定的疆界，使巴尔干半岛成为欧洲极特别的地区。在那里，各地都在自由地说着自己的语言，而语言是认同感的主要支柱，且每一个地方都拥有自己的风俗习惯和宗教信仰。19世纪以来，巴尔干地区就是各种势力相互角逐最激烈的地方。第一次世界大战爆发前，巴尔干地区被称为欧洲的火药桶，在整个战争期间，巴尔干地区也是介入比例最大、战事最复杂的地区。要了解第一次世界大战，首先就要对巴尔干地区

的情况有个了解，而在大战爆发前发生的两次巴尔干战争尤为重要。

巴尔干半岛位于欧洲的东南部，地处欧、亚、非三大洲的汇合处，既控制着地中海和黑海的门户，也控制着通往印度洋的航路，不仅战略地位十分重要，而且有着丰富的自然资源。自14世纪以来，这一地区一直处于奥斯曼土耳其殖民统治和奴役之下。在奥斯曼帝国长达四五百年之久的残酷统治中，巴尔干各国人民进行了英勇的斗争，于19世纪先后走上独立发展的道路。奥斯曼帝国在19世纪时已变成"西亚病夫"，成为一个失去掌控力的帝国。巴尔干半岛各省一个接一个地宣称民族自治，或者脱离奥斯曼土耳其独立：1817年塞尔维亚取得自治权；1829年瓦拉几亚与摩尔达维亚也争取到地方自治的权力；1832年希腊独立；1878年塞尔维亚完全独立，而瓦拉几亚和摩尔达维亚也在同一年独立；保加利亚则于1878年取得地方自治权，并于1908年独立。尽管如此，在20世纪初，包括阿尔巴尼亚、马其顿、色雷斯、克里特、爱琴海诸岛屿等，巴尔干地区仍有很大一部分领土处于奥斯曼土耳其的统治下。随着奥斯曼土耳其帝国的日益衰落，其就像草原上倒下的一头大象，吸引了一大群的狮子、鬣狗和秃鹫。它统治下的巴尔干半岛，遂成为各国瓜分的重要目标。

各国的独立，使巴尔干半岛极不稳定。它的两个邻近的帝国——奥匈帝国和沙俄帝国——无法置身事外，都希望能在瓦解的奥斯曼帝国取得新附属国、新贸易伙伴甚至新领土，这使得它们经常爆发冲突，互不相让，在巴尔干半岛展开长达40年的暗中较劲。以德国为首的其他列强，则利用"利益均沾"的方式卷入这场地区冲突。面对着衰老的奥斯曼土耳其帝国的大片土地，意大利首先发难，它对位于地中海南岸的土属的黎波里早已怀有野心，于是在1911年发动了对土耳其的战争。战争进行了一年，奥斯曼帝国对意大利的挑战显得无可奈何，充分暴露了奥斯曼帝国在军事上的软弱无力。但同时，巴尔干国家也看到，在分割奥斯曼帝国在巴尔干的领地方面，又多了一个竞争者意大利，于是，它们开始寻求结盟。这时候俄国也担心巴尔干地区被别的列强抢占，便竭力说服和促使巴尔干地区的斯拉夫国家结盟。20世纪初的欧洲大陆战争阴霾密布，已是山雨欲来，各列强之间以及列强与殖民地之间矛盾不断加深，斗争愈演愈烈。巴尔干地区已经成为这些矛盾的交汇点，1912年终于爆发了以保加利亚、塞尔维亚、希腊、黑山等国所组成的"巴尔干同盟"反对奥斯曼土耳其帝国的战争。由于各列强在巴尔干地区有着重大利益之争,所以这些交战国的身后,都有着大国的插手和较量。

巴尔干地区位于欧亚两洲的接壤处,是欧洲的下腹部,扼黑海、地中海的咽喉,战略位置十分重要,长期是各大国觊觎的对象。俄国自从 15 世纪以来一直打着解放"斯拉夫人"的旗号在巴尔干地区争夺势力范围。19 世纪中期,奥匈帝国也开始将巴尔干的西北部地区纳入自己的统治之下,并从土耳其人手中接管了一些地盘。1878 年的柏林会议削减了俄罗斯的新附庸国保加利亚的领土,奥匈帝国所得到的补偿是对塞尔维亚王国拥有强大的间接影响力,以及管理半自治的波斯尼亚与黑塞哥维那的权力,而这些地方又正是塞尔维亚人想要得到的。由于错综复杂的历史原因,巴尔干地区的历史遗留问题难以解决,特别是领土问题,各个民族都想建立单独的民族国家,并扩大自己的领土范围。"巴尔干同盟"向奥斯曼帝国提出给予马其顿和色雷斯自治权,奥斯曼土耳其的基雅米尔政府拒绝了这些国家的要求,但这构成了"巴尔干同盟"对土宣战的直接口实,在沙皇俄国的支持下,黑山国首先对土耳其采取军事行动,"巴尔干同盟"的其他几个国家也随后向土耳其宣战。

巴尔干同盟国把重点兵力指向各自预先想夺取的地区,黑山军队进入阿尔巴尼亚北部,保加利亚军队攻打东色雷斯,塞尔维亚军队出击马其顿北部,希腊军队开赴马其顿南部。巴尔干同盟军情绪激昂,乘胜前进,达到了预定的目标,而奥斯曼帝国军队则丢城弃地,节节败退。巴尔干同盟各国在兵员数量和武器质量,尤其是在炮兵质量和军队战斗训练水平上,均胜过奥斯曼帝国军队。这些国家的军队在民族解放斗争目标的鼓舞下,士气高昂。经过激战,塞尔维亚和黑山两军进占马其顿和亚得里亚海沿岸,保加利亚军控制伊斯坦布尔以西地区,希腊军进占爱琴海诸岛,土耳其军败退到埃迪尔内、约阿尼纳和斯库台等地。战争爆发后不久,被几个凶悍的巴尔干小国联手打得狼狈不堪的奥斯曼土耳其政府顿感处境危急,为了集中兵力于一线作战,遂向意大利表示让步,以求尽快结束意土战争。意大利也无意再战,于是交战双方于 1912 年 10 月 15 日在洛桑草签和约。18 日正式签订《意土和约》,根据和约规定,土耳其割让的黎波里和昔兰尼加给意大利,并同意意军占领佐泽卡尼索斯。

巴尔干同盟军一连串的军事胜利并不符合一些大国的利益，俄国在支援巴尔干国家的同时，又担心保军进抵伊斯坦布尔不利于自己解决黑海海峡问题，德国和奥匈帝国则认为塞尔维亚和希腊是站在协约国一方的，因此不希望它们强大，却把土耳其看作是自己潜在的盟邦，因此竭力防止奥斯曼帝国覆灭。在各大国的压力下，1912年底，奥斯曼帝国与保加利亚、塞尔维亚签订了停战协定。1913年5月30日，交战各国在伦敦召开和会，原属土耳其的马其顿被塞尔维亚、保加利亚及希腊瓜分，塞萨洛尼基则被并入希腊，随后奥匈帝国加入和会，奥匈帝国恐怕塞尔维亚得到塞国西南面的阿尔巴尼亚后会变得更加强大，坚持阿尔巴尼亚必须独立。奥匈的动议与塞尔维亚的梦想相违背，塞尔维亚一直希望通过夺取土耳其在欧洲的领土建立一个包含塞尔维亚、黑山、波斯尼亚、黑塞哥维那及阿尔巴尼亚的"大塞尔维亚"。

在第一次巴尔干战争里，塞尔维亚所得甚丰，但是奥匈帝国竭力主张阿尔巴尼亚独立，以再次封锁塞尔维亚进入亚得里亚海的通道。在这几个月内，第一次巴尔干战争的胜利者们因为战果的瓜分问题而争吵不休。5月30日，经过交战双方讨价还价和大国间的背后交易，土耳其与巴尔干同盟四国签订了《伦敦条约》，第一次巴尔干战争以签订《伦敦条约》而告终。根据这项条约，奥斯曼帝国丧失了它在欧洲的几乎全部领土，巴尔干各国人民摆脱奥斯曼帝国压迫的愿望得以实现。《伦敦条约》的签订，虽然结束了第一次巴尔干战争，却加深了巴尔干同盟国家之间的矛盾，参战各国几乎都不满足，认为自己从奥斯曼帝国那里得来的不够，从而为第二次巴尔干战争埋下火种。《伦敦条约》的墨迹未干，仅过了一个月，"巴尔干同盟"内部就起了纷争，1913年6～8月，又爆发了第二次巴尔干战争，这一回敌对的双方不同了，塞尔维亚、希腊、罗马尼亚、黑山和奥斯曼帝国联合起来对付保加利亚了，保加利亚接替奥斯曼帝国成为众矢之的。

保加利亚号称"东方的普鲁士"，在巴尔干同盟四国中它的战斗力也是最强的。保加利亚认为，在第一次巴尔干战争中，它出力最大，应分得更多更好的领土，应占有马其顿中部的斯科普里城，以及萨洛尼卡等地，甚至独霸马其顿。为此，它决定动用武力，驱赶希、塞等盟国军队。而塞尔维亚一心想得到马其顿的亚得里亚海出海口，希腊也希望牺牲保加利亚以扩大自己的领土,罗马尼亚则向保加利亚提出对多布罗加的领土要求。战利品的分配不公,使得"巴尔干同盟"国家中的三个国家都对保加利亚有意见。为了共同对付保加利亚,希腊和塞尔维亚经过秘密谈判,于1913年6月1日缔结了共同对付保加利亚同盟条约。正当这些巴尔干国家为分享战利品争得难分难解时,几个帝国主义大国又插了进来。在奥匈帝国和德国的唆使下,保加利亚于1913年6月29日夜间,对在马其顿的塞尔维亚军队与希腊军队采取军事行动,此时协约国集团则公开站在希腊和塞尔维亚一边。在欧洲的两大军事集团的唆使下,巴尔干那几个小国又开始了你争我夺的战争。

对于保加利亚先发制人的进攻,塞尔维亚、希腊和黑山三国早有预料和准备,所以并不感到突然。它们很快便动员了六十万人的军队,全力应战。保加利亚错误地估计了形势,它原以为几天之内便可以打败对手,但事实恰恰相反,保加利亚军队的进攻一开始就遇到有力的抵抗,它的各集团军前进受阻,被迫转入防御。紧接着罗马尼亚利用保加利亚的困难处境,趁机向保加利亚宣战,奥斯曼帝国亦卷土重来,出兵东色雷斯。结果,在短短一个月时间里,保加利亚腹背受敌,危在旦夕,陷入了四面楚歌的困境,首都索非亚告急,保加利亚只好被迫求和,签订了割地赔款的和约,重新划定巴尔干各国的新边界。结果保加利亚不仅失去了它在第一次巴尔干战争中获得的大部分土地,而且还失掉了一部分原有的领土。虽然塞尔维亚人在战争中攫取了在规模上两倍于自己国家的土地,但奥匈帝国却阻挡了他们进入亚得里亚海和世界海洋的通路,德国又一次阻止俄国支持塞尔维亚,而在德奥建立了强权联盟之后,塞尔维亚被迫做出了让步。

第二次巴尔干战争的结果是巴尔干半岛的力量重新改组。罗马尼亚脱离了三国同盟,而与协约国靠近;因失去许多领土而大大削弱了的保加利亚则加入德奥同盟;以俄国为后台的塞尔维亚几乎把领土扩大了一倍,成了扎进奥匈帝国身边的一根刺。从此奥匈帝国和塞尔维亚的争斗日益激烈起来,一年后,即1914年奥匈帝国皇储斐迪南大公在它们之间有纠纷的地方萨拉热窝被刺,直接引发了第一次世界大战。经过巴尔干战争,使欧洲人放松了警戒。他们认为既然列强可以为了"欧洲协调",共同努力使这两次的冲突局部化,那么同样也可以让巴尔干冲突永远局部化。但是，在维也纳，巴尔干战争使惊恐的奥匈帝国统治者下定决心，不可以再让塞尔维亚赢得进一步的成功。两次巴尔干战争不仅没有满足巴尔干各国的领土欲望，反而加深了它们之间的矛盾，同时也加剧了业已形成的两大帝国主义集团对该地区的争夺和角逐。巴尔干各国民族主义膨胀，彼此仇视，剑拔弩张，为一场新的冲突埋下了祸根。当第一次世界大战爆发时，在巴尔干战争中处于不同命运和利益格局下的国家分道扬镳，分别参加了两个敌对的阵营。巴尔干的一系列危机为即将到来的欧洲战火提供了火种：一方面，奥斯曼帝国极其虚弱，另一方面，奥匈帝国和俄国又野心勃勃地想要使这种情形加剧，两者刚好结合起来。

四、美泉宫隐士——弗朗茨·约瑟夫一世

弗朗茨·约瑟夫一世，奥地利皇帝兼匈牙利国王，奥匈帝国的缔造者和第一位皇帝。1914年，弗朗茨·约瑟夫占据欧洲历史上最成功家族的首领的位置已经有66年了，他统治着一个巨大的帝国，其疆界从现在的捷克共和国延伸到波兰腹地和意大利的里雅斯特。在维也纳城中的宫殿中，他向自己的帝国发号施令。维也纳是世界名城，其文化内涵之丰富、风景之秀美不亚于世界上任何城市，约瑟夫从18岁时起就统治这个帝国，所以他是当时世界上在位时间最长的君主。

弗朗茨·约瑟夫出生在欧洲历史上地位最高贵、历史最古老的哈布斯堡家族，是奥地利皇帝弗朗茨一世之子弗朗茨·卡尔大公与巴伐利亚公主苏菲的长子，在他年仅18岁时，其伯父、奥地利皇帝斐迪南一世宣布逊位，其父弗朗茨·卡尔宣布放弃皇位继承权，弗朗茨·约瑟夫继位，在维也纳登基，成为奥地利皇帝和匈牙利国王、伦巴底国王、波希米亚国王，也成了欧洲最广阔领土的主人和最年轻的一位帝王，称弗朗茨·约瑟夫一世。靠着天资和卓越的才能，年轻的约瑟夫很快平定了一些贵族的叛乱，维护了帝国的领土，初步奠定了自己的权威。在登基后的第六年，约瑟夫迎娶了自己的表妹——16岁的巴伐利亚女公爵伊丽莎白。伊丽莎白的美貌和独有的温柔气质，让约瑟夫为之倾倒，以至于半天见不到她，约瑟夫就觉得心神不宁，无心处理国事。伊丽莎白性格活泼，喜爱运动，尤其不习惯宫中烦琐的礼仪，皇太后苏菲

很不喜欢伊丽莎白，婆媳相处得很不好，虽然在治国上约瑟夫很有才能，但面对妻子和皇太后的不和，他却显得手足无措。

约瑟夫是一个无论对待国家、民族还是家庭都非常有责任感的人，他弱化了个人的意愿，将自己的一切都奉献出来。从他的卧室中就可以看出他的努力，他摒弃奢华，卧室中只有一张简朴的铁床，每天早晨四点钟起床，用冷水盥洗后，在床边的祷告小台前开始一个虔诚天主教徒的早祈祷，然后开始一天的工作。在他的治理下，哈布斯堡王朝出现了中兴的景象。在他统治的最初十年即所谓的"新专制政体"时期，他亲自制定外交政策和战略决策，与首相和外交大臣费利克斯·施瓦岑贝格一起开始恢复帝国秩序。1850年11月以武力威逼使普鲁士签订《奥尔米茨条约》，解散德意志邦联，迫使其向奥地利称臣。正是在约瑟夫执政期间，维也纳变成了世界一流名城。他下令拆掉城墙，在原城墙的基础上建起豪华气派的环城大道，并请来欧洲最著名的建筑大师建起辉煌的建筑。在约瑟夫统治的前50年间，奥匈帝国的经济发展很快，技术的改进促进了工业化和城市化，资本主义生产方式传播到整个帝国，维也纳附近、奥地利腹地、阿尔卑斯山麓和波希米亚都成为经济发展的中心。

约瑟夫虽然很勤奋但政治智慧却并不高，在克里米亚战争中他不顾俄罗斯帝国对他的一贯支持，调动驻加利西亚的军队到俄国边境，迫使尼古拉一世从多瑙河沿岸撤军，这造成了两国永久的裂痕。沙皇尼古拉一世自杀前曾悲叹奥匈帝国的背叛："我是一个世界上最大的傻瓜，居然指望别人知恩图报。"1866年的普奥战争更是使奥匈帝国遭受沉重打击，被迫退出了德意志邦联，从此一个强大的邻居德国诞生了，而奥匈帝国的国势则每况愈下。这引起了匈牙利对维也纳统治的不满，为了保障奥地利皇帝在匈牙利的地位，弗朗茨·约瑟夫与匈牙利的贵族举行谈判，寻求一个可以使他们支持他的折中方案，但匈牙利贵族只肯接受一个他们与奥地利之间的二元体，也就是奥匈帝国将是由奥地利和匈牙利两个国家的联合体并列组成，而约瑟夫兼任这两个国家的国王。

晚年的弗朗茨·约瑟夫屡遭不幸：他最疼爱的大女儿两岁的时候就夭折了；1889年1月29日，欧洲的各大报纸都在头版报道了同一个消息——约瑟夫的儿子鲁道夫自杀身亡，年仅30岁。就在前一天，约瑟夫刚任命鲁道夫为王储，没想到，晚上鲁道夫便躲到维也纳一座森林中的一间小木屋，和情人私奔后双双自杀。与太后的不睦加上丧子之痛，使伊丽莎白皇后患上忧郁症，再也没有恢复过来，从此过着颠沛流离的旅行生活，1898 年 9 月在日内瓦被意大利无政府主义者卢切尼用一把磨尖的锉刀刺杀身亡，她的最后一句话是："出了什么事？"获悉妻子离世的消息后，已经 68 岁的约瑟夫老泪纵横，他在日记中这样写道："大家都不在了，只有我还活着，像一个找不到家的孤魂。"伊丽莎白皇后的死使约瑟夫受到沉重的打击，他这一生没有再娶。但不幸接踵而至，他弟弟在墨西哥也没逃脱被暗杀的厄运，之前，他以堂吉诃德式的勇气接受墨西哥的邀请去那里做皇帝。紧接着，约瑟夫新指定的皇储、侄子斐迪南夫妇又在波黑首府萨拉热窝被刺杀。得知这个消息后，再也忍受不了打击的约瑟夫决定向塞尔维亚开战，随后德、俄、法、英等国相继卷入战争，第一次世界大战由此爆发。战争爆发后，奥匈帝国连遭失败，他从此躲进美泉宫，成了形影相吊的隐士。这时的奥匈帝国有三个不同的政府——匈牙利政府、奥地利政府和一个位于皇帝之下的中央政府。匈牙利和奥地利各有各自的议会和自己的首相，皇帝的权力理论上是至高无上的，但实际上是有限的。两个地方政府与中央政府权力的交叉往往导致摩擦和低效率。每个地方政府对中央政府的决定有很强的影响力，而每个地方政府都在利用每一个机会来扩大自己的权力。约瑟夫面临着危机四伏的现状。

弗朗茨·约瑟夫已经到了耄耋之年，这位看上去忧愁、疲惫、孤独的老人彻底厌倦了生活。他一直是最尽责的独裁者，84 岁的时候还要黎明起床，跪着做完祈祷后，早晨五点钟准时坐在书桌前，开始一刻不停地工作。数十年的枯燥工作，留下了无数的失望和失败，他在闲谈中谈到对死的向往，就好像他知道一个奔跑了近千年的王朝正接近终点。虽然约瑟夫发起了战争，可是就在战争爆发两年后，他却突然祈求战争能停下来，他在日记中写道："战争的破坏性远超过我的想象，不要打了，停下来吧，别毁了这个美好的世界和人民。"遗憾的是，战争并没能如他所愿停下来。1916 年，弗朗茨·约瑟夫在美泉宫离世，他的最后一句话是对身边的侍者说的："你能在明天凌晨三点钟叫醒我吗？我还有许多工作要做，为了战争的结束。"

约瑟夫的老年时光似乎没有一个穷尽，他很和善，虔诚地保存祖宗留下的传统，热切希望他的余生能在和平中度过。他顽固地忠诚于自己的责任，而无法让别人分担。在缅怀一位将军时，约瑟夫悲哀地说："都死了，就是我不死。"当康拉德有礼貌地表示祝愿皇帝长寿时，约瑟夫回答道："是的，是的。但是，人生原来如此孤独。"在他去世前几年，他就密嘱他最亲信的属下，开始筹划他的葬礼，他去世后，一场筹备已久的超级皇家葬礼开始了，几乎所有的达官贵人、社会名流都身着黑、黄两种皇家专属颜色的丧服，排成绵延十里的长队，护送着弗朗茨·约瑟夫的灵柩，皇家军乐队演奏着哀伤、凝重的挽歌，通红的火把照亮了半个维也纳城。弗朗茨·约瑟夫将风雨飘摇中的帝国留给了侄孙卡尔一世。这时的奥匈帝国已陷入四面楚歌之中，卡尔一世即位后，为了扭转颓势，亲自担任帝国武装力量最高统帅，但大势已去。1918年夏，战事对同盟国越来越不利，虽然奥匈帝国国内的少数民族领导人一直对哈布斯堡皇帝保持忠心，但此时他们不得不考虑自己的利益了，当协约国的胜利显而易见时，对他们来说也是脱离旧帝国的时刻，接受协约国所宣扬的民族主义是必走的路了。此时的奥匈帝国已经无法将这众多民族联合在一起了，于是不得不向协约国求和。1918年11月，卡尔一世被迫退位，持续600多年的哈布斯堡王朝也宣告结束，而弗朗茨·约瑟夫为之努力了一生的王国也从此四分五裂，被瓜分得惨不忍睹、所剩无几了。

第四章　西线狼烟

——旋转的右翼

一、一个无法完成的神话——奇正结合的"施利芬计划"

　　俾斯麦所缔造的统一的德意志帝国改变了整个欧洲的政治格局，老牌欧洲强国无不对其恨之入骨，必欲除之而后快。同时，德国地处欧洲中心，列强环绕，战略上处于不利地位，因此在德意志统一不久，德国参谋本部便开始着手研究如何应对未来全面的欧洲大战。在普法战争后不久，当时的总参谋长老毛奇就已经预见到了将来德国有可能会处于两线作战之苦。他的计划是在未来的两线作战时，对法国先取守势，快速击败迟缓的俄国后，再反攻法国。瓦尔德泽接任参谋总长后仍遵循老毛奇的观点。可是到了施利芬伯爵接任总参谋长时却发生了巨大的变化，施利芬彻底摒弃了老毛奇的思想，把作战的顺序整个改变了，他制定了一个"先西后东"的战略，也就是被后人所津津乐道的"施利芬计划"。

　　施利芬认为俄国疆域的广袤将阻碍他们取得确定性的胜利，但由于法国依赖一条沿着法德边境修建的坚固防御线与德国对峙，这使在西线取得迅速成功也同样成为问题。所以他建议入侵比利时，这样可以扫清法国防御工事的周围地区。通过比利时的德军就可以从侧翼包抄法国防线和巴黎，从而摧毁法军。法国被消灭之后，德国就可从容对付俄国了。

　　德军总参部是一架高效的战争机器，它的参谋人员的水平都很高，身为德国总参谋长的施利芬伯爵，跟所有的德国军官一样，深受克劳塞维茨"法兰西王朝的心窝在巴黎和布鲁塞尔之间"这一训示的熏陶，但这句名言存在一个问题，那就是它指引的那条路由于比利时的中立，是条涉足不得的禁途，何况比利时的中立，又是德国同另外四个欧洲大国所永远保证的。法国以法德边界的四个城市为中心，构筑了一系列长达约200公里的堡垒，堡垒的东南从瑞士的天然屏障阿尔卑斯山开始，以坚固的混凝土堡垒从贝尔福、厄比纳尔、土尔和凡尔登伸展，凡尔登以北30多公里，是卢森堡、比利时和阿登崎岖的山路和森林。要想进攻法国，施利芬认为不要指向这些大型要塞，因为攻克这些要塞需要大量的攻城装备、时间和精力，以致有可能无法达成包围，况且攻城只能从一面进行，因此，进攻者倒不如从其间隙中推进，为达此目的，必须破坏卢森堡、比利时和荷兰的中立。1891年，施利芬一上任就提出了第一号《对法战争备忘录》。施利芬认为德国要掌握战争主动权就必须先迅速打败法国，因为战争一旦爆发法国会立刻侵入德国，而对付俄国可以利用其动员速度慢的缺点与之周旋，等到打败法国之后再全力和俄国交战。

施利芬在第一次世界大战中是一个奇怪的角色，他在任期间没有经历过大的战争，在第一次世界大战开始之时他已经去世了，但他却对整个第一次世界大战的进程都产生了巨大的影响，甚至包括在20世纪上半叶德国所有的军事行动中，都能看到他的影子。作为一个战略军事家的施利芬曾制定了一个著名的计划，被称为"施利芬计划"，其核心在于德军通过比利时中部做一大迂回运动，兵锋指向巴黎西侧，德军兵力的右端从里尔附近突入法国迫使法军主力向东南撤退而德军则从其侧背进攻，以同时完成了两个战略重心——占领法国首都巴黎并消灭法军有生力量。至于比利时的中立，施利芬认为那只是"一个不足道的障碍"。

对德国威胁最大的莫过于东面的俄罗斯、西面的法国与海上的老牌强国英国，对于德国陆军而言，欧洲战争意味着同时与法国和俄国两面作战，因此德军参谋本部研究的课题便是如何同时打赢两场战争。"施利芬计划"假设德军面临两线作战，即东线和西线，因为俄国不可能很快击败，所以他计划首先要在西线集中大量兵力，迅速通过比利时和荷兰，以侧翼的移动击溃法国。考虑到俄国的原始铁路系统会造成战争动员缓慢，只需在东线安排10个师以推迟沙皇部队的前进，直到法国被压倒为止。施利芬认为，法国虽然在普法战争中失败，但其陆军雄风不减，是德国在欧洲大陆上最大的敌人。反观俄罗斯，虽有 600 万常规部队，但装备落后，施利芬判断，俄罗斯落后的军事动员体制至少需要 6～8 周才能完成对德国的军事集结，而在这段时间内，德国完全有能力迅速打败法国。这份计划的日程表在时间上精确到每一天，在地点上精确到了每一条铁路和公路，即 150 万人的德军必须在动员令后 12 天内夺取列日，19 天之内征服布鲁塞尔，22 天之内越过法国边界，39 天内攻占巴黎，也就是说，要在开战 6 周之内就将法国踢出战争——这是施利芬所估计的俄国完成全国动员所需的精确时间。

"施利芬计划"实施的时间表就像火车时刻表那样准确、刻板，他对整个西线战事所定下的时间正好是预计中的俄国进行战争动员所需的时间，但在实际开战中，俄国人未等战争动员完毕，就提前把军队投入了战争之中，这个变化在"施利芬计划"中却没有被提及，而这又恰恰是"施利芬计划"是否能成功的关键之处。这位伟大的战略家在大战爆发的前一年临终时一再跟他的继承人毛奇将军强调："战争一定会来，一定要加强右翼。"当战争真正开始的时候，这个计划在被修改之后付诸实施。根据当时的战争局面，毛奇不得不削弱右翼力量以应付始料未及的战况，以致部队开到巴黎的东面而没有完成包围，几个星期后，当德国人企图用正面突击攻占巴黎时则在马恩河战役中被击退了。施利芬的计划在实战中功亏一篑，终于没能得以成功。实际上，"施利芬计划"是一个纯粹的意念中的战争，在一开始就已埋下了失败的种子，因为计划的成功施行依赖于敌对各方都要按照其为自己设计的"舞蹈动作"而行动，也就是法国要把其全部力量用以对阿尔萨斯和洛林的入侵，德军还得顺利通过比利时领土，俄国还不能提前进攻，一条出错就可能导致满盘皆输。

对于 20 世纪两次世界大战的指挥官们而言，施利芬备受推崇，他制定的第一次世界大战的计划也被奉为"施利芬神话"。但如此伟大的计划为什么会以失败而告终呢，是不是计划本身存在着某些缺陷和不足呢？很多历史学家都把责任归咎于执行者小毛奇的无能和自作主张，但战争中没有一成不变的计划，后人必须要根据当时的实际情况去制定计划，"二战"时的曼施坦因也是因改动了施利芬的计划而获得了成功。在"一战"中，被誉为"德国战神"的兴登堡和鲁登道夫就主张先东后西，而从实际情况来看，更容易先被解决的恰恰是东线的俄军，而且"施利芬计划"的关键之处即俄军进攻的时间也出现了问题，由此看来，也许小毛奇所面对的"施利芬计划"原本就是一个无法实现的神话。

二、僵硬的德国战争计划——小毛奇的折中方案

由于地理环境所决定，一旦战争爆发，德国无可避免地要处于两面受敌的状况，依德国参谋本部的判断，德国人必须在东西两方面同时作战，这已成为一种无可避免的厄运，承担打破这个厄运的参谋本部的历届参谋总长，都为此大伤脑筋，殚精竭虑地制定了相应的作战计划。在1890年的"两线作战"计划中，老毛奇打算对法国采取守势，而把德军主力投入对俄国的战争。但在过去23年后，俄国已改善了通信并加快了动员，且对俄国的入侵将会是场持久战。法军虽比俄军强大得多，所受训练也好得多，但德国不能放弃在西线的一切主动权和攻势。如若对法国采取攻势，那将会是一场速决战，就会很快决定胜负，如果德国胜了，德军很快就可腾出力量向东转移，这些是施利芬将军改变老毛奇战略的主要理由。

继任参谋总长的施利芬将军认为，俄国拥有幅员广大的领土，如果对俄采取攻势，假如俄国沿用1812年的"规避战略"，不与德军决战，德军可能要重蹈拿破仑征俄的覆辙。故此，他制定了一套犹如列车时刻表一样准确而刻板的先西后东的作战计划，决计先在西方决战，而后再转移主力于东方击破俄军。

1906年，施利芬退休，小毛奇接任参谋总长。到了1913年，也就是"一战"爆发的前一年，八十多岁的施利芬临终时仍念念不忘地一再叮嘱："必有一战时，切莫削弱我的右翼。"不过他九泉有知，一定会失望，他的继承人小毛奇是个生性多疑且又谨小慎微的人，他并不具备施利芬那种作乾坤一掷式豪赌所需的自信、决断、冒险精神和非凡气魄。自从小毛奇成为德军参谋总长后，自知能力不足的他将"施利芬计划"当成德军唯一的作战方案，直到开战前夕，小毛奇沉浸在这个计划中已经有十年之久。小毛奇在这十年内可以说生活在一种矛盾之中，他明知世界情况正在改变，"施利芬计划"即使毫无缺点，也还是不可

能完全适应十年后的情况，但另一方面他又没有能力对这个计划作合理的改变。此间，他不断修补这个计划，整天冥思苦想如何使这个计划更加完美。但无论他曾做过多少次的修改，这个计划永远保留着一个核心论点，即速度就是胜利，德国的任何拖延都将是致命的，如果俄国在法国被击败前参战，那也将是致命的。

"施利芬计划"规定从一开始就以最快速度将德国全部兵力通过比利时直接进攻法国，必须要在6周内彻底击败法军，为此目的，一切牺牲都应做出，一切危险都应接受。即使阿尔萨斯－洛林遭到入侵，即使东普鲁士甚至西里西亚遭到俄军的践踏，即使比利时的中立地位被破坏，英国作为敌对力量进入战争，一切都在所不惜。施利芬信奉的是腓特烈大帝的名言："宁可牺牲一省，但在寻求胜利时决不可分散兵力。"小毛奇主持参谋总部后，开始担心东普鲁士的安全和西线左翼的安全，而那两个方面正是施利芬的大胆之处，如果战争按计划打赢了，那两个方面将成为施利芬的伟大之处，以及大气魄、大手笔的象征。但现在小毛奇的个性特征使他越来越担心这两个方向上，薄薄的防线会不会被对方一下子戳成大窟窿，甚至在短时间内被撕成碎片。小毛奇对"施利芬计划"做了一些改动，加强了阿尔萨斯－洛林和东普鲁士方面的力量，因而削弱了主攻方向的右翼，这实际都是与原计划的精髓背道而驰的。严格地讲，1914年德军的作战计划应叫作"施利芬－小毛奇计划"，后来在战役中，由于右翼的削弱以及阿尔萨斯－洛林方向上的法军深入不够而得以回救主战场，最终导致了马恩河会战的失利，从而使整个计划彻底破产。

严格说来，小毛奇对于施利芬的基本思想几乎是完全接受，只是做了一点小小的修改，但也可以说是致命的一点，那就是兵力的分配。施利芬计划的最大特点就是其兵力的分配非常不平均，其计划的一切精髓也由此产生。小毛奇在这一战上改变了施利芬原来的计划，患得患失的他加强了德军左翼的力量，并主张在德军左翼挫败法军攻势之后，再将左翼余裕兵力调往北方，在右翼后跟进，参加决战。显然，小毛奇的部署的是个两翼进攻的方案，而按施利芬的意图，左翼在开战初应且战且退，引诱法军深入东进，使右翼更便于旋转，猛击法军后背，现在左翼却反而向西推进，这足以使施利芬在九泉之下捶胸顿足！可以说，力量的分配实为"施利芬计划"成败的关键，若不这样分配"施利芬计划"也就不可能有效执行。小毛奇一方面改变兵力分配比例，另一方面又还是照原方案执行，其结果当然是两面不讨好。平心而论，小毛奇改变兵力分配也并非没有理由，但要改变则必须连计划也要改变，总而言之，二者不可两全。

小毛奇不是参谋本部军官出身，他被大多数人认为是一个不折不扣的庸才，这多少有些过分，只是和施利芬的气魄相比他确有相当的差距。施利芬的风格是大胆、再大胆，小毛奇信奉的则是不要过于大胆。小毛奇无论在个性上还是在政治上都不是一个懦夫，对军事形势的许多方面的判断都比较准确，他的不幸在于：让一个一贯谨小慎微的他，去勉强执行一个胆大包天的人制定的冒险计划。"施利芬－小毛奇计划"还有个致命的无法回避的缺点，那就是把对法国实施闪电式攻击的想法，从一个可选的攻击方式变成战时必须完成的任务。一旦战争动员后，德军的任何拖延，就不只是一个危险问题，而是一种绝对的不可能。对于德国来说，动员就意味着战争。在大战爆发前，所有的国家，无论是俄国、奥匈帝国还是法国，他们的战争动员都是有灵活性的，也就是说他们的战争动员可以作为一种为达政治目而采取的手段，收放自如，而德国的则完全不同，一旦发动，就刻不容缓，否则就意味着失败。大战爆发前，德国人终于发现陷入了自己设计的陷阱之中，由于没有退路，德军最高领导层只能告诉德皇，沙皇尼古拉正在要求德国做一件德国做不到的事，只有俄国才能避免战争，办法就是同意"双重最后通牒"，而这是俄国绝对无法接受的。德国的战车一经发动，就只能一往无前了，而这辆战车的指向就是德法两国边界处的中立国比利时的军事要塞列日。

三、不屈的小国——比利时

比利时位于欧洲西北部，东与德国接壤，北与荷兰比邻，南与法国交界，西临北海，属海洋性温带阔叶林气候。境内主要河流有默兹河和埃斯考河，是19世纪初欧洲大陆最早进行工业革命的国家之一。比利时拥有完善的港口、铁路和公路等基础设施，为与邻国间的交通创造了有利的条件。在列强争夺世界霸权的斗争中，小国通常被列强任意摆布，各列强为了自身的利益，往住把小国当成争霸的工具或牺牲品。地处要冲的比利时自然也无法例外。欧洲列强出于争霸的需要，一直对小国比利时十分关注。

作为一个岛国，英国在某种程度上讲，是被大陆边缘化的，为了介入欧洲事务，而又不被联盟条约束缚住自己光荣的独立地位，英国伙同其他各怀心思的国家，由维也纳体系承认比利时永久保持中立。1839 年，欧洲的奥匈帝国、俄罗斯帝国、法兰西王国、大不列颠与爱尔兰联合王国及普鲁士王国五强在伦敦会议签署了条约，《伦敦条约》中承认了比利时的独立，并确保其永久中立国的地位。承认比利时为"永久中立"国，这相当于将英国的前哨基地推进到大陆边缘，通过对大陆边缘地带的控制，影响欧洲均势。到"一战"爆发前，比利时的独立经有关国家保证已经有 75 年之久，他们由此享受了有史以来持续最长的一段和平时期。他们希望邻国能让这种安乐境况长此下去，不受干扰。中立的义务和对于中立的信念使他们忽略了自己的军队、边防、国防工事的建设。直到最后时刻，他们依然难以相信自己会卷入战火之中，而是依然坚信，保证他们中立的国家不会侵略他们的家园。

英国虽然承认比利时永久中立，但并没有义务帮助比利时赶跑德国人，主要是德国入侵比利时可能会造成法国的连锁反应。但法国人没有重视比利时的边界，致使德国人一旦借道比利时，可能会致使法国失败，从而导致德国的一家独大。当然，如果法国人能顶得住越过比利时边界的德军攻势，并且战事胶着，谁都没有绝对优势，英国也就不会参战了。说英国是因捍卫比利时的中立地位而参战，那不过是个借口，就如同美国要借德国的无限制潜艇战而参战一样，大国的参战原因只能有一个，那就是利益。

比利时的国王阿尔贝一世在 1909 年继承其叔父利奥波德二世的王位，阿尔贝在青年时代受到良好的文化和军事教育，他的社交技巧让他成为欧洲上流社会最受欢迎的人物之一，在 1913 年访问柏林期间，阿尔贝获知了德皇威廉二世的战争计划，他立刻通知法国政府，并于1914 年 7 月向威廉二世递交了一份私人信函，声明比利时将严守中立的立场。

8 月 2 日晚上，比利时首都布鲁塞尔接到了德国送来的照会，照会一开始说，德国收到可靠情报，法国拟欲通过比利时国境进犯德国，不能指望比利时军队可以阻止法军的推进，因此根据"自卫之需"，德国有必要"先发制人，以阻止这种敌对性的进攻"。一句话，德国人要借道比利时攻击法国。当然，德国人保证只是借道，如果比利同意，那么德国可以保证比利时不受任何损失。事情已经摆明了，比利时面临着战争的选择。阿尔贝国王代表的比利时回答说："我们将誓死捍卫自己的中立。"

8月3日，阿尔贝国王亲自出任了比利时武装部队的总司令，他这时已不存任何幻想。虽然比利时的军队无法与德军相比，但比利时还有个倚仗，那就是它与德国之间有一道"大门"——列日要塞，那是个坚固无比的要塞，比利时人希望它能不负重托，挡住德国人的进入。阿尔贝国王亲自提名由63岁的陆军大学校长勒芒将军担任第三师师长兼列日军事长官，国王还给勒芒写了一封私人信件，要他"坚守托付给他的阵地，死战到底"。比利时人明白，如果他们屈服于德国的要求，那将等于听任德国占领比利时，而一个战胜了的德国，是很少有可能还会把撤退放在心上的。不仅如此，他们还将使比利时成为进攻法国的帮凶，成为自身中立的破坏者。不论选择哪条道路，比利时都要被德国占领。但如果屈服，还得丧尽荣誉，"如果我们必然要被化为齑粉，就让我们光荣地化为齑粉吧。"比利时的政府要员巴松皮埃尔这样记述着他们当时的情绪。

列日要塞就像一座城堡的吊闸，守卫着从德国进入比利时的大门，它雄踞在默兹河左岸高达150多米的陡坡上，这一带的河道，宽约180米，是它的天然城壕，方圆50公里，都有堡垒卫护，是一座有口皆碑的、全欧洲最固若金汤的城池。全世界的舆论都寄希望于列日，即使它不能无限期地坚守不屈，至少也能坚持到英法援军的到来。阿尔贝国王下令炸毁列日要塞附近默兹河上的桥梁，以及与卢森堡交界处的铁路隧道和桥梁。但他此时依然未向英、法两国发出呼吁，要求军事援助和结盟。他还多少心存一丝侥幸想法——德国人是危险的，但还不是疯子，难以想象德国人会明知错误，还要自绝于人，蓄意发动战争。

1914年8月3日，一支约3万人的经特别训练的德军第二军团特遣部队在艾米赫将军的率领下，在阿登高原和荷兰边界之间越过比利时边界，进入列日要塞防卫范围内狭窄的通道，比利时的列日要塞守军率先开炮，轰击正在渡河的德军。德国与比利时之间的战争爆发了，这也是第一次世界大战真正的开端，德军给列日要塞的守将勒芒发出了劝降信，但遭到了勒芒将军的回绝，两天后，在德国巨炮的轰击下，德军攻占了列日要塞，勒芒受伤被俘，德军通过列日要塞开向了比利时的首都布鲁塞尔，比利时政府被迫流亡法国。虽然失败了，但比利时的顽强抵抗推迟了德军的推进速度，还是为协约国做出了它的贡献。在整个第一次世界大战期间，阿尔贝国王率领的比利时政府与比利时人民英勇作战，为协约国的胜利立下了汗马功劳。"一战"结束后，阿尔贝一世积极参与国家的重建，在他的努力下废止了欧洲列强强加给比利时的《伦敦条约》。1934年，阿尔贝一世在登山时遇难，他的长子利奥波德三世继承了比利时的王位。

四、比利时的大门——毁于巨炮下的列日要塞

第一次世界大战的初始之战是由德军入侵中立国比利时揭开序幕的，而其中比利时的列日要塞首先接受了战火的洗礼。列日城是从德国进入比利时的大门，连接德国、比利时和法国北部的四条铁路线都在这个战略城市中汇集，然后向比利时平原作扇形展开。控制这些铁路干线是实施"施利芬计划"的先决条件，因为德国的120多万迂回大军的后勤补给主要依赖这几条铁路线的运输，只有拿下列日，组成旋转右翼的德国第一、第二和第三集团军才可以行动。

就在奥匈帝国向贝尔格莱德开炮的第二天，比利时的布鲁塞尔接到了德国送去的照会，照会中说："德国收到可靠情报，法军拟将沿着吉韦至那慕尔一线推进，欲通过比利时国境进犯德国的意图已不容置疑，根据自卫之需，德军有必须先发制人，以阻止这种敌对性的进攻。"德国希望比利时能让德军借道比利时，比利时政府的回答是："我们将捍卫自己的中立，比利时不会背叛它对欧洲的责任，一定要用自己的力量击退对其权利的每一个攻击。"在比利时保持中立期间，阿尔贝国王的国家从未打过一次仗，并且因为它的安全有赖于作为一个"永久中立国"，直到1910年为止，军队甚至没有一个总参谋部。

德国人认为，比利时人所谓不惜一战的说法，不过是"绵羊的梦呓"，1914年8月4日清晨的雾气尚未散尽，按照"施利芬计划"，西线德军前锋第一集团军和第二集团军共10万余人，携带200门大炮，在司令官艾米赫的指挥下，突进比利时，迅速冲向比利时境内的默兹河天险，

直奔比利时最重要的列日要塞。德军如果冲过默兹河，那么通向比利时首都布鲁塞尔的大门就被打开了，按照德国的战略设想，是几乎不停顿地通过比利时，预计没有或很少遭遇抵抗。在柏林，毛奇依然希望比利时人在为了面子起见开了几枪之后，或许仍会接受劝告，"达成谅解"，正是因为这样，德国最后一份照会只是说"以兵戎相见"，暂时还避免宣战。英国签订的比利时中立公约，并不单单是对一个弱小国家的崇高关怀，它的海上优势不能容忍一个强大的大陆国家德国控制极为重要的海峡沿海地区，比利时可以说是英国国防线的延伸。当德国人侵入比利时时，英国决定正式参战，成为当时唯一对德国宣战的国家。英帝国的领地加拿大、澳大利亚和新西兰也随之变成交战国；南非也于1915年1月参战。

比利时的阿尔贝国王新动员的军队由16.5万人组成，其中大约半数部署在列日和布鲁塞尔之间，比利时的战略目标是依靠列日和那慕尔的炮台推迟敌军的前进，直到法英军队能够到来。列日指挥官热拉尔·勒芒将军，得到派来的后备军的增援，使他的兵力达到4万人，并奉阿尔贝国王之命，防守列日到底，直到英法援军的到来，但事实上他们是不可能坚持那么久的，这一点每个人都心知肚明。英国人是行动了，派出了由约翰·弗伦奇率领的人数为6个师的远征军奔赴欧洲战场，但日期是8月14日，是在比利时失陷以后。英国远征军到达了法国的亚眠，这支部队的主要目的是支持和配合法国陆军阻止或击退德军入侵法国或比利时领土并最终恢复比利时的中立。但在临出发前弗伦奇受到嘱托，一定要尽最大努力把死亡和损耗减到最低限度，在被要求参加任何调动时，如果有风险，弗伦奇应当首先请示本国政府，并且一再向弗伦奇强调，他的指挥权是完全独立的，在任何情况都不受任何联军将领的节制，这样的安排显然是把英军作为核心力量来加以保存而一笔勾销了统一指挥的原则，这些原则决定了英国远征军在以后的作战中以保存自己实力为主的作战风格，毕竟他们是在为别国打仗。

列日要塞位于默兹河与乌尔特河汇合处，它北邻荷兰边界，南靠阿登森林，是德军取道比利时进攻法国的咽喉。要塞周围筑有12座炮台，环形炮台群周长50余公里，炮台间隔3～6公里，部署有各种火炮400门，各炮台筑有厚度为3米的钢筋混凝土永久工事，是一座有口皆碑的全欧洲最固若金汤的城池。列日要塞的几座桥梁是默兹河上仅有的几条公路的渡口，列日要塞又是把比利时、德国与法国北部连接起来的四条铁路线的枢纽，因此它是向前推进的德国部队运输给养的必经之地，所以在占领列日要塞并将其周围的堡垒打哑以前，德军右翼部队将无法行动。为迅速夺取列日要塞，德军参谋总部从比洛第二集团军抽调6个旅加上两个骑兵师组成一支3万人的部队，由艾米赫将军指挥从东、南、北三个方面向列日进攻。

冲到默兹河边的德军发现河上的桥梁都已被破坏，便立即架舟桥渡河，这时驻守列日要塞各炮台的比利时守军立即用大炮和机枪向德军猛烈开火，渡河德军猝不及防，纷纷落水，死伤无数。艾米赫见状一面命德军继续发起进攻，一面调来两百门大炮向列日要塞的各炮台轰击，顿时，默兹河两岸炮声隆隆，硝烟弥漫，双方进行了激烈的炮战与攻防战。德军的巨大数量带给了守军莫大的恐慌，这是德军的大型军团首次出现在比利时人面前，尽管德国人没有高估自己的军力，但是显然低估了比利时人的勇气，在优势敌军面前比利时军队决心抵抗到底。

艾米赫直到此时仍然认为比利时人会不战而降，他派了一位使者打着休战的旗帜，要求列日投降，否则的话，他宣称，这座城市将遭到空袭。勒芒服从他的国王的命令，拒绝投降。德国的齐柏林飞艇出现在了列日的上空，这是世界上首次空袭，飞艇丢下了十多颗炸弹，只是给列日的守军一点威慑作用，几小时后，德军大炮开始狂轰东面炮台和城市本身，但坚固无比的炮台仅仅被削去一些混凝土而已。德军日夜进攻列日，不顾一切再次投入大量兵力，几乎是需要多少就投进多少，以便按期攻克目标。但三天三夜却毫无进展，德军参谋总长小毛奇闻报大惊，再这样下去势必要延误整个西线的德军的进攻行动，他马上派德军第二集团军副参谋长鲁登道夫上校率军前去增援，并从参谋总部调运巨型攻城武器运往列日。鲁登道夫接过该旅指挥权后，于第二天下午奇迹般地突入到堡垒圈内的制高点，在制高点上架起大炮向周围比军堡垒猛轰。是日，鲁登道夫又派人打着休战旗帜前往劝降，但仍然被拒绝。鲁登道夫又派人冒充英军混到要塞司令部门口，企图绑架勒芒将军，结果也没有得逞，派去的官兵反被全部击毙。

小毛奇在开战时对奥匈帝国军队的总参谋长康拉德说过，他预期到战争第 39 天西线便已决出胜负，因此答应从第 40 天开始派遣德国部队到东线支援奥匈。尽管德国人估计比利时人不敢应战，但是德国人的彻底性要求做到对于一切可能发生的情况都要有所准备。问题就在于要设计一种用于攻克堡垒的能在陆上运输的重型大炮。德军攻击列日要塞初期的野战炮对列日的钢筋混凝土地下工事有如挠痒痒，反而被杀伤了大量的战斗人员，只好等待大炮到来，而大炮再慢也终究有到达的那一天，到了那一天所有的账都会被结算清楚。

当攻城炮尚在途中时，德国政府作了最后一次努力，试图说服比利时人在其国土上让出一条通道，以便过境。8 月 9 日，杰勒德先生受托向他在布鲁塞尔的同僚转送一份递交给比利时政府的备忘录。"既然比利时部队不顾力量悬殊，对优势兵力进行了英勇抗击，从而保持了它的荣誉"，备忘录写道，德国政府"恳求"比利时国王陛下和他的政府别让比利时"继续忍受战争的恐怖"。如果德国部队能获得一条自由通过比利时的走廊，德国准备与比利时缔结任何有关协定，并"庄严保证"它绝无意侵占比利时领土，一旦战争形势发展许可，德国部队将撤出该国领土。美国驻布鲁塞尔和海牙的两位公使都婉拒转达这个建议，最终通过荷兰政府的协助，该份备忘录在 8 月 12 日送达阿尔贝国王手中，但国王表示拒绝。

德国人的进攻利器终于运来了，就是 5 门绰号"大贝尔塔"的巨炮，这是有着 50 厘米口径的攻城榴弹炮，可以把一吨重的炮弹射到 15 公里外，每颗穿甲弹有一个定时信管，只在目标被穿透后才定时爆炸，再坚固的炮台在它的轰击下也将化为瓦砾。毛奇仍然希望不必动用这些大炮而能顺利通过，可是如果比利时人执迷不悟，真的不惜一战，德国人只有指望用它一举攻克这些堡垒。炮击开始了，一吨重的炮弹自天而降，炮弹爆炸时的尘土、碎片和硝烟形成巨大的圆锥形，升入 300 多米的高空，地动山摇宛如发生了地震。在"巨无霸"的连续轰击下，到 8 月 16 日，12 座炮台中的 11 座遭到连续猛轰后屈服了，勒芒指挥部所在的隆森炮台是最后的一座炮台，被直接命中而摧毁，勒芒本人也被炸昏后被俘，被救活之后送到艾米赫将军面前，他交出指挥刀说："我是在昏迷中被俘的，务必请你在战报中说明这一点。""你的指挥刀并没有玷污军人的荣誉，"艾米赫答道，同时把指挥刀还给了他，"留着吧。"

　　战争中往往会出现意想不到的坚点，所谓坚点就是本应该很快达成的小目标付出巨大的代价也迟迟不能达成。如果没有巨型攻城炮，列日将毫无疑问地成为坚点，列日将至少阻挡德军一个月，如果援军及时赶到，马恩河战役就可能不复存在，而被列日战役所代替。因攻克列日之功，鲁登道夫和艾米赫被德皇威廉二世授予功勋十字章，这是德军最高军功奖章，鲁登道夫更是开始了他一生事业的飞跃，成为德国军界一颗耀眼的新星。列日之战终于以德军取胜而告终，但德军在要塞前伤亡惨重，损失超过了上万人。

　　8月20日，胜利的德军开进布鲁塞尔。一队队手持旗杆矛、戒备森严的德国枪骑兵骤然出现在街头，但他们只是可怖的军事示威游行的先遣部队而已，后面接踵而来的队伍，其兵力之强、威势之盛，几乎难以置信，观看行军的人群默默无言，对这支队伍的浩浩荡荡、绵延不绝、精良绝伦，不禁茫然咋舌。刚入城时的德军还是比较文明的，但由于遭到了比利时人的冷枪袭击，他们开始枪击平民，以报复冷枪狙击。人质都被处死，房舍遭到炮击或烧毁。如果发展成为逐屋战斗，野炮立即把村庄夷平。

　　毛奇写信给康拉德将军说："我们在比利时的进军肯定是残忍的，但我们是在为我们的生命而战，谁挡路，谁就必须自食其果。"根据"施利芬计划"，德军5个集团军穿过布鲁塞尔，向法国西北部边境直扑了过去，法国和英国对德军行动判断错误，只有法国的一个军和少量的英国远征军部队在抵挡这支德军主力部队，英法联军不得不后撤，很快德国军队就打到了法国边境。

五、霞飞的杰作——随拍起舞的"第十七号计划"

　　法国陆军在总体实力上居欧洲第二位，仅次于德国，但有一个致命的弱点。法军在该期的作战思想是完全崇尚进攻，防御战术几乎完全被忽视。在利用高地组织防御、构筑野战防御工事和运用机关枪火力防御方面，法军的技能很差。法军拥有那个年代最精良的野战火炮，即著名的法式75毫米野战炮，然而，由于法军确信其火炮优于对手拥有的火炮，而轻视中型和重型火炮。实际上，在大战之初法军仅拥有大约300多门口径在75毫米以上的火炮，而德军拥有3500门。法军炮兵连编制4门而不是6门火炮，这是它的又一个缺陷。

当德国人按照"施利芬计划"进入比利时的时候，法军也在执行他们自己的战略方案——"第七方案"，这是由法国参谋部总参谋长约瑟夫·霞飞制定的。正像施利芬所期望的那样，8月中旬，法国第一军和第二军戴着白手套的军官们，将各旅集结起来，威风凛凛地开向了阿尔萨斯—洛林。对德国展开复仇之战，收回被割让给德国的阿尔萨斯和洛林，是法国自普法战争结束以来久已期待的事情。开战之初，法国军队最早执行的是由时任总司令的霞飞将军制定的"第十七号计划"，这一计划的主要宗旨就是另一位著名将领福煦提出的"要胜，就要向前进"，即强调不惜一切代价的进攻。按照预定的"第十七号计划"，法军在一片欢呼声中，向他们期待已久的阿尔萨斯和洛林方向冲杀而去，法军的右翼部队沿着一条人迹罕至的小道，突然攻到了德军左翼部队的面前。

从1914年8月1日起，欧洲各国陆军都在动员，几百万士兵沿着公路和铁路涌流，穿过莱茵河各个大桥流动，从俄罗斯帝国最遥远的省份上火车，从法国南部和北非向北奔跑，大量军队在调动或以战斗行列在行军，战争出现了对德国来说早已预见和早已深入研究过的两线作战的情形。对付这个局势，德国人在1905年就已经制定出了"施利芬计划"。在"施利芬计划"中，假想法军将会首先夺取阿尔萨斯和洛林，因为这两个地方是在普法战争中被割让给了德国的，法国人对此一直耿耿于怀，必会倾其全力将其夺回，基于这一点德军计划用少量的左翼在阿尔萨斯和洛林牵制法军，用强大的右翼借道比利时、荷兰或卢森堡，包抄巴黎的西部，从而一举拿下巴黎。

法国在普法战争后逐渐形成了一种"攻击主义"的军事思想，摈弃一切有关防御的观点。这一军事学派的代表人物是法国战争学院院长福煦。只有一个人在唱反调，他就是内定出任法军总司令的米切尔将军，他认为，德国只有利用比利时才能对法国发动一个具有决定性的攻势，他要求重点设防之线，正是德国人后来的主要突破区域。由于他的计划属于防御性质而被一致否定了，并由霞飞接替了他的职位。就在许多人怀疑法军是否会按"施利芬计划"起舞时，法军的计划亮相了，正如施利芬所预料的那样，战争一开始，法军右翼主力便向德国占领的洛林地区发动了进攻。在霞飞指挥下法国总参谋部制定出新的对德作战计划，对这个计划他们严守秘密，称它为"第十七号计划"。

"第十七号计划"规定用法国四个集团军沿默兹河两岸向东和向北发动总攻，用最后留下来的集团军放在它们中央的后面作为后备。制定这个计划的人坚信法国的右翼能深深插入阿尔萨斯和洛林，他们不相信，法国的左翼会被德军通过比利时在默兹河以西迂回包抄，他们绝没想到，"第十七号计划"与"施利芬计划"配合得竟是那样天衣无缝。在进攻的神话下推动着的法军，在8月15日至19日的几天时间里，在东边先后攻占了一些在普法战争后被德国所占领的地方。

在1914年，德国陆军的装备和训练最好，其陆军在有效力的中型和重型火炮的数量上占有很大的优势。在军队的背后是结构良好的工业组织体系。尽管在作战思想上强调进攻，但部队亦进行防御战术的训练。德方在洛林阵地的守军，是巴伐利亚王储鲁普雷希特的第六集团军，以及从8月9日起归他指挥的冯·黑林根将军的第七集团军。鲁普雷希特的任务就是把尽可能多的法军牵制在他的战线上，使它去不了面对德军右翼的法军主力阵地。法军向阿尔萨斯的进攻揭开了法德边境战的序幕，8月7日上午，博诺的第七军从孚日山出击，经6小时传统的白刃战，法军攻占了阿尔萨斯边境小镇阿尔特基希，但没能乘胜夺取牟罗兹，第二天在总司令部的严令下才进占该城，德军后撤待援。8月9日，德军向牟罗兹反攻，一天后，法军渐渐不支，为免遭包围而不得不放弃该城。

霞飞解除了博诺军长的职务，专门组成一支"阿尔萨斯军"，召回退休的独臂将军波指挥这个军，准备重新发动攻势。正当波将军所部法军在阿尔萨斯发动攻势的时候，法军迪巴伊将军的第一集团军和德卡斯特尔诺将军的第二集团军正在分别穿越洛林地区的两条天然通道，这是法军进攻的必经之路。一个步兵集团军和一个骑兵师在8月13日攻入阿尔萨斯后，霞飞开始以右翼的两个集团军攻入洛林，处于中央的几个集团军几天后跟踪进攻，直到18日晚上，法军的朗勒扎克将军及其左路军仍然根据命令向东北推进，法国总参谋部的意图是取道美因茨直取柏林。"第十七号计划"的特点就是以攻对攻，无论在战略方面还是在战术方面都采取进攻的作战样式，霞飞坚信法军的进攻是无法阻挡的。法国人并非不考虑德国从比利时迂回过来的可能，但认为如果德国这样做的话，他们在法德边界上的兵力一定非常薄弱，这对法军在这一方向上的进攻会十分有利。霞飞没料到，法德边界上薄弱的德军挡住了法军的攻势，而德国从比利时迂回过来的军队却撞开了法国的大门。

霞飞认为德军现役部队不足以从默兹河以西实施进攻，他们亦不相信德军的预备役部队不经进一步的训练即会被使用。实际上，德军训练有素的预备役部队可立即使用于第一线作战。因此德军实实在在而出人意料地在即将进行的战斗中，对130万人的法军形成了3：2的数量优势。8月3日，在德比边境格梅尼希附近，德军在未经宣战的情况下越过了比利时的边境线，开始入侵比利时。8月16日攻陷了比利时现代化要塞列日，德军强大的右翼开始全面启动。这时霞飞似乎仍然没有意识到德军的战略对法国的威胁性，更不曾企图阻止强大的德军右翼，他正努力去切断德军主力与其后方之间的联系。"我们要把他们拦腰截断"，法国这方面的对策是：只要德国人远道迂回包抄法军侧翼，法军就发动钳形攻势，在德军设防的梅斯地区的两侧突破德军中路和左翼，并乘胜切断德军右翼同后方基地的联系使其无法出击。

如果说德国小毛奇的作战计划过于小心，那么法国人的想法实在过于大胆，8月14日，波将军的"阿尔萨斯军"重新向阿尔萨斯发动进攻，迪巴伊第一集团军和德卡斯特尔诺第二集团军也同时向洛林地区的萨尔布尔和莫日朗出击，德军驻守洛林的是巴伐利亚王储鲁普雷希特第六集团军和黑林根的第七集团军。在迪巴伊和德卡斯特尔诺进攻的头4天，德军按照计划且战且退，仅与法军作后卫战，蓝衣红裤的法国军队从梧桐夹道的宽阔笔直的公路上源源而来，尽管德军一使用重炮就能把法军战线打得七零八落，可是法军却未遇到德军的坚决抵抗。殊不知，就在此时此刻，"第十七号计划"正式破产——事实上，这个计划早已破产好多天了。

右翼法军两个集团军企图从8月14日起在洛林地区发起进攻，8月19日他们到达萨尔布尔、韦尔加维尔、欧龙地区，第二天便同转入进攻的德军第六和第七集团军遭遇，迪巴伊的第一集团军和德卡斯特尔诺的第二集团军在进攻萨尔布尔和莫朗日两地德军严阵以待的防线中，被打得焦头烂额，吃尽了苦头。对配有重炮、铁丝网以及隐蔽在掩体中的机枪的防御阵地，殊死进攻的局限性立即暴露无遗。法国人此时一直在犯一个极大的错误，那就是法国步兵上战场穿着蓝裤子和红上衣，在平地上十分显眼，他们的炮兵军官穿黑色与金色的制服，目标更是特别清楚，为此他们受到了残酷的教训。一位目击者回忆道："法国军队以19世纪最好的队形出现在战场上，戴了白手套、修饰得漂漂亮亮的军官走在他们部队前面18米处，就像阅兵行进那样安详，他们都很勇敢，不断冒着可怕的炮火冲锋前进，但毫无用处，没有一人能在向他们集中射击的炮火中活下来。到目前为止，我没有看见一个人能前进45米以上而不被打翻的。"在德军猛烈炮击下，莫日朗要塞满山遍野的法国士兵的尸体，扑灭了法国军事教条"进攻主义"的灿烂火焰。

德方洛林阵地的守军，是巴伐利亚王储鲁普雷希特的第六集团军，以及8月9日起归他指挥的冯·黑林根将军的第七集团军。按照"施利芬计划"，他们必须先行退却，将法军引入"口袋"，拉长法军的交通线，然后把它咬住，而这时候，决战就在别处打响了。鲁普雷希特亲王原本就不甘心在这样一场决定德国命运的会战中，仅扮演一个次要角色，更不愿当别人进攻时自己却在后撤，即使出于战略上的需要。现在法军进攻受挫，他开始对参谋总部施加压力，要求立即反攻。小毛奇的思想深处一直存在着两面合围法军主力的想法，只是担心力量不足而未敢实施，这时见到自己左右两线都取得了胜利，于是改变了原来的诱敌深入的计划，同意第六和第七两集团军立即向当面法军发动反攻，并向厄比纳尔方向追击。战事从8月20日开始，当时法军右翼的两个集团军前进到梅斯以南，他们遇到前方准备充分的德军防御工事的抵抗，而从要塞出发的经过辐射状公路和铁路运来的巴伐利亚军猛烈攻击他们的左翼，全线陷于苦战的法国第二集团军，这时其左翼正遭到梅斯德国驻军分遣队的猛攻，法军的左翼垮了，后备队业已全部投入作战，德卡斯特尔诺意识到进攻的全部希望已成泡影，于是停止战斗。霞飞只好命令第二集团军跟友邻军一并撤退，好容易打了7天才拿下的地方，如今又被迫放弃了。

正如施利芬所预料的那样，法军开始进攻洛林，法军主力和德军左翼在德法边境上不断上演着进攻和反攻的大戏，最后德军的大炮和机枪占了上风，法军在两周的作战中损失惨重，只得撤退，而德军右翼这时却从比利时打到了法国边境。法军负责进攻阿尔萨斯的指挥官波将军在给刚解放的阿尔萨斯人的最后一份公告里流露了他内心的悲观失望，他写道："在北方，大战开始了，这一仗将决定法国的命运，同时也将决定阿尔萨斯的命运，为了这场具有决定意义的进攻，总司令在那里集中了全国的兵力，令我们深感遗憾的是，为确保阿尔萨斯的最后解放，我们不得不暂时撤离阿尔萨斯。" 洛林会战法军的败退从全局来看，无意中挽救了法军的全面失败，因为法军第一、第二集团军没有进入德国为之设下的陷阱，不久后从这一方向抽调的部队组成的巴黎方面第六集团军的主力，向德军右翼克鲁格集团军实施侧击，取得"马恩河上的奇迹"从而扭转了整个战局。德军在洛林会战中犯下了战略性的错误，由于过早地反攻，把正在进入陷阱的法军右翼主力推了出来。

六、"我们要把他们拦腰截断"——法国边境战争

在布鲁塞尔被德军攻占的当天，桑布尔河战线上，法军的进攻计划并没有却步，朗勒扎克业已到达桑布尔河，英军也已赶到一条线上，英军的指挥官约翰·弗伦奇爵士在几经摇摆不定之后，此刻向法军总参谋长兼联军总司令霞飞保证说，他准定于次日投入战斗。8月20日夜幕降临时，霞飞判断时间来到了，于是下令第四集团军开始进攻，霞飞向法国总理梅西米报告说："现在有理由信心百倍地期待战局的发展。"不料洛林方面却传来了噩耗，左翼的鲁普雷希特已以雷霆万钧之势开始反攻，德卡斯特尔诺的法军第二集团军，由于霞飞将其几个兵团调往比利时前线，因此力量悬殊，正在退却之中。

法军在洛林进攻的失利并没使霞飞气馁，相反地，他看到鲁普雷希特的猛烈反攻已使德军这一左翼深陷鏖战不脱，因此此刻正是他放手进攻德国中路的大好时机，法军总司令部深信法军中路人数占有优势，便发出了在阿登山区进攻的号令。鲁夫的法军第三集团军向山区南部进攻，德朗格尔的法军第四集团军从山区北部进攻，这两个法国集团军如果在中路得手，德军右翼和左翼将被割裂。据霞飞的判断，在中路阿登山区的德军不过18个师，他认为部队不多的德军不可能在卢森堡之西前进，法国的第三、第四和第五集团军，奉命8月22日经由阿登森林前进，对德军展开突袭，法国统帅部深信，德军将避免困难的阿登地形，不会在阿登地区中出现，结果在一次遭遇战中，德军攻击了毫无准备的法军，损失惨重的法军开始退却，第三集团军退往凡尔登，第四集团军退往斯特内和色当，在默兹河西岸重组防线，阿登地区的会战遂告结束。

在比利时北境的战线上，朗勒扎克将军感到了形势的不妙，他预感到德军将会从比利时迂回过来，如果那样的话，他的第五集团军将首当其冲。他将自己的看法向霞飞陈述，一再强烈要求总司令部，让他北上狙击正在南下的德军右翼，而不是开往东北攻入阿登山区打击德军中路，根据他侦察到的情况，德军从列日两侧蜂拥而来，为数不下几十万，他坚决认为，一旦他深入阿登山区，德国人将会出现在他左面，到那时将束手听任敌人完成其包抄了。但法军总司令部坚决认为这些数字错了，霞飞认为他的这一看法"完全不合时宜"。法军司令部相信能将迂回运动的德军右翼击退。朗勒扎克深知霞飞的态度已完全背离了实际，但也只能无可奈何地注视着即将来到的灾难，而且朗勒扎克也绝对想象不到德军进行包抄和席卷一切的气势竟会如此之大。8月23日晚，朗勒扎克收到了一个不能再坏的消息，第四集团军在阿登山区不仅没有像总司令部先前在公报中所暗示的那样打了胜仗，而是正在被迫退却之中，这使他的第五集团军的右翼完全失去了掩护。

按照德国的战争计划，德军进攻军队经过比利时和巴黎西部地区对法军主力实施迂回，以达成围歼法军主力的目的，而按照法军总司令霞飞将军的命令，英法联军按离心方向转入进攻，双方力图通过进攻完成任务，这就导致在阿登地区和桑布尔河与默兹河之间地区的大规模的遭遇战。德军通过比利时做大范围的迂回运动，几乎一下子把34个军团200万人投入战斗，法国第五集团军费了极大力气刚完成桑布尔河上的部署，英军经过强行军刚到达蒙斯邻近地区，就遭到通过比利时进行迂回运动的占压倒优势的德军的进攻，英法联军左翼的两个集团军全靠各自及时撤退才逃脱了灭顶的灾难。在蒙斯之战中，德军克卢克将军的第一集团军，除了击退赶向这个地区支援比利时人的法军外，还击退了英国远征军，在桑布尔河，法国第五集团军被德国第二集团军和第三集团军击溃，10天内有30多万法国官兵伤亡和被俘，此时的法军只能被迫向凡尔登和默兹河退却。

现在不论法军打得如何英勇，反攻已不能挽救整个局势，朗勒扎克此刻很清楚，法军从孚日山脉到桑布尔河在全线撤退，只要军队还在，就不会出现像色当战役那样不可挽回的失败，而假使他的第五集团军被歼灭，整个战线就会动摇，接着就是彻底失败。朗勒扎克在没有征求总部意见的情况下，断然下达了第五集团军全面撤退的命令，总部得知后，对此并没有提出异议。后来法国官方为寻找替罪羊指责朗勒扎克的擅自撤退，但也有人认为朗勒扎克的撤退命令使法国军队免遭了灭顶之灾。

与欧洲大陆的陆军形成鲜明对照的是英国正规军，它由服役七年的志愿兵组成，由高质量的职业军官指挥，部队在士气、训练和稳定沉着方面是好的，其士兵个人的射击技术和火力训练是优秀的。英国远征军有15万人，编为6个步兵师、1个骑兵师和支援性部队，这支部队在开始的交战中所起的作用远远超过其能力。在正规军之后，是由志愿民兵组成的本土军，训练和装备都不足。德军出乎意料的主攻方向和庞大兵力的压迫，再加上法军第五集团军撤退时，事先招呼都不打，以及接二连三的败退和英军1.5万人的损失，使情绪易变的英军统帅弗伦奇感到惊慌、沮丧而被笼罩在末日将临的恐惧中，初来乍到的雄心壮志和豪言大语早已烟消云散，他现在唯一的想法是尽快脱离与德军的接触，以保证英军不被消灭。8月24日早上，英国海军大臣丘吉尔收到从法国前线发来的电报："那慕尔已经陷落，我记牢你正确的指示中有关必要时撤退的方法和方位，我认为目前最需注意的是阿布雷的设防。"两天前还在说的决战、乐观的进军和期望中的反击，转眼已改变为"在阿布雷设防"和"要是敌人紧追不舍军队将很难撤退"。8月8日，方寸已乱的弗伦奇下令英军各部将所有军火弹药和非必需辎重统统扔掉，显然他不愿再战而只想逃命了，但实际上英军的士气和撤退状况远不像他的总司令想象的那样糟糕，大部分部队指挥官没有理睬这道命令。

在8月末发生的"边境战役"中，以法军为主的协约国军队以失败告终，协约国的军队沿阿腊斯到凡尔登一线全面撤退，德军乘胜追击，长驱直入，已直接受到威胁的巴黎人心惶惶，八天之内就有50多万巴黎人抛弃一切，逃出首都。德军抵达马恩河的消息使首都的恐慌达到顶点，连政府也为安全起见而在9月2日迁往波尔多。此时德法边境已被突破，英法联军各部队不是在退却就是在做死守的困兽之斗，对这场灾难应负最终责任的霞飞，在法国的所有希望彻底破灭的这个时刻，查明战败原因成了他仅次于重组战线的当务之急，他毫不犹豫地认为战败的原因在于"指挥官的严重缺点"，他查问那些表现得软弱无能的将领们的名字，无情地扩大了处分人员的名单。

此时，德军正在向马恩河和巴黎前进，打击他们路上遇到的任何协约国部队，8月26日，克卢克的第一集团军在勒卡托之战中突袭英国远征军，迫使它进入疲惫的后卫战，勒卡托之战使英国远征军受到德军第一军团的巨大压力，每天均以后卫部队与德军交战。8月27日，弗伦奇企图停止撤退以求精疲力竭的英军第二军稍事喘息。该军在史密斯·多里恩的指挥下，实施了滑铁卢战役以来英军经历的规模最大的战斗。英军竭力击退克卢克军团全力实施的两翼包围，至夜幕降落，英军幸存者成功地撤出战斗。代价是高昂的，投入交战4万人，损失近8000人。两天后，德国统帅部从科布伦茨迁往卢森堡，此刻的德国人心潮澎湃，无限自信。他们看见前面只不过是些残兵败将，施利芬的才华业已得到证实，德国人看来已稳操胜券。在法国，普恩加来总统在日记中写道："我们必须下定决心，既要后撤也要进袭，过去两星期的梦幻结束了，现在，法国的未来取决于它的抵抗能力。"

虽然德军甚为强大，但作为总司令的霞飞却始终意志坚决、头脑冷静，即便在最危急的时刻也从未惊惶失措，在最初的失利过后，霞飞一方面将尽可能多的法军从东部调到西部，一方面叫已被任命为巴黎卫戍区司令的加利埃尼将军加强巴黎的防御，伺机反攻。8月29日，霞飞为解除德军对英国远征军的压力，命令本身遭受着德军第二军团很大压力的法军第五军团向西调转90度，打击德军第一军团的左翼。最初的攻击毫无进展，但指挥朗勒扎克第一军的德斯佩雷将军，巧妙地从预备队位置向前机动，打击并阻止了实施追击的德军第二军团，并因此取得战役中法军第一次战术胜利。

8月31日，英法联军指挥部接到情报，有32列火车的德军从西部战场撤开向东方。东方究竟发生了什么？原来俄国人的两支大军已攻入了东普鲁士，德军的东普鲁士防御指挥官普里特维茨将军只有五个半军的兵力。此时从西线各处传来的都是好消息，小毛奇相信法国战场大局已定，他可以腾出手来处理东线的局势了。被胜利冲昏头脑的德军对法军的重新部署毫无所知，为了对付已攻入东普鲁士境内的俄军，把两个军团和一个骑兵师的兵力匆匆从西线抽调到东线。德国的进军和协约国的撤退皆以每日大约30公里的速度形成了一场向巴黎的赛跑，但协约国拥有的优势是：他们正在退往自己的物资储存地，而德国却没有补给来源，所以补给很快就耗竭了。何况，由于俄国对东普鲁士的威胁，德国最高指挥部又选择了这一时刻从右翼抽走两支部队去支援东线。

第五章　东线风云

——"俄国压路机"乘虚而入

一、罗曼诺夫王朝的覆灭——末代沙皇尼古拉二世

罗曼诺夫王朝是俄罗斯历史上第二个也是最后一个王朝，也是俄国历史上最强盛的王朝。罗曼诺夫家族在1914年举办了一次盛大的庆祝典礼，庆祝家族占据俄国皇位长达三百年之久。在这混乱的三个世纪中，沙皇皇冠交替地被戴在天才和庸才头上。俄国由东欧一个闭塞的小国变成一个欧洲强国，虽然其现代化程度还不完满，还不完全像一个真正的欧洲国家，却是一个拥有巨大财富的帝国，领土从波兰一直延展到太平洋。1613年，在缙绅会议上，贵族、商人、僧侣和哥萨克上层的代表推举罗斯托夫总主教菲拉列特的儿子米哈伊尔·费多罗维奇·罗曼诺夫为沙皇，是为罗曼诺夫王朝之始。1741年，伊丽莎白·彼得罗夫娜继位，男嗣断绝。后由外戚当权，仍袭用罗曼诺夫王朝的室号。罗曼诺夫王朝长达三百余年，对内实行绝对君主统治，对外实行侵略扩张政策，成为欧洲反动势力的主要代表。欧洲的事务处处都有沙皇俄国的插手，沙俄也因此被人们称为"欧洲宪兵"。

尼古拉二世是罗曼诺夫王朝最具悲剧色彩的末代君主，生于1868年，是亚历山大三世的长子，自幼受到良好教育，但由于常年生活在宫廷，很少和外界接触，甚至对朝中的大臣也不甚了解。19岁时尼古拉开始在军队服兵役，一年后开始出行欧洲。在途经德国黑森－达尔姆施达特公国时，尼古拉遇到了公国的公主阿莉萨，也就是英国维克多利亚女王的孙女，尼古拉对阿莉萨一见倾心，与她成婚。阿莉萨是个好弄权术的女人，她不甘寂寞，对朝政处处干涉，作为皇帝，本该

保持公正的尼古拉二世却没有对爱妻进行干预。在皇储阿列克塞血友病发作时，阿莉萨请了一位名叫拉斯普京的妖僧来为皇储"治疗"。这位拉斯普京也算是个怪人，在战前曾给尼古拉的皇后阿莉萨写信说"不要参战，这场战争将会使你失去一切"。事实正是如此。拉斯普京幸运地"运功"治好了皇储的病痛，从此之后，拉斯普京就在阿莉萨的庇护下祸乱宫廷，引起了所有人的不满，沙皇一家，尤其是皇后的威信跌到了最低点。

1894 年 10 月，年仅 49 岁的亚历山大三世突然暴死，26 岁的尼古拉二世被推上了沙皇的宝座，老师告诉尼古拉："所有政治原则中最错误的一条就是让人民拥有权力，如果命运给我们一个致命的礼物——人民议会，我们的生存条件将不可想象。"年轻的尼古拉记住了一条原则，即沙皇是所有俄罗斯人的父亲，这不仅是沙皇的权力，也是神圣的义务，绝不许把这个权力让与他人。尼古拉二世是罗曼诺夫王朝最后一代沙皇，他在 1896 年 5 月 18 日登基时，按照传统，俄国宫廷在莫斯科为尼古拉二世举行加冕典礼，因谣传沙皇将赏赐丰厚的礼物，使数十万群众聚集在莫斯科的霍登广场，因拥挤而互相践踏，造成 3000 余人伤亡，史称"霍登惨案"。加冕典礼上的悲剧为新继位的尼古拉二世的统治蒙上了一层阴影。尼古拉二世继位之初，即逢俄国的动乱之秋。自 1856 年的克里米亚战争失败后，俄国便丧失了它在欧洲国际舞台上的霸主地位，与昔日盟国德国间的政治和经济矛盾也越来越深。面临身边强国的威胁和不利的国际处境，沙皇政府不得不与昔日的死敌法国结盟，希望借助法郎和法国的军事援助而站稳脚跟。

在国内，尼古拉二世统治下的俄国是一个经济上落后政治上反动的军事封建帝国主义国家，国内充满尖锐复杂的矛盾，群众斗争此起彼伏，连绵不断，社会各阶层掀起了声势浩大的政治民主运动。在 1904 年爆发的日俄战争中，俄国战败，在首都爆发了"流血星期一"事件，引发了 1905 年的革命，有"俄国的俾斯麦"之称的斯托雷平担任了内务大臣的职务，他提出"先安定，后改革"的口号，将行刑队和战地军事法庭派往俄国各地，大肆逮捕和屠杀进步人士，行刑队的绞索被戏称为"斯托雷平的领带"。1905 年的革命被血腥镇压了，但是不久后，沙皇统制下的俄国又陷入更复杂的巴尔干问题。

在 19 世纪末期至 20 世纪初期，世界上的几个新兴强国的发展相继进入大规模的工业化阶段，它们为了获得原料产地和海外市场，展开了激烈的争夺。在这个过程中，逐渐形成了以英、法、俄三国结成的协约国和德、意、奥三国结成的同盟国两大集团，这两个政治军事集团对抗的结果就是1914年爆发的世界大战。7月29日，第一次世界大战爆发前夕，沙皇尼古拉给德皇威廉发去一份电报，电文表达了"对一个弱国发动一场不光彩的战争"的愤慨。他质问德皇威廉："能不能阻止他的盟友不要走得太远？"德皇威廉给沙皇尼古拉发去的回电中，表白了自己对和平的期待，并说："我正在利用我的影响力促使奥匈人直接与你达成令人满意的谅解。"这说明当时的尼古拉二世还是希望能避免战争爆发的。

第一次世界大战爆发后，尼古拉二世把俄国带入了战争中，由于战况不利、粮食困难等原因，激起人民的不满，同时由于皇后宠信"妖僧"拉斯普京，引起了年轻贵族和军官团的不满，沙皇失去了军部、官僚和资本家的支持。在战争中俄国军队屡遭失败，本来就很落后的俄国经济遭到了极大的破坏，战争的灾难引起了广大人民的强烈不满，处于饥寒交迫之中的人民再也无法忍受沉重的压迫，此时的尼古拉二世已经众叛亲离，内阁提出辞呈，杜马也在军队的支持下要求沙皇退位。1917年3月8日，俄国二月革命爆发，末代沙皇尼古拉二世被迫在奥拉宁堡宣布退位，罗曼诺夫王朝的腐朽统治就此被推翻。

尼古拉二世宣布退位后，把皇位让给他的弟弟米哈伊尔，但整个杜马临时委员会以及大多数其他大公都反对他当皇帝，新任内阁首相李沃夫公爵、克伦斯基等都向米哈伊尔表示，不能保证他的人身安全，在这种情况下，米哈伊尔拒绝继承王位。当天米哈伊尔再次发表声明，宣布拒绝接受皇帝位子。他于3月2日晚6点签署了放弃王位的诏书，诏书写道："我请求俄罗斯帝国所有公民服从在国家杜马提议下产生的、拥有全权的临时政府，直到在最短时间里在普遍、直接、平等和无记名投票基础上产生的立宪会议作出表达民意的管理方式的决定。"

当天晚上，临时政府成立。就这样，在俄国持续了千年之久的君主制宣告结束，统治俄国三百余年的罗曼诺夫王朝就此宣告灭亡。

临时政府成立后，沙皇一家被安置在皇村，当时，皇后亚历山德罗和4位公主及皇太子阿列克塞早就提前被软禁在那里了，随后沙皇也被押送到那里。至于要如何处置沙皇一家，资产阶级临时政府准备先把沙皇一家送到摩尔曼斯克，再去丹麦，英国政府也决定派巡洋舰来接走沙皇。但形势发生了变化，临时政府决定把他们转移到西伯利亚的托博尔斯克。1917年8月1日，尼古拉全家离开皇村，在300多人的武装卫队押送下登上去西伯利亚的火车，于8月6日到达托博尔斯克，皇室一家被安顿在前省督的住宅里。

当年11月，俄国爆发了"十月革命"，"十月革命"胜利之后，有一段时间托博尔斯克处于革命热潮之外，老的市议会继续掌管这座城市，皇室一家仍由临时政府任命的委员会负责看守。11月下旬，当地第二步枪团成立了士兵苏维埃，沙皇全家被布尔什维克军队逮捕，转而囚禁于叶卡捷琳堡，这是沙皇一家在人间最后的住所。1918年5月，捷克兵团发动叛乱，6月，在西伯利亚的鄂木次克成立了西伯利亚临时政府，叶卡捷琳堡处于危险状态，沙皇有落入白卫军手中的危险。当时白卫军的队伍正在渐渐迫近叶卡捷琳堡，在十分紧急的情况下，1918年7月17日凌晨，沙皇夫妇和他们的五个儿女，还有一个医生、一个厨子、一个男仆和一个女佣被看管他们的布尔什维克官员枪杀。

此后在1918～1919年间，共有19名罗曼诺夫家族成员遭到处决，亚历山大三世的后代完全被消灭殆尽。尼古拉二世的结局以悲剧告终，罗曼诺夫王朝以覆亡收场。几天后，苏维埃的敌人攻占了乌拉尔首府，但他们没有找到尼古拉二世。苏维埃政权枪决尼古拉二世，不但扼杀了那些想要打着尼古拉二世这杆大旗向苏维埃开战的人的幻想，而且结束了俄国的一个时代。不经审判枪毙沙皇全家，这种做法并没有为苏维埃政权添加光彩，反而授人以柄，毕竟尼古拉二世是自动退位的沙皇，并没有现行的反革命行为。而其家人和随从更是全然无辜的，最小的王子尚未成年，正因为如此，枪杀皇室一家的真相长期以来一直被保密。

二、"欧洲宪兵"——沙皇俄国

被称为"欧洲宪兵"的俄国，在欧洲有着举足轻重的位置，在欧洲所有的事务中，都离不开它的影子。为了对抗以德奥为主的同盟国，英国和法国把它拉到了自己的一方，组成了协约国，共同对付新崛起的德国。地广人多的俄国巨人，像具有魔力似的迷惑着欧洲。尽管它在19世纪的克里米亚战争和日俄战争中的惨败暴露出了它在军事上的无能，但是人们仍然认为俄国是不可能被彻底战胜的。俄国凶悍残忍的哥萨克骑兵和取之不尽的兵源，在欧洲已是深入人心，只要一想起德国后背的这个庞然大物，协约国中的英国和法国就感到心中踏实，而德国人则对他们背后的那只"北极熊"提心吊胆，寝食难安。

俄国陆军人数之多，对欧洲任何一个国家来说，都是一支不可轻视的力量，它在平时的常备兵力有150万人，一经过战争动员，马上就可以达到近700万人。当然，腐败的机构和落后的交通，使俄军在开始发动时不免缓慢，但是一旦充分发动后，它那惊人的潜力，将足以拖垮任何敌人。对此，英国的外交大臣爱德华·格雷爵士曾对法国总统普恩加来说："俄国的资源非常富足，就是我们不去支援俄国，时间一长，德国人也要山穷水尽的。" 在法国人的想法中，一旦战争爆发后，霞飞的"第十七号计划"能不能取得成功，关键得取决于俄国，取决于俄国人到时能不能在德国的东部拖住德军的部分力量，也就是要看俄国人能不能在战争的前半个月内对德国发动进攻。当然，法国人心里也明白，这样的要求对于俄国来说是不可能办到的，法国人只希望在战争的前半个月中，俄国人将其手头已有的力量投入战场就心满意足了，不管怎么说，一定要让德国在一开战的时候，就要陷入两面作战之中，借以削弱德军在西线所投入的兵力。为了达到这个目的，法国陆军部的参谋长迪巴伊将军在战争爆发的前三年就被派到了俄国，去给俄国的战争决策者们灌输必须夺取主动的作战思想，并把它变成了两国之间的协议。要求俄国尽早发动攻势的协议在随后的两年中，经过两国的总参谋部之间的商谈而越来越得以确定。

经过日俄战争的惨败，俄国人已经对它庞大的军队进行了一系列的改革，俄国人因为他们的军队蒙受的耻辱而急于重振军威，现在的圣彼得堡充满自信，认为一切都已经准备就绪。然而，出于俄国人所惯有的惰性，他们只是制定了战略上的计划，而对于这个计划的具体细节，并没有事先制定。井井有条，一丝不苟，那不是俄军的习惯。但俄国人同意和法国人同时对德军展开进攻，法国人派往俄国的迪巴伊参谋长得到了俄国人的保证，一旦开战，俄军对德国的进攻将在动员后的第16天开始，不等动员完毕，俄军将把它的前线部队先行越过德国与俄国的边界。其实俄国人的这个承诺是没有经过深思熟虑的，派出大军进入敌国境内打一场战争，是一件充满复杂而又危险的事情，是需要做好充分准备的，然而俄国人完全没有考虑那些，比如它的战时运输是否对够对此提供足够的保障，俄军的武器弹药到时是否能够得到充分的补充。开战后这些问题让俄军吃尽了苦头，没有粮食，没有弹药，没有援军，使得俄军因此遭到了败北，但是此举却救了法国人，使德国在西线最为紧张时分兵东线，从而导致了马恩河会战的失败，俄国人这种舍己为人的精神实在是难得。当时的俄军是存在许多不足的，这一点英国的军事观察员早就指出过，俄军在训练以及情报和保密方面都有明显的问题，但对于俄军这些军事上的弱点，英法并不担心，它们所关心的只是要让俄国这个巨人动起来，至于它所发挥的作用则无关紧要，英法对俄军的企望，也只不过是牵制德军。

俄军的优势在于易于管理、吃苦耐劳和视死如归的巨大人力资源，但装备和弹药严重不足。在高层指挥上，除了作为总司令的尼古拉大公和少数人之外，大都是漫不经心和庸碌无能之辈，其总参谋部亦同样糟糕。俄军有个庞大的军官团，其中的军官们基本上都是依仗有社会关系而得到提升的，在俄国的制度下，真正有才干的人是很难被提到重要位置上的，那些高级军官们平时从不锻炼，斗纸牌就是他们平时的工作。在战争爆发后的一年中，被淘汰的军官人数比法军全部的军官还要多，而真正称职的军官却严重缺乏。曾任英国首相的维特伯爵曾说："它是集怯懦、盲目、狡诈、愚蠢于一体的大杂烩。"沙皇尼古拉二世是个既无才智也无精力的人，他所依靠的朝臣们都是出身于贵族世家的官僚阶级，管理政府的就是这批人。这个政体得以生存主要是依靠人数众多的秘密警察，这些秘密警察遍布全国，无孔不入。尼古拉二世在处理国家大事上处处受皇后亚历山德罗的影响，当皇后被一个叫拉斯普京的"妖僧"左右了之后，尼古拉二世便失去了许多人的支持。随着战争的失败，俄国的国家经济濒于崩溃，民不聊生的俄国终于爆发了革命，尼古拉二世失去了他的政权，十月革命后，俄国退出了战争。

三、东普鲁士之战——可悲的冯·普里特维茨

在西线即将开战前，德军把普里特维茨将军的第八集团军的 20 余万人、火炮 1000 多门，派往东普鲁士，并把沃伊尔施将军的两个后备

师派往加利西亚。奥匈帝国在加利西亚派驻三个集团军约75万人，近2000门火炮，还有25万人尚未到达。而俄国则在400多公里的战线上派驻两个方面军共100多万人和3200多门火炮。尽管俄国人才动员了1/3的兵力，而且明显地缺乏补给和支援部队，但他们还是于8月13日发动了攻势。向东普鲁士的进军兵分两路，矛头均指向德国第八集团军：一路为俄国第一集团军，由帕·伦宁坎普夫指挥，位于马祖里湖区以北；另一路为俄国第二集团军，由亚·萨莫索诺夫指挥，位于湖区以南。两个集团军都受俄国西北方面军司令官吉林斯基将军协调，但是通信装备不足，参谋工作不力，车辆匮乏，加上指挥拙劣，恰恰暴露了这次东普鲁士进攻战役的一个突出特点——缺乏协调。与俄军对阵的是由冯·普里特维茨将军指挥的德军第八军团，分散地配置在从波罗的海南至弗兰克瑙河一线，以柯尼斯堡为基地，根据修改过的"施利芬计划"，其任务是实施弹性防御以迟滞俄军。

俄国在欧洲各国的眼里向来被视做庞然大物，平时常备军有150万人，一经动员可达到300万人，此外还有一支200万人的地方部队和可以征召的后备力量。整个国家可使用的兵员总额达650万人。然而，沙皇的专制政体在制度上不利于最优秀的军人被推上最高层。这是一个愚不可及的政体，除了数量的优势足以吓坏胆小者外，就其素质而言，几乎没什么可以称道的地方。俄国对中欧强国德国的最大威胁，在于它有600万部队，但是其"蒸气压路机"开动起来效率很差，大多是文盲的部队虽由勇敢的士兵组成，但他们由贵族和有钱人组成的军官团所受到的训练很差，那些人的战争知识，还局限于使用军刀和剑。直到开战前，俄国军官缺额达3000名之多。陆军大臣苏克霍姆利诺夫是个贪污枉法之辈，他压制军队中的改革派，一口咬定俄国过去的失败，只是由于司令官的错误，而不是由于训练、准备和供应方面的不足。他顽固地坚信刺刀胜过子弹，所以根本不肯花力气去增产步枪、子弹和炮弹，以至于俄国在开战时，每门大炮只摊到850发炮弹，成千上万的补充兵员赤手空拳地待在前线战壕里，等着同胞战死后留下的武器。不过在人们的脑海中，俄国军队是个庞然大物，开始时不免臃肿迟钝，但是一旦充分动员起来投入行动，它一浪接一浪永无穷尽的人海波涛，不论伤亡多大，都会不屈不挠，前仆后继，滚滚向前。

　　问题在于要使俄国人在德、法两国各自在西线发动攻势的同时，在德军后方发动攻势。直到 1913 年都担任俄国参谋总长并将统率参战军队的伊凡·吉林斯基将军，向法国保证，战争动员后两星期，80 万俄军就会做好战斗准备。到了 8 月中旬，有 65 万多人已经准备就绪，这一业绩使德国人感到惊愕和担心。初期德国在西线的胜利，引起法国人连续恳求俄国迅速打击德国的东部，承受着德国几乎全部力量的法国后来开始大声求援，按照法、俄之间 1911 年以来协商一致的安排，如果德国把它的主力投入西线，俄国从一开始就要勇猛地杀入德国，以减轻德国对法国的压力。现在这个情况显然发生了，法国政府提出比战前协议更进一步的要求，敦促俄国直接向德国进军。

　　俄国早在开战前就开始了总动员，至 8 月底，俄军已从 120 万增加到 530 万。但俄国交通十分落后，集结速度实在慢得吓人。俄军在 8 月中旬可立即投入东线作战的只有 65 万人，多数部队还挤在路上，远东的一些军队甚至要三个月后才能赶到。鉴于西线的严峻形势，俄军统帅尼古拉大公决定提前发动攻势，其中西北方面军负责进攻东普鲁士，西南方面军负责进攻加利西亚。1914 年 8 月上旬，应英法联军指挥部的再三请求，俄军在没有完成动员和集结的情况下就开始了进攻，以粉碎德军主力对法国的进攻。战役的直接目的是歼灭德国第八集团军和攻占东普鲁士，为尔后进攻加利西亚创造条件，以减轻德军对西线的压力。在军事计划的棋盘上面，俄国以其地大人多而被视为庞然大物，尽管它在对日一战中丢脸出丑，但是只要想起俄国"压路机"，法国和英国就感到心宽胆壮，而德国人因害怕在他们背后的斯拉夫人而提心吊胆，寝食难安。

　　俄国同德国和奥匈帝国有一条共同边界，延伸 1800 余公里。那时是俄国一个省的波兰，形成一块 400 多公里宽的突出部，这个突出部向西突出 320 多公里，在西部和西北部与德国毗连，在南部则与奥匈帝国邻接。它的西部边界离柏林只有不到 300 公里，它的北面是东普鲁士，这块约 130 公里宽的德国领土夹在波兰和波罗的海之间，俄国一次胜利的大规模进攻，就能把它同整个德国切断。俄军的集结部署是按照第十九号计划"A"方案进行的，面对德、奥两个方向，俄军编成西北、西南两个方面军，在德国战线上投入吉林斯基的西北方面军，它由莱宁坎普夫的第一集团军和萨姆索诺夫的第二集团军所组成，总兵力为25万人，计划是分北、南两路向东普鲁士发动钳形攻势。

　　大战刚刚爆发，俄军西北战线的指挥权就交付给了吉林斯基将军，他在一年前出任俄军参谋长时，与法国就现已开始的大战中两个协约国的合作做了最后的秘密安排，吉林斯基从战争动员的第12天起即在比亚韦斯托克的司令部指挥至少10个步兵军和10个骑兵师发起了进攻，他的意图就是要丝毫不失时机地入侵东普鲁士，制服它的守卫者。俄军大本营的计划是以第一集团军从北方切断德军与柯尼斯堡的联系，以第二集团军切断德军与维斯瓦河的联系，把德第八集团军包围在东普鲁士突出部加以歼灭，进而直取柏林。根据方面军指挥部的企图，莱宁坎普夫将军的俄国第一集团军应当从北面向马祖里湖地区实施迂回突击，以吸引德军主力，萨姆索诺夫将军指挥的第二集团军应当从西面对该区实施迂回突击，以切断德军向维斯瓦河的退路并歼灭之。1914年8月，俄军兵分两路，一路直扑西北面的东普鲁士，另一路开向奥匈帝国境内的加利西亚，俄国第一集团军和第二集团军试图通过南北合围的战术歼灭东普鲁士的德国守军。

　　三天之后，第一军向德军主力发起进攻，迫使德军后撤，与此同时，俄第二军趁势从南面进入了东普鲁士境内，但是，俄第一集团军没有乘胜追击，这就让俄第二集团军陷入了非常危险的境地。8月17日，莱宁坎普夫率军在宽广正面上攻击，其中部与弗朗索瓦将军的德军第一军相遇，并遭受严阵以待的弗朗索瓦的重击，被击退到边界一线，损失了3000多人，弗朗索瓦则随后撤至古姆宾嫩。8月20日，俄军再次缓慢地推进。弗朗索瓦猛击俄军右翼并将其驱退了8公里，但德军其他各部的攻击没能成功，战斗打成了平局。德军此刻面临的困难非常严重，俄军南北合围的两个集团军人多势众，似乎难以抵挡。但施利芬为此事预先留下了一套计划。按照施利芬制定的计划，把整个集团军放在了一个叫坦能堡的要害地区，俄军两个集团军中不论哪个首先进入有效打击距离，德军都将予以打击，然后再迂回运动打击另一个集团军。这个作战计划充分体现了施利芬的主导思想，那就是集中自己的优势兵力，对敌人给予各个击破，这对当时在总体人数上占劣势的德军来说，是最可取的办法。这要求指挥者有高超的才能，但是也向总司令提供了最辉煌的机会！对于这种任务，德军留在东线的指挥官冯·普里特维茨将军从一开始就感到力不从心。

普里特维茨错误地分散兵力，然后对莱宁坎普夫的第一集团军进行正面攻击而不是进行侧翼攻击，8月19日德国第一军在施塔卢珀嫩的战斗中被击退。次日，在贡宾嫩－戈乌达普一线，俄国第一集团军遭到德第八集团军主力的反击，俄军右翼一度被击退，但中路粉碎了德第十七军的正面攻击，德军遭到失败后，开始向西撤退。随着萨姆索诺夫对其交通线构成潜在的威胁，惊慌失措的普里特维茨没有通知任何下属就拨通了在科布伦茨的德军总司令部的专线，小毛奇说："你必须不惜一切代价守住维斯瓦河。"对此，普里特维茨认为如果得不到增援，甚至这一点也无法保证，他未加思索就回答说："河水很浅，有多处可以涉水而过，我只有这么一点人，怎么守得住维斯瓦河？"

关键时刻的一句话足以决定命运，就是这句话结束了他的军旅生涯，甚至影响到了战争的全局。数小时后，普里特维茨回到了他的指挥位置，听取和批准了作战处长霍夫曼所制定的进攻计划，作为一个军人，这个计划必定会给他带来历史性的荣耀。然而就在此同时，小毛奇发来的一个电报也到了，普里特维茨和他的参谋长瓦尔德泽被新的总司令官冯·兴登堡和新任参谋长鲁登道夫取代了，半小时后，第二个电报通知麻木了的普里特维茨和瓦尔德泽退役，荣誉的桂冠已然对他落下。

8月22日，刚接到任命的鲁登道夫匆忙研究了来自东线的报告之后，向第八集团军各个军的指挥官发出电报命令，要求他们朝着萨姆索诺夫的第二军团实施进攻，同时迟滞莱宁坎普夫的第一军团进一步向东行进。当天晚些时候，鲁登道夫与兴登堡一起乘火车赶往东线，并在路上报告了他的计划，兴登堡表示赞同。兴登堡与鲁登道夫这两位人物，可以说是来自不同时代又具有完全不同性格的人。然而，共同的任务和共同的总参谋部思想将他们结合在一起，而且配合默契，成效卓著。兴登堡具有数十年的军队实践经验，在军界享有崇高的声誉、威望和自主权，而鲁登道夫则具有毋庸置疑的战略天才，雄心勃勃，精力充沛，脾气暴躁但外表又表现得镇定自若——这最后一点是权威性领导所必需的。

23日夜间，当鲁登道夫匆匆走进首长已被免职的第八集团军司令部的时候，他从霍夫曼将军那里接到了实际上正在进行的部队调动的报告，他对这些调动均表示同意，他发现对计划无需作任何增删与修改。鲁登道夫原本预计面对一个瘫痪的参谋部和一支不稳定的军队，但他发现参谋部以罕见的能力和决断为即将进行的战斗做好了一切安排。这本来是命运给普里特维茨的成为英雄的机会，可惜他没能把握住，鲁登道夫因此一举成名，成为"一战"中的重要人物。普里特维茨给后人留下了一个教训，那就是万万不可对人表现出自己的无能为力，决不言败，纵使失败已然临头。

第六章　三方角力的战场

——加利西亚

一、"他手中的剑是脆弱的"——弗朗茨·康拉德

　　"在1908年和1909年，我们一直处于有利地位，在1912年和1913年，我们仍然有好机会，而现在，我们必须取得彻底胜利，否则什么都没有了。"

　　　　　　　　　　——奥匈帝国陆军大元帅弗朗茨·康拉德。

　　弗朗茨·康拉德·冯·赫岑多夫，奥匈帝国的陆军元帅，第一次世界大战爆发时任奥匈帝国军队总参谋长，比起他所指挥的奥匈帝国的军队来说，康拉德要更出色一些，他是一个比较杰出的战略家，他的许多想法都是很好的，但是他手中的剑是脆弱的。康拉德有着军人的铮铮铁骨，他身材结实魁梧，灰白的头发被修剪成矮树丛状，胡须在嘴角处向上翘起，看上去令人生畏。作为一个军人来说，他有时甚至过于狂热，他是个工作狂，专注于把大杂烩式的奥匈帝国军队转变成一支现代化的高效战争机器。

　　康拉德出生于维也纳郊区一个世袭贵族的家庭中，他的父亲是一名退休骑兵上校，他的母亲是著名的维也纳艺术家库伯勒的女儿。从11岁起康拉德就接受了军事训练，青年时代就因为聪明才智而在军中青云直上。1906年，在他54岁的时候，在皇储斐迪南大公的推荐下出任奥匈帝国总参谋长。在19世纪的奥德战争之后，奥匈帝国就已是个衰败之中的二流帝国，却拼命想维持自己在欧洲各强国之间的传统大国地位。尽管在弗朗茨·约瑟夫一世的统治下有些起色，可它仍然是

个多民族的松散的集合体，而且还是个二元制的国家，有奥地利和匈牙利两套政府机构，这就使它应付战争的能力大大受到影响。在萨拉热窝刺杀发生前的半个世纪中，奥匈帝国丧失了领导德意志诸邦国的地位，接着又丧失了包括托斯卡纳、伦巴第在内的大片领土，掠夺者是新成立的意大利王国，此时的意大利国势并不强，主要是因为有法国的帮助。

康拉德是一个坚定不移的民族主义分子，狂热的推行军队现代化运动，他认为日耳曼文明与斯拉夫文明之战不可避免，他反对匈牙利贵族在帝国中的特殊地位，认为这会削弱帝国的根基，不过他最大的愿望，就是主张对塞尔维亚王国发动预防性战争。塞尔维亚是巴尔干地区的一个小国，但在俄国的支持下，总是在不断地给奥匈帝国制造麻烦，从康拉德出任奥匈帝国的总参谋长到第一次世界大战爆发这八年间，他提出了不下 25 套对塞尔维亚的作战方案。他不断地草拟和颁布新的命令及作战计划，因为他痛苦地感到奥匈帝国软弱的军队已无法维持帝国在欧洲大国间的地位，他坚信能拯救帝国的唯一办法就是在巴尔干问题上坚持己见，其中最重要的是阻止塞尔维亚人无休止的颠覆活动，如果有机会，就应该消灭塞尔维亚。他不断地向奥匈帝国皇帝弗朗茨·约瑟夫请求进攻塞尔维亚，这使得无心与塞尔维亚开战的约瑟夫皇帝很讨厌他。

对于在东方可能发生的战争，康拉德设计了两种作战方案：如果俄国保持中立，他就把主要兵力投向塞尔维亚；如果俄国卷入战争，就把军队集中到加利西亚战线上去。意大利王国是奥匈帝国的官方盟友，已经从奥匈帝国攫取了不少领土，还觉得不够，康拉德因此多次要求进攻新成立的意大利王国。1911 年，康拉德由于过于好战而被斐迪南大公免去了总参谋长的职务，直到第一次世界大战爆发后才官复原职。在斐迪南大公遇刺 48 个小时后，康拉德以他一贯的好战作风，呼吁给予塞尔维亚一个"决定性的最后清算"。

因为皇储斐迪南大公在萨拉热窝被暗杀，康拉德终于找到了与塞尔维亚开战的借口，可事实证明他的两线作战计划不是一个成功的作战计划。康拉德低估了敌人的力量，塞尔维亚军队明显比他预计的要强，而他自己那支由多民族组成的军队的战斗凝聚力明显不够，致使他在没有击破塞尔维亚军队的情况下被迫转兵北上展开对俄军的加利西亚战役，结果两个战场都没有取胜，在战争的第一年中，就大大削弱了奥匈帝国的军事力量。在加利西亚会战过程中，奥匈军队损失约40万人和400门火炮，俄军损失约23万人和90多门火炮。实施加利西亚会战的结果，使加利西亚和奥匈帝国占领的波兰部分领土，落到了俄国人的手中，匈牙利和西里西亚已面临入侵的威胁，奥匈帝国的军事实力则受到严重削弱，奥匈军队如果没有德军的支援已经不能单独作战。

1915年，康拉德所设计的德奥联合对戈尔利采的突破被认为是成功的，这次战役给俄国军队造成了重大损失，一举收复了在之前所丢失的全部地方，但是从那时起，奥匈帝国总参谋部就越来越从属于德国总参谋部了。1916年，康拉德在意大利发起的攻击特伦蒂诺的战役也是成功的，但俄军的勃鲁西洛夫攻势使这一切都化为乌有，东线奥军两个月就损失了60万人，奥匈部队这一年的总损失超过了150万人，奥匈军队已经不能在没有德国帮助的情况下单独发起攻击了。1916年，弗朗茨·约瑟夫去世，将风雨飘摇中的帝国留给了卡尔一世，卡尔一世是弗朗茨·约瑟夫一世之弟路德维希大公的后人，他在四面楚歌中继承了奥匈帝国的皇位，为了扭转颓势，卡尔一世亲自担任帝国武装力量最高统帅，而刚愎自用的康拉德被继任的卡尔皇帝解除了职务，被派到特伦蒂诺前线担任野战司令官。据称卡尔一世还曾下令使用过毒气，但此时奥匈帝国大势已去，随着战争进程的加速，奥匈帝国军队伤亡惨重，士气极端低落。1917年，俄国因为爆发了"十月革命"而退出战争，奥匈最伟大的战士康拉德终于交了好运，他把部队集中起来，在卡波雷托战役中冲破了意大利军队的防线，赢得了他一生中最大的一次胜利，把他心中最鄙视的"背信弃义的意大利"狠狠地教训了一顿。

1918年夏，战事对同盟国越来越不利。虽然当时奥匈帝国国内的少数民族领导人一直对哈布斯堡皇帝保持忠心，但他们不得不考虑他们自己的利益了。1918年9月和10月，奥匈帝国的许多地区宣布独立。1918年11月3日，奥匈帝国与协约国达成了停火协议。战争的结束也是奥匈帝国的终结。战后，奥匈帝国四分五裂而不复存在了。战争结束后，康拉德退休归隐，晚年著有回忆录《我的开端，1878～1882》和《我的服役，1906～1918》。在回忆录中康拉德宣称，他只是一个军事专家，只有发言权，没有关键的决策权。崇拜他的人认为他是一个军事天才，只是奥匈帝国的军队不足以展示他的才华。

二、挥舞的马刀——"哥萨克来了"

> 我们光荣的土地不是用犁来翻耕,
>
> 我们的土地用马蹄来翻耕,
>
> 光荣的土地上种的是哥萨克的头颅,
>
> 静静的顿河到处装点着年轻的寡妇,
>
> 我们的父亲,静静的顿河上到处是孤儿,
>
> 静静的顿河的滚滚波涛是爹娘的眼泪。
>
> ——古老的哥萨克民歌

"哥萨克人来了!"没想到这样的喊声到了"一战"的战场上还能出现,可见奥匈帝国军队的处境是多么狼狈了,如果它的军队能在阵地上架起机枪狠狠地打,那么哥萨克人也没什么可怕的,但如果你在慌乱的败退中,那"哥萨克人来了"将是可怕的灾难,因为他们将如同旋风一样地冲进来,飞舞的战刀令敌人身首异处。在加利西亚战场上,败退中的奥匈军队就陷入了这种可怕的处境。早在数百年前,哥萨克骑兵就已经成名了,俄罗斯征服中亚、远东的时候,无时不闪现着他们的身影,剽悍、野蛮,甚至是死神,都可以用在他们身上。哥萨克人骑着他们特有的顿河马,举着闪亮的马刀,旋风般地冲进敌军阵营,长刀挥舞处,敌人一个个身首异处,不多时这些骑兵便又呼啸而去,这恐怖的场景曾出现在拿破仑远征俄罗斯的战场上,现在又出现在加利西亚战场上了。世界上各式各样的战刀很多,但是称得上"鹰之利爪"的只有哥萨克骑兵刀,它是属于勇士的战刀!在俄罗斯历史上,穿着黑色披风、挥舞哥萨克骑兵刀冲锋的哥萨克骑士被称为"顿河流域的雄鹰"。曾经在空中俯瞰过哥萨克骑兵的美国飞行员有这样的描述:"骑兵每行八人八骑,有的头戴圆筒卷毛高帽,有的身披黑色大氅,他们背上斜挎步枪,腰间悬挂马刀,在尘土中浩浩荡荡前进,数万匹马纵横驰骋,数万把刀交错挥舞,这场景极其令人震撼,是骑兵战史上最壮烈的一幕。"

哥萨克人是俄罗斯和乌克兰民族内部具有独特历史和文化的一个地方性集团,现多分布在顿河、捷列克河和库班河流域等地,哥萨克

并不是一个民族，只不过是一群生活在东欧大草原上的游牧社群，在突厥语中，"哥萨克"就是"自由人"的意思。它们的组织形式是军民合一的部落形式的自治体，他们建筑一种特殊的营地叫"塞契"，由土围子、堑壕、原木围墙和带有射击孔的塔楼组成，营地定期举行全体成员大会，其中以乌克兰的札波罗什哥萨克最为有名。在历史上，哥萨克人以骁勇善战著称。在18世纪初以前，俄国统治者为了利用哥萨克的力量保卫边疆，向他们提供战斗装备、给养以至军饷，哥萨克兵不仅拿着御赐俸禄，免交土地税，而且拥有相当大的行政、司法和外交自治权，成为俄国历史上享有最多特权的群体。但是这种特权是以哥萨克为沙皇效力为前提，以生命及和平生活为代价的。哥萨克军团曾一度成为沙皇俄国向中亚、西伯利亚和中国东北进行侵略扩张的急先锋。

哥萨克人是世界上最具传奇色彩的群体之一，如果说吉卜赛人是大篷车上的民族，那么哥萨克就是战马上的族群。哥萨克人正是凭着一匹战马、一柄军刀在横跨欧亚大陆的广阔疆场上，驰骋数百年，纵横千万里，以英勇善战著称。在俄国历史上，哥萨克人组成的骑兵，是沙俄的重要武装力量。说哥萨克是一个群体，是因为哥萨克人并不是一个真正意义上的民族，只是一个源流成分复杂的"族群"，其成员主要是斯拉夫人，此外还有少数鞑靼人、高加索人、格鲁吉亚人、卡尔梅茨克人和土耳其人等。从14世纪开始形成的哥萨克人主要由不堪忍受农奴生活的逃亡者组成，"哥萨克人"意为"因逃亡而获自由的农奴"，最初生活在连成一片的东欧草原和南俄草原上的各大河流域。他们在肥沃的顿河草原安家后，开始形成了哥萨克。哥萨克从来没有过自己的国家，虽然沙皇为了表彰他们的战功也曾赐给了他们许多的封地和自治权。哥萨克人一般充当沙皇的禁卫军和骑兵野战部队，由于一般家庭比较富裕，因此装备比别的部队好，战斗力也比较强。

哥萨克人是最具有草莽风格的经典骑兵，他们的骑兵马蹄是与沙俄向外扩张的步伐同步飞扬的，多次为俄国开拓疆土立下赫赫战功。第一次世界大战中，俄国大约组建了30万人的11支哥萨克军团，但是由于现代化武器机枪、排炮、坦克等的投入，骑兵注定将成为被淘汰的兵种，所以他们在加利西亚把奥匈军队教训了几次以后，也就没有什么惊人的战绩了。

经过第一次世界大战和苏联国内战争以后，哥萨克军事力量遭受重创，内战结束以后，苏联采取"非哥萨克化"，对不服从者就从肉体上消灭，特别是到了第二次世界大战以后，斯大林更是对他们采取高压政策，加上随着现代武器的发展，作为一支军事力量，哥萨克骑兵早已结束了自己的历史使命，最终使这个存在了几百年的特殊群体融化到普通百姓当中，结束了哥萨克的历史。

三、康拉德的悲哀—— 奥匈兵败加利西亚

由于俄国在东普鲁士的失败，使它在别处的胜利也失去了光彩。事实上，1914 年俄国人主要的精力并非针对东普鲁士，而是针对加利西亚的奥匈帝国军队。在南部，奥匈首先发起进攻。他们的总参谋长康拉德从互相背离的几条线上派遣三支军队进入波兰，在那里他们很快陷入了困境，几乎完全是跌跌撞撞地退回到自己的领土。奥匈陆军是模仿德国的，但其总参谋部水平低劣，并存在语言障碍，大约四分之三以上的军官出身于日耳曼民族，仅有四分之一的士兵能听懂他们的语言，这是一个缺陷。而影响其战斗力最大的障碍是许多不满的斯拉夫人集团，导致士气低落，他们不忠于或很少忠于哈布斯堡君王，有许多人还同情俄国。

哈布斯堡皇室有一个易受袭击的省份加利西亚，它的富饶土地被喀尔巴阡山脉同奥匈帝国的其余地方隔了开来，奥匈帝国的对俄作战计划是把部队集结在桑河和德涅斯特河后面以及喀尔巴阡山脉前面的加利西亚平原，在这里集结军队对于直接攻入俄国领土十分合适，万一失败的话，奥军可通过普热梅希尔进入波希米亚，或者通过波兰与西喀尔巴阡山脉之间称为"摩拉维亚之门"的狭窄走廊进入德国西里西亚。按照奥匈帝国的战争动员计划，奥匈将 20 个师大约 30 万人部署在离贝尔格莱德几公里远的地方。加利西亚以北地区只剩下 18 个师的兵力。这表明康拉德内心里有一个盲目的信念，他相信俄国将置身事外，因而他可以给予塞尔维亚一次沉重的打击。当德军总参谋长小毛奇将军听说康拉德为了追求自己入侵塞尔维亚的梦想而向南线派遣大量多余的军队，他感到一阵恐慌，因为以当时的局势看，如果俄国加入战争，靠近俄国边境的加利西亚奥军将严重不足，小毛奇发了一份电报给康

拉德，要求他把主要兵力转移到北线来与俄军对垒。

1914 年 8 月中旬，正当德军大举进攻法国之际，俄国大本营应协约国的要求，在发动东普鲁士战役的同时，发动加利西亚战役，从战略上配合英法军队的行动，俄国本身也企图夺取加利西亚。俄军西南方面军总司令伊万诺夫将军受命围歼奥匈军队在加利西亚的基本兵力。在战役展开前，俄国西南方面军兵力为 60 多万人，但有些师、团尚在开往集结地途中，故而这个方面军的总数未超过 45 万人。俄国这两个方面军之间约有 200 公里的空隙，后来组建了第九集团军来加以充实。西南方面军的总目标是在德涅斯特河东岸围歼奥匈部队主力，阻止奥军撤向德涅斯特河西岸。由于伊万诺夫误判奥匈军主力会在利沃夫地区集结，故计划以该地区为主攻方向，以第三、第四、第五、第八集团军形成大包围态势，歼灭奥匈军主力。在巴尔干方面，奥匈帝国总参谋长康拉德手里可供使用的兵力共 8 个集团军，他准备用第五集团军和第六集团军进攻塞尔维亚，占领其首都贝尔格莱德。把第一、第二、第三、第四共 4 个集团军部署在加利西亚方面，以对抗俄国的西南方面军，准备在东普鲁士德军的协助下，攻占华沙。在制定对俄作战方案中，康拉德决定先发制人地发起进攻，在这种情况下，在大约一个月之内其对俄国人的优势会是相当大的。

如果康拉德要他的部队掘壕固守，俄国的冲击是闯不过这些障碍的，但他误信人言，以为俄国人尚未充分动员兵力，易受攻击，他计划从加利西亚发动迅速的攻势，以攻占华沙和布列斯特—立托夫斯克之间的铁路线，他深信，在他的军队抵达布格河时，德军一定会采取行动。小毛奇曾对康拉德说过："奥军在进攻俄国的战斗中，绝对可以指望在东线集结的整个德军的战术支持，向俄国进军越早，延续的时间越长，德、奥联合取得的胜利就越大。"

由于英法联军请求加速进攻，俄国各集团军尚未全部集结完毕，即于 8 月 18 日至 23 日期间先后发起进攻，奥匈军队指挥部计划以第一、第四集团军的兵力，在库默尔将军的集团军级集群和沃伊尔施将军的德国后备军的支援下，向卢布林、海乌姆实施主要突击，粉碎俄西南方面军的右翼。康拉德指望毛奇在战前会谈中许下的诺言，即在他北进的同时，德国将以大军从东普鲁士向南方和东南方的华沙和布列斯特—立陶夫斯克之间的地区猛攻，与他两面夹击。康拉德要求德国第八集团军从东普鲁士发动攻势，这位哈布斯堡的统帅需要德军横扫涅曼河之东，然后打击俄国的右侧翼。他渴望把奥军首战的胜利归功于他的皇帝，因此他继续深信，在他的军队抵达布格河时，德军一定会采取行动。他以想入非非的心情建议，德军至少动用两个或三个师推进100多公里，进入挤满实力不详的俄国部队的敌人领土。但此时小毛奇判断要遭到来自两个方面的人数约为自己两倍半的敌人进攻东普鲁士，因而既不愿也没有力量去冒这个风险，他下的命令是："除非俄军取防守姿态，否则不应进入俄国。"但这点他没有告诉他的盟友。

俄第四集团军和奥匈第一集团军首先遭遇，23日起，双方在克拉希尼克地区进行了两天的激战，俄第四集团军退守卢布林以南，在随后的五天中，俄第五集团军遭到奥匈第四集团军攻击，退至海乌姆西南弗拉基米尔－沃伦斯基一线，但向利沃夫进攻的俄第三集团军，在第八集团军配合下，以30个师的优势兵力挫败奥匈第三集团军的14个师，强渡格尼拉亚利帕河，9月3日占领利沃夫，奥匈军退至戈罗多克地区。此时，康拉德直接向东线德军指挥官普里特维茨说话了："总的形势表明，德国东线军队朝锡德莱茨方向发动进攻十分重要，尽速抵达锡德莱茨十分重要，恳请回电告知东线德军司令部的意图。"普里特维茨回电说："此刻敌人正在从科夫诺、奥科塔及以南一带进攻东普鲁士，德军只有在获胜后才能开始朝锡德莱茨的军事行动。德国东线军队已吸引了大量敌军到它那里去，我们相信，此举可以为奥匈帝国的攻势扫清道路。"

9月4日，俄军三个集团军全部转入反攻，迫使奥匈军队开始退却，俄第五集团军向拉瓦的进攻，开始威胁到奥匈第四集团军向后的退路，奥匈军队指挥部被迫中断在戈罗多克的交战，9月11日夜间，康拉德将军被迫发出极不情愿的撤退信号的时候，他们几乎已经没有战斗力了。恐怖的叫声"哥萨克来了"引发许多人的惊恐和慌乱。奥军退过了桑河之后，俄军的追击放松了，由于对奥匈军队的追击迟缓和组织不善，致使其得以摆脱俄军，免遭全歼。六个星期以前在加利西亚投入战场的90万奥匈军队，现在只有一多半重新渡过桑河。21日俄军停止追击，至此，俄军控制了加利西亚大片地区，东普鲁士的德军并没有南下接应，总计俄方损失约23万人，奥匈损失40余万人，此役双方都没有实现围歼对方主力的计划，但俄军打进了战略要地加利西亚。

　　在大战爆发之际，俄军被它的盟国法国要求立即同时对德国和奥匈帝国实施进攻，而不顾其缓慢的动员在三个月内不能完成的事实。沙皇新任命的俄军司令尼古拉大公受到来自法军最高统帅层的压力与哄诱，加速其动员并实施仓猝的进攻，结果导致了俄军在东普鲁士的惨败，但俄国对加利西亚仓猝的进攻由于奥匈军队的愚蠢和无能而侥幸取得部分的胜利。

　　伊万诺夫在加利西亚的胜利，把德国的西里西亚暴露在俄国的入侵面前，因为西里西亚平原直接通向德国心脏，德军新上任的总参谋长法金汉于是命令兴登堡立即援助在加利西亚被打败的奥军，并阻止俄军侵入西里西亚。9月28日，一支由四个军组成的、由马肯森将军领导的德国第九集团军，乘火车前去增援奥军。这支德国援军迅速抵达奥军北翼的克拉科夫附近，9月28日，奥德联军开始对俄军展开了全面反攻。

第七章 盛衰无常

——变幻莫测的东线

一、"巨人同矮子"的战争——奥、塞之战

奥匈帝国同塞尔维亚作战，就军事力量和经济实力对比来说，是一场"巨人同矮子"的战争。经过两次巴尔干战争，塞尔维亚军队已疲惫不堪，缺乏军饷和武器，塞尔维亚经全国动员后只有40万现役和预备役兵力，它面对的是拥有200万全副武装的强大的奥匈帝国军队。各协约国的内阁都想当然地认为，塞尔维亚在大战中将很快被奥军轻易击溃，然而，当在1914年8月的最后一周时，已经没有一个奥匈帝国的士兵留在塞尔维亚领土上，奥军曾蜂拥而入，又被狼狈撵出，他们在德里纳河和萨瓦河丢掉了大量士兵的性命，而这些士兵是加利西亚迫切需要的。奥军总司令康拉德将军，对发动一场战争要比打一场战争更为擅长，他在战前的计划，是压服塞尔维亚，同时派出大批军队到加利西亚，对俄国发动攻势。但当康拉德把他的6个集团军分到两线作战时，实际上取消了胜利的机会，他派波蒂奥雷克去塞尔维亚战线，进一步减少了那些机会。

第一次世界大战爆发时，塞尔维亚总参谋长普特尼克正在奥匈帝国的巴特格莱贝格接受治疗，在奥匈帝国的战争动员期间，被布达佩斯官方抓住。但是，奥匈帝国皇帝弗朗茨·约瑟夫下令不仅让老元帅走人，而且还安排一列专门列车送他回贝尔格莱德。这种绅士的姿态，也只有像弗朗茨·约瑟夫那样既有尊严又有礼貌的君王才能做得出来，但奥匈帝国皇帝的骑士精神后来让康拉德和奥匈帝国军队吃够了苦头。塞尔维亚拥有野战部队约24万人，再加上预备部队共动员兵力近40

万人，有火炮 600 多门。摄政王亚历山大亲王担任武装力量总指挥，战场实际指挥为总参谋长普特尼克将军。塞军以一部兵力部署在西部和北部同奥匈接壤的边界，将主力集中部署在瓦列沃以东多山地区之预设阵地，以防御姿态迎击来犯的奥匈军队。

普特尼克自返回塞尔维亚后就负责了塞尔维亚军队的指挥工作，糟糕的身体状况使他只能待在火车上按照地图指挥塞尔维亚军队作战。奥匈军队在波斯尼亚总督波蒂奥雷克将军的率领下，投入近 50 万兵力向德里纳河的塞尔维亚军队发起进攻，爆发了米尔战役。波蒂奥雷克作为波斯尼亚总督，自从未能保护费迪南大公不被暗杀以来，一直没有恢复过来，现在他忧虑而怯懦，担心自己也可能遭到暗杀，拒绝在其部队前露面，只在远离战场的地方做出他的"决定"。面对波蒂奥雷克指挥的装备精良、人数众多的奥军，普特尼克指挥的人数稍少但勇敢顽强、能吃苦耐劳的塞尔维亚军虽装备不足，但由于参加了巴尔干战争而富有战斗经验。8 月 16 日，塞尔维亚军队在亚尔达河实施了猛烈的反击，由于康拉德把参战的第二集团军抽调到俄国战线，使得塞尔维亚军在数量上略占了优势，奥匈军的首次进攻被止住了，战斗陷入了堑壕战的僵局，这一切都发生在短短 12 天内，奥匈付出约 5 万人的代价，不久奥匈军队就被塞尔维亚军队从德里纳河的对岸赶了回来。

9 月初，普特尼克的塞军第一集团军越过萨瓦河，进入奥匈占有的波斯尼亚，意图切断奥军第六集团军的补给线。波蒂奥雷克有能力将他们赶出去，但是他的努力在塞尔维亚军坚强的防御前失败了，不管他是率第六集团军越过德里纳河去威胁普特尼克的左翼，还是试图从后面切断他的右翼，或者进攻其中坚部队，都同样被迫停滞不前，而且损失惨重。

与 40 多万奥匈部队隔河对峙的 45 万塞黑联军，虽然狼狈，不过也算从某种意义上在完成着自己的任务，因为塞尔维亚只是个 300 多万人口的小国，动员到 40 万人，已经是极限了，尽管两次打败奥匈军的进攻，然而自身毕竟也有损耗，野战部队一度下降到 27 万左右，经过首相巴西奇的疯狂征兵，才将野战部队维持在 35 万人水平线上。

普特尼克的第一集团军构成了对奥匈第六集团军交通线的严重威胁，直到 11 月份，波斯尼亚才清除了塞尔维亚部队，康拉德对装备不良的塞尔维亚军队击败他的军队非常愤怒，决心结束这种局面。现在，它的战斗兵员在数量上与塞尔维亚相比，约占三比二的优势，在武器装备和弹药的数量与质量方面也占有很大的优势。在山区冬季严寒条件下经过顽强的拉锯战，到11月15日，普特尼克在亚达尔河之战中的司令部所在地瓦列沃落入奥匈第六集团军之手，塞军在奥军的进攻面前步步退缩，到22日波蒂奥雷克的战线已经跨过科卢巴拉河，经过激战，奥军以重大伤亡俘虏塞军8000多人，缴获大炮40门。奥匈军队开始从侧翼迂回到贝尔格莱德，在奥军的攻势下，普特尼克干脆放弃首都贝尔格莱德，把部队撤往西南山地，拉长奥军的补给线。他利用奥军后方的科卢巴拉河水泛滥，于12月3日发动了一场凌厉的反击，再一次粉碎了占优势的奥军，并收复了贝尔格莱德。到12月15日，奥军向塞尔维亚发动的第三次攻击被击退，奥军处于彻底溃败状态，被迫越过科卢巴拉河，退到原出发地。

几个月的战斗使双方都付出了高昂的代价，伤亡或被俘的塞尔维亚人约达10万之众，奥匈军的损失也不相上下。塞尔维亚人为了惩罚奥军，几乎不遗余力，把一切一切都投入战争，而奥匈帝国编年史上因而又增添了这一最不光彩的可耻失败，波蒂奥雷克被奥匈皇帝解除军职，宣布退役，取代他的是欧根大公。

二、战局的重心转移——马祖里湖的冬季

为了进袭匈牙利并迫使奥匈帝国退出战争，俄军最高统帅部计划于1915年初经东普鲁士对柏林实施主要突击，俄国第十集团军担任助攻，布鲁西洛夫将军的第八集团军承担主要任务。德军统帅部获悉喀尔巴阡战役的准备情况后，急速派军驰援盟国，决定由康拉德和兴登堡分别从东普鲁士和喀尔巴阡山对俄国发动钳形攻势，以期歼灭集结在波兰的俄军。

在同盟国的阵营之内，关于战略思想也分为两派。兴登堡和鲁登道夫强烈要求对摇摇欲坠的俄国实施全力一击。法金汉虽然也承认战争现已变成了消耗战，但他相信只有在西线取胜才能赢得战争，他指出，在东线取得战术性胜利是没有意义的，因为俄国有广阔的地域和巨大的人力资源。但德皇站在兴登堡的一边，因此，德军决定在西线采取

防御姿态，而在东线则寻求对俄作战的决定性战果。根据从俄军无线电报和其他来源获悉的消息，德军总部相信俄国大公有自己的一套"庞大计划"，他们相信一旦冬季转暖，俄国大公就会袭击东普鲁士，一路北上，向托伦推进，同时另一路在北面从科夫诺方向出发。俄军兵源绝无短缺之忧，可以无限供应的驯服农民正在沙皇的国境线内接受军训，一旦有了军服、装备和武器，这些人员便可以补充不足的编制或增加军队的人数。鉴于奥匈的虚弱，1915年初，法金汉决定必须由德国来承担进攻的任务。他的主要目标并非像兴登堡和鲁登道夫所鼓励的那样大肆入侵俄国，而是有限制地发动战役以消灭俄国军队并迫使俄国人后退，从而消除他们对奥匈的战略威胁。随着这种有节制的战役，德国人开始了他们精心策划的阴谋损毁俄国政治和军事士气的努力。

鲁登道夫想先发制人，自从德军统帅部将1915年战局的重心从法国战场转移到俄国战场后，他们得到了从最高司令部争取来的4个军的增援，计划以第八、第九和第十等三个集团军的兵力向俄军右侧实施深远迂回，拟用突击集团从北、西两个方向实施两面夹击，围歼在希莱嫩西南170公里正面上展开的俄国西韦尔斯将军所辖的第十集团军。德国和奥匈在东线的全部军队将联合发动双管齐下的大规模进攻，一路在东普鲁士，另一路远在喀尔巴阡山地区，同时向俄国大公的南、北两翼展开攻势。法金汉曾对此尖刻地指出，相隔600公里的两翼进攻不可能形成有效的联系，鲁登道夫对奥匈的军队也不抱幻想，在军事行动中，他们全身心放在北翼的德军上。

1月下旬，德军和奥匈军队转入进攻，向桑博尔和斯特雷实施突击，几乎与此同时，俄军第八集团军也发起了进攻。由于在山地复杂地形条件下进行冬季作战，双方又多次发生遭遇战，俄军进展迟缓，直到2月初，俄军第八集团军右翼才占领喀尔巴阡山的科内奇纳、巴利格鲁德地段。在斯特雷方向，俄军顽强防御，但方面军左翼军队在德奥联军优势兵力的压迫下，被迫向普鲁特河和德涅斯特河撤退。依照鲁登道夫的计划，他的北翼大军将突然前伸，穿过安格拉普河－勒岑湖区一线，抓住那里的俄军第十集团军并歼之于瓮中。为了掩盖德第九集团军的部队向北调动，德第九集团军的余部于1月31日在博利莫夫发动了一场追求轰动效应的进攻，此次战斗的一个特点是旨在引起纷纷议论，因此它第一次使用了 1.8 万枚毒气弹。2 月 7 日德第八集团军在奥古斯图夫方向对俄军左翼发起进攻，翌日德第十集团军向韦尔日博洛沃和苏瓦乌基方向上的俄军右翼实施迂回突击，德军这两个集团军的进攻出乎俄军统帅部的意料，在俄第十集团军总退却时，步兵第二十军陷于困境，在经过顽强的防御战后被围困于奥古斯图夫，该军的顽强抵抗阻止了德军进攻达 10 天之久。

2 月 13 日，奥古斯图夫的俄国守军在两翼被包抄、后面受威胁的情况下，有条不紊地撤离了自己曾英勇防守的阵地。德军于 14 日开进奥古斯图夫，在城中抓获 5000 名战俘，紧跟军队前进的德皇，于当日访问了该城，并向胜利的军队表示了祝贺。由于俄第二十军在奥古斯图夫的顽强抵抗，使俄国第十集团军的主力得以撤至利普斯克－奥索维茨要塞一线，德军向东南方向进攻的道路被封锁了。德第八集团军已经推进到博布尔河一线，希望攻击奥索维茨要塞，奥索维茨的堡垒构筑在它所在的大平原仅有的几处高地上，德军竭尽全力攻城，但毫无结果，冬季战役已近尾声，俄第十集团军虽没有全部落入陷阱，但损失了 20 多万人，作为一支有效战斗力量的俄第十集团军已是不复存在了。

三、狮子博兔——戈尔利采突破

由于在西线的战斗陷入了僵局，难以取得决定性的进展，奥匈帝国的局势开始显得重要起来，一贯主张西线至上的法金汉第一次违背自己的意志开始关注东线了，德皇的希望是能借此一举重创俄军以达到迫使俄国单独讲和的目的。但法金汉不是这样想，他从来也不认为对俄国的作战能够速战速决，他只是想对俄国来一次沉重的打击，只要能在一段时间内削弱俄军的实力就心满意足了，因此只有 4 个德国新编军被派到了戈尔利采前线。

为了不让从法国调离的德军引起敌人的注意，德国人搞了一些小动作用以吸引协约国的注意力，4 月中旬，德军在伊普雷施放了毒气，德国人在手头缺乏兵力的情况下，轻率地就将毒气这种致命武器暴露了，英法真是应该好好感谢东线的俄军。为了使这次军事行动获得最大限度的成功，德国人建议奥匈帝国军队应该以退却的方式诱敌深入，将敌人引入匈牙利，但奥军统帅康拉德不同意。他既不愿意放弃自己的领土，也不愿意鼓励他的军队退却。

5月初，戈尔利采战役开始了。这场战役的打法和德军以往的传统作战方法完全不同，这次德军并没有采取以往那种大规模迂回包抄的战术，而是采用了直接从中间突破。在戈尔利采正面宽约50公里的战线上，由四个德国军组成的德第十一集团军在4月份完成了战役集结。为了确保战役的胜利，德军还特地为奥军配备了一批优秀的军官并准备了充足的弹药。为了不被俄军发现正在集结的部队，德军让自己的前沿部队都穿上了奥军的军装。

俄国人对即将来临的攻击完全没有察觉，驻防加利西亚的西南方面军指挥部对于敌人准备进攻的情报置若罔闻，他们认为西南方面军的主要任务仍然是对付德国第八集团军以及奥匈第三集团军的部分兵力。而对付这些敌军，俄国人认为完全没有什么问题。关于战场指挥权的问题，考虑到奥匈帝国方面的尊严，战场上的指挥权虽然交给了德国的马肯森将军负责，但又规定马肯森隶属于康拉德的奥军司令部领导。当然，这只是形式上的，事先已经商定，在战斗中康拉德并不向马肯森发出任何指令。4月底，德国第十一集团军已经全部进入攻击位置，这时俄军已经发现了前线骤然增多的德军，但是俄军的指挥官季米特里耶夫并没有请求增援。炮击在5月1日开始了，整整轰击了一天一夜，俄军的大炮几乎没有任何回击，他们的炮弹奇缺，根本没有对战的能力。德国人的炮击摧毁了俄军的所有工事。次日凌晨6时，在一阵异常猛烈的炮击之后，随着德军炮击向俄军后面的移动，德军发起了冲锋。第一线的俄军没有抵抗，拼命向后逃去。直到德军冲到俄军的第二道防线，才开始受到俄军的阻击。

5月4日，俄军的后备军试图进行反攻，但他们的反攻无济于事，只不过是起了掩护前线溃败的部队撤离的作用。德、奥两军并肩出击，全线突破了俄军的防线。经过7天的战斗之后，败退的俄军大部被歼，俄军损失惨重，有14万人被俘，所有的武器都落入了德军的手中。到了6月中旬，俄军被迫放弃加利西亚，退到了布罗德以西20公里和布恰奇以西15公里一线。德奥军在戈尔利采的突破，使俄军在1914年开战以来和在喀尔巴阡战役中取得的胜利全部化为乌有，而且还出现了即将丧失波兰的危险。

四、雪崩的俄军——华沙易帜

到 1915 年 4 月，俄国在沿喀尔巴阡山脉的广阔战线上，支配着每一条通向匈牙利的公路，而且俄国的占领城市，威胁着奥匈帝国的后方。康拉德认识到，单靠他的军队，是推不动尼古拉大公的军队的，此外，南面酝酿着的危机，也使奥匈帝国处于危险中。1915 年 5 月，西线相对平静，东线奥匈帝国面临俄军大举入侵的威胁，内部不稳，加上意大利和罗马尼亚即将站在协约国方面参战，对奥匈压力甚大。德国统帅部为支援奥匈，稳定东线，决定从西线抽调兵力，对俄国西南方面军右翼发动大规模进攻，计划突破维斯瓦河上游与贝斯基德山麓之间的戈尔利采地区，围歼俄国第三集团军。

俄军在马祖里湖的冬季战斗中被逐出东普鲁士，为兴登堡赢得了陆军元帅的军阶，由他统领东线的全部军队，鲁登道夫则成为他的参谋长，两个人现在都坚定地认为，如果手头有足够的部队，可以用一场战役中把俄国击败。法金汉不同意他们的观点，他深信战争将在西线取胜，因而决定把他的主力集中在西线，只在奥匈帝国出现困境后，他才勉强把 4 个军从法国调往加利西亚。1915 年夏秋两季，俄军不得不面对德军近 40 个师和几乎全部奥军无休止的进攻，俄军的素质和组织结构因连连受损均已削弱，又处于武器弹药供应最糟的阶段，沙皇的军队在 1000 多公里的防线上遭受到德军时而在这里时而在那里的连续攻击，防线一再被突破，他们被迫作迅速的纵深退却。

马肯森指挥的德军第十一集团军和奥匈的第四集团军负责实施这次战役，由马肯森统一指挥。德奥军队的任务是在戈尔利采和格罗姆尼克一带突破西南方面军的阵地，在萨诺克以西合围德米特里耶夫指挥的俄军第三集团军，并向佩列梅什利和利沃夫发起进攻。在敌对两军之间的无人地带，是一片开阔的丘陵，在德军开始攻势之前几天从这个地区撤退所有非战斗人员时，俄军也显然漠不关心。俄军并不注意德军所挖掘的深沟，而满足于仅足以隐蔽跪着的士兵的堑壕。俄军还选择丘陵和村庄作为支援阵地，这是一个严重的战术错误，因为德国大炮很容易发现这些射击的目标。德第十一集团军担任主攻，奥匈军在两翼配合，在 35 公里宽的突破地段上集中了 10 个步兵师、1 个骑兵师的兵力，俄国西南方面军战线长达 600 多公里，兵力分散，没有应付德奥军发动进攻的准备，俄第三集团军在德军预定的突破地段上只部署有 5 个步兵师，防御工事薄弱，等到战斗开始，德国人才充分认识到俄军的虚弱情况。三分之一以上的俄军连步枪都没有，指挥官为了保存弹药，甚至奉命每门炮每天不得发射炮弹三发以上。

5 月 2 日的闪电式进攻中，德国使用了飞机，丢下了第一次世界大战的第一批炸弹，德军以空前猛烈的轰击，摧毁了喀尔巴阡山到维斯瓦河一线的俄军阵地，俄国第三集团军是这次突然打击的重点对象。到 5 月 4 日，该集团军几乎已被歼灭，德奥联军一举突破俄军防线，并不断扩大突破口，俄国大本营匆忙抽调部队增援，但零星投入的部队，无法扭转局势。马肯森在随后两周内向前推进了约 160 公里。成千上万名感到茫然的俄国士兵被俘虏，整个俄国战线土崩瓦解。俄军费尽九牛二虎之力才得以攻克，且只坚守了很短时间的喀尔巴阡山脊终于被迫放弃了。德军粉碎了俄第三集团军主力及零星投入战斗的援军后，向桑河推进，迫使俄军放弃戈罗多克阵地，从侧后威胁部署在喀尔巴阡山脉一线的俄军西南方面军主力。与此同时，德奥联军突击集团对俄军喀尔巴阡山脉防线实施正面进攻，迫使俄向德涅斯特河撤退，6 月底更将俄军全部赶出了加利西亚。此役，俄军兵力部署分散，后勤补给困难，损失惨重，仅马肯森的部队就俘获了 15.3 万名俘虏和 300 门火炮。

俄国大公军队的随军英国联络军官诺克斯爵士早就预见到了俄国的溃败，因为年轻的新兵只训练了 4 周，就被送去参战了，他们往往还没有摸过步枪，更不必说射击了。没有武装的后备军蹲在后方，等待从一位负伤或死亡的伙伴那里接过一支步枪，身居高位的俄国军官，不去设法解决这样那样带关键性的军事问题，而是视若无睹。俄第三集团军的溃退，导致友邻两个集团军的全线后退，俄军西南方面军先后放弃所占领的奥匈要地，于 6 月底退回俄国本土，第三集团军损失殆尽。由于德奥集中兵力火力在狭窄地段实施正面突破，忽视了迂回包围，俄国西南方面军得以保存了部分兵力。

1915 年的夏季战役中，大批德军对俄军防线实施连续的进攻，德军带着奥军长驱直入，这正是康拉德长期梦寐以求的，但是这种作战方式是奥匈帝国的军队从来也没有能力实施的。俄军放弃了一个又一个城市、一条又一条河流，被赶出了加利西亚，被赶出了波兰，整个战线瓦解于德奥联军凌厉的攻势之下，所有的铁路转而为入侵者服务。现在德国人致力于布格河和维斯瓦河之间的广阔防区，大部分俄军集结在那里。在这次两路并进的大规模进攻中，兴登堡向东南前进，从东普鲁士越过那累夫河，直趋布格河，同时马肯森向北方前进，直趋布列斯特地区，同时德皇子莱奥波尔的第九集团军正在迫近华沙，尼古拉大公的唯一选择只能是使他的军队从华沙这个突出部分脱身出来，在敌人发动猛攻前痛苦地奔跑逃窜。

俄国大公并未被捉住，他不失时机地退却，8月5日俄军撤离华沙，德奥军的切断运动仅仅变成了尾追，维斯瓦河整个防线已为俄军所放弃，当秋雨来临，泥浆阻塞道路，隆冬为这个饱受痛苦的民族设起屏障的时候，俄军摆脱了危亡，站了起来，建筑了一条从波罗的海海岸的里加到罗马尼亚边界的寂静的连绵的防线，在他们前面，取得全面胜利的希望并未破灭。1915年8月5日，德军终于开进华沙，并在华沙组建了临时战区政府。从1914年8月23日兴登堡担任德军指挥官到1915年8月5日在华沙组建临时战区政府的一年时间里俄军损失惨重，数十万俄军被打死或者被俘获，军队的补给迅速减少，很多士兵连步枪都没有，德军的胜利让俄军高层无计可施。但法金汉不愿把他的兵力分散得太单薄，他中止了德国在东线的所有主要攻势，把德国在那条战线的活动降低到局部性战斗的规模。

到1915年底，东线从波罗的海的里加到邻近罗马尼亚边界的切尔诺夫策，绵亘900多公里。这一年俄国的损失，死伤逾100万人，还有100万人被俘，加上在1914年5个月期间的伤亡，又是一个200万人。沙皇尼古拉二世撤掉了叔父尼古拉大公最高司令官的职务，尼古拉大公成为宫廷阴谋、政权内部的腐败和战场上的灾难的牺牲品。沙皇受皇后的影响解除了尼古拉大公的指挥权后，把他派到高加索去。沙皇以米哈伊尔·阿列克塞耶夫为参谋长，自己亲自担任最高统帅，并亲自到前线督战。俄国仍在战斗，但沙皇已铸成了他最后的一次大错。

五、土耳其的"自由英雄"——恩维尔·帕夏

1881年11月22日，青年土耳其党人领袖恩维尔·帕夏生于伊斯坦布尔一富商家庭，他的父亲埃米尼·阿赫梅德是土木工程师，恩维尔从小就跟随父亲到摩拿斯提，在那里上学，直到进入摩拿斯提的军校，毕业后又到伊斯坦布尔军事学院继续深造。恩维尔从小的愿望就是成为一名军官报效国家，在军校上学期间，他只是专心于学习，而对那些与军事无关的事从不上心。在君士坦丁堡军事学院毕业后，获骑兵上尉军衔的恩维尔被派到马其顿的第三军参加对当地游击队的镇压。当时的马其顿是奥斯曼帝国各种矛盾的焦点，当地的各种势力非常活跃，也是青年土耳其党人的活动中心，那里的现实对恩维尔产生了影响，他渐渐卷入了青年军官的政治活动中，而且还加入了青年土耳其党人的组织。到1908年，恩维尔已成了青年土耳其党人的中央委员。

在1908年时，英国、俄国和奥匈帝国等国家都对奥斯曼帝国虎视眈眈，想要瓜分其所辖的巴尔干地区。为了推翻苏丹阿卜杜勒·哈米德二世的统治，也为了不让土耳其被外国进一步瓜分，青年土耳其党人决定举行武装起义。1909年4月13日凌晨，效忠于苏丹的首都第一军团的部分士兵包围了议会，要求驱逐议长，并取缔青年土耳其党人的组织。苏丹阿卜杜勒·哈米德二世随即下令撤换首相，并责令各省总督保护教法。面对这个局面，在马其顿的青年土耳其党人立即组成由恩维尔统率的"行动军"，在4月23日开进君士坦丁堡，三天后控制了土耳其的首都。4月27日，青年土耳其党人通过议会废黜了苏丹阿卜杜勒·哈米德二世，把他的弟弟穆罕默德·赖希德立为新的苏丹，也就是穆罕默德五世，恩维尔由此成为全国瞩目的"自由英雄"而受到推崇和赞扬。

刚开始时，恩维尔很赞成奥斯曼帝国中的各民族团结平等，曾说从此以后在蓝天之下奥斯曼各民族兄弟一律平等，再也不分什么保加利亚人、希腊人、罗马尼亚人、犹太人，都要以身为奥斯曼人而感到光荣。其实他的这个主张，从根本上来说，是希望奥斯曼帝国不要再闹分裂。可事情并不像恩维尔所希望的那样，奥斯曼帝国属下的各民族是不可能安于现状的，在各种外国势力的插手下，奥斯曼帝国属下的各民族

的独立运动风起云涌，越演越烈。青年土耳其党人掌握政权以后不久，就开始推行大奥斯曼主义，镇压各民族的独立运动，对外奉行亲德政策。曾做过奥斯曼帝国驻德武官的恩维尔对于德国人的效率和组织性非常赞赏，是个彻底的亲德派，他曾说"土耳其是土耳其人的，但要有德国的帮助"，把土耳其的命运同德国拴到了一起。

当时被称为"西亚病夫"的奥斯曼帝国被人视为一块肥肉，谁都想咬上一口，1911年秋，意大利利用动荡的国际局势和土耳其的严重困难，决定向的黎波里塔尼亚派遣海军舰队，并对土提出领土要求。遭拒绝后于28日以当地意大利人受到伤害为由发出最后通牒，29日对土耳其宣战，从海上炮击的黎波里、胡姆斯等地，意土战争爆发。战争爆发后，恩维尔自告奋勇亲自前往北非前线指挥战事，在那段时间里，恩维尔同他的部下青年军官凯末尔发生了摩擦。这两个人的性格完全不同，恩维尔是个沉醉于大的计划、大的理想而忽略细节的人，而凯末尔是个现实主义者，他重视可靠的材料和数据，沉醉于大计划而忽略细节的恩维尔后来终于走上了投机冒险的道路。

意土战争正酣之际，巴尔干半岛又起风波。巴尔干地区的诸小国，在列强的支持下，发动了巴尔干战争。疲于奔命的土耳其为了应付巴尔干地区的危机，不得不向意大利让步。1912年10月，意土两国在洛桑签订和约，土耳其放弃了它对的黎波里和昔兰尼加的主权，恢复两地的旧称利比亚，并承认意大利继续占有佐泽卡尼索斯群岛。签订《意土和约》后恩维尔离开班加西回到伊斯坦布尔。由于在巴尔干战争中的连连失败，青年土耳其党人的威望开始动摇，亲英的自由和睦党人趁机推翻了青年土耳其党人的政权，但在第一次巴尔干战争中，自由和睦党人也是接连失败，不得不割地求和，返回首都的恩维尔再次参与并领导了一次政变，使政权再次回到了青年土耳其党人的手中。

在第二次巴尔干战争中，恩维尔担任土耳其军队的总参谋长，在德国的军事顾问团团长奥托·冯·桑德斯将军的帮助下收复了故都亚得里亚堡，赢得了民族英雄的声誉。1913年建立的恩维尔·帕夏、穆罕默德·塔拉特·帕夏、阿赫迈德·杰马勒·帕夏"三雄"寡头政权，将土耳其拖进第一次世界大战的深渊。1914年11月2日，土耳其在德国拉拢下，宣布同英、法、俄断交，12日宣布开战。

在第一次世界大战刚开始时，恩维尔本来还想观望一下战局的发展情况，但英国的海军大臣温斯顿·丘吉尔欺人太甚，把土耳其用民众的捐款在英国买的两艘大型战舰无理扣下了，而且根本不提赔偿问题，把奥斯曼帝国看得还不如两艘军舰值钱，这种耻辱令土耳其人忍无可忍，正好这时德国由索罗钦率领的两艘战舰"戈本"号和"布雷斯劳"号因受到英国海军的堵截而送给了土耳其，以恩维尔为首的土耳其政府接收了这两艘战舰。1914年10月，索罗钦率领由"戈本"号改名的"亚沃士"号突然袭击了俄国在黑海的港口塞瓦斯托波尔和奥德赛，造成既成事实，迅速把土耳其拖进了第一次世界大战。恩维尔以拯救土耳其的使命自居，在第一次世界大战中为土耳其开辟了三个战场。第一个战场是在自己家中打的，1915年2月，英国人气势汹汹的打上门来了，土英之间爆发了达达尼尔战役，这场战役共打了三个多月，土耳其人固然伤亡惨重，但英国人更是惨败而归，这是一场土耳其的胜仗，后来被称为"土耳其之父"的凯末尔在这场战役中崭露头角。

　　第二条战线是在高加索地区与土耳其的世仇俄国人开打的。俄国人早就对土耳其的领土垂涎三尺，战争开始后，乘土耳其忙于其他战线，在高加索地区对土耳其发起了进攻。战争之初俄国人取得了胜利，但在1917年俄国发生革命后，俄国因为战争而崩溃，土耳其军趁机打下整个高加索，甚至进军南俄草原，这次算土耳其获胜，但其自身离灭亡也没有多少日子了。第三条战线是在中东地区，一战时的中东地区形势异常复杂，当地的阿拉伯人要求独立，而英法又在介入，在这条战线上土耳其军初期取得了许多胜利，但到1918年圣城耶路撒冷丢失后，土耳其军在中东一败涂地。"一战"结束后，土耳其彻底失去了它对中东地区的统治权。到1918年10月，"一战"已进入末期，随着保加利亚退出战争以及英国军队在巴勒斯坦和美索不达米亚战线转入反攻，恩维尔不得不放弃他的大突厥斯坦的梦想，同年10月30日，土耳其被迫签订了《摩德洛斯停战协定》，这标志着青年土耳其党人政权的终结，11月4日统一进步党举行非常大会，决定自行解散，恩维尔此后流亡国外。

　　流亡国外期间，恩维尔出版了自己的战争回忆录《的黎波里》，流亡中的恩维尔在政治上一直很活跃，开始时企图与凯末尔争夺民族独立运动的领导权，在凯末尔地位稳固以后，恩维尔先是投靠苏共，但不久又投入了反布尔什维克活动，开展泛伊斯兰运动，1922年8月在帕米尔高原被苏联红军击毙，终年 40 岁。被击毙后的恩维尔被埋在当地，直到 1996 年，土耳其政府才把他的遗骸从塔吉克斯坦运回国。8 月 4 日，在恩维尔死亡 74 周年之日为他举行了国葬，恩维尔的遗骸被安葬在伊斯坦布尔的烈士陵园中。

六、改写历史的战舰——"戈本"号

一艘战列巡洋舰经历了两次世界大战，服务于两个帝国，当两个帝国都从世界上消失以后，它依然像一个老水手一样活得自由自在，这艘战舰就是德国的莫尔塔克级战列巡洋舰"戈本"号，而两个帝国则是德意志帝国和奥斯曼土耳其帝国。这艘服役时间长达 60 余年的战列巡洋舰本身就是一个传奇，没有一艘战列巡洋舰能够打破它的长寿纪录。"戈本"号，也就是后来土耳其海军的"亚沃士"号战列巡洋舰，于 1912 年于德国汉堡下水后正式投入服役，在它诞生的时代，战列巡洋舰还是一种崭新的舰种，因为它兼具战列舰的强火力与巡洋舰的高速度而成为各国海军竞争的主要战舰，作为德国海军的新锐战舰，无论进攻还是防御，"戈本"号在当时都是一艘令世人生畏的重型战舰。

服役后的"戈本"号成为德意志帝国皇家海军第四战列舰分舰队的主力战舰之一，1914 年初，正是欧洲战云渐渐聚集的时候，协约国和同盟国两大军事集团为了各自的利益明争暗斗、互不相让，战争爆发的危险随时都能来到。作为德国海上力量存在的象征，"戈本"号和它的辅助战舰"布雷斯劳"号被派往直布罗陀海峡，成为德国在地中海地区仅有的水面战斗力量。当时德国舰队的规模在世界虽然仅次于英国位居第二，但是它在亚得里亚海却只有两艘战舰，也就是 2.3 万吨的战列巡洋舰"戈本"号和巡洋舰"布雷斯劳"号，法英两国的海军部都把眼睛盯在"戈本"号上，认为这艘德舰是英法舰队在亚得里亚海的心腹大患，装甲坚固、火力强大的它随时可能攻击法国航行在地中海水域的运输舰，而这的确也是"戈本"号及其"布雷斯劳"号当初被派到地中海上游弋的一个重要原因。

大战爆发前，"戈本"号收到了绝密电令："德意志帝国已经对俄国宣战。并立即将对法国宣战。"第一次世界大战爆发了！实际上，早在进入地中海之前，索罗钦就接到命令，德国随时有和法国进入战争状态的可能，一旦出现这种情况，德国地中海分舰队的任务便是立即投入战斗，袭击法属北非的军事设施，然后向西撤退，穿过直布罗陀海峡与德国的公海舰队会合。战争爆发后，"戈本"号和巡洋舰"布雷斯劳"号发现自己远离本土基地，已处在英国地中海舰队的四面堵截之中。德国潜在的敌人英国早就派出一支舰队来追踪德国的"戈本"号和"布雷斯劳"号，英国皇家海军地中海舰队司令官、海军上将伯克利·米尔内奉命咬住这两艘德国战舰，并在英国对德国宣战的第一时间击沉它们。"戈本"号的舰长索罗钦将军在指挥德国这两艘战舰甩开英国舰队的围剿后，得到了一个新的命令，放弃原有的作战方案，不再返回德国本土，而是向西开往当时还是中立国的奥斯曼土耳其帝国。当德国领导人看到有必要对不愿宣战的土耳其人施加压力时，发现这两艘战舰还有更重要的任务有待完成，那就是用这两艘战舰，去促使土耳其人对协约国开战。

德国人非常希望能在经济不发达但有潜在价值的中东地区进行经济渗透，并在奥斯曼土耳其帝国的首都伊斯坦布尔建立自己的影响已经有十多年，在英国人与土耳其的宿敌俄国人达成公约后，土耳其人更愿意与德国人加强友好关系，后来他们要求德国派一个军事使团训练土耳其军队，作为答复，奥托·冯·桑德斯将军于大战爆发后抵达伊斯坦布尔，任土耳其陆军的监察长，开始训练和整编土耳其的陆军。当时土耳其与德国签订了一项秘密条约，但在参战的问题上土耳其还没有下定决心。德国决计再拉它一把，1914年8月5日深夜，索罗钦下令两艘战舰开往土耳其，英国至少动用了10艘战舰在等待着"戈本"号，但英国人没有想到德国人已经改变了主意。他们认为"戈本"号会向西返回德国，所以把主力摆在了西边，东方只放了一艘巡洋舰"格雷塞斯特"号，而这一艘巡洋舰是挡不住德国这两艘战舰的，"戈本"号和"布雷斯劳"号顺利驶进了奥斯曼土耳其的伊斯坦布尔港口，德国随后宣布把这两艘战舰送给土耳其海军。

奥斯曼土耳其有一个无价之宝，就是它的地理位置，正好处在各条交通要道的会合处。德国人鉴于两线作战的局面已是不可避免，急于争取这个可以封锁黑海出口的土耳其帝国，以切断俄国从英法得到的补给的海路，德皇宣称："现在该做的事情就是要让巴尔干各国的枪炮全都做好对准斯拉夫人的准备。"这个时候的奥斯曼土耳其帝国，已经老态龙钟，被称为"西亚病夫"，早已风光不再，它在中东、北非的领土纷纷丧失，强大的俄国从北方不断蚕食这个衰老的帝国。尽管奥斯曼帝国的领土失掉了许多，但在1914年的时候还是要比法国、德国、奥匈加在一起还大，此时的奥斯曼帝国是一个令人垂涎的潜在结盟对象，如果奥斯曼帝国参战，它所控制的地域将会对战局产生至关重要的影响。

第一次世界大战爆发前夕，土耳其为了改善军备，曾经向英国订购了两艘2.2万吨的战列舰，土耳其为此已经付清了全部的款项，然而当土耳其海军人员接收战舰时，英国人却借口欧洲局势紧张，把军舰扣了下来，变成了英国的战列舰。这两艘军舰花了土耳其3000万美元，这在当时是一笔巨款。这笔钱是土耳其在巴尔干战争败北后，深知必须使自己的武装部队重整旗鼓的民众捐款筹措起来的，英国在正式通知土耳其这桩地道的强盗行径时，根本不提赔偿两字，在他们眼中，奥斯曼帝国还不如两艘军舰重要。现在，索罗钦的两艘战舰，就是德国在土耳其天平上重重投下的一颗砝码，德国公使和索罗钦中将觐见帝国的统治者苏丹，慷慨地表示愿意将这两艘最新、最好的战舰交给土耳其使用，这一妙招正中土耳其苏丹的要害。英国人的强盗行径令土耳其政府十分愤怒，而现在德国人却主动送来两艘如此优秀的战舰，令土耳其人欣喜若狂，"戈本"号于是被改名为"亚沃士"号，"布雷斯劳"号被改名为"米蒂里"号，德国水兵换上了土耳其海军服，而索罗钦将军依然指挥他的战舰，更被奥斯曼土耳其苏丹任命为土耳其海军总司令。

"戈本"号和"布雷斯劳"号驶进达达尼尔海峡，事后很久，丘吉尔凄然承认说，它所带来的"屠杀、痛苦和毁灭，其程度之烈，就一只船来说是空前的"。协约国这时意识到问题的严重性了，为了拉住土耳其保持中立，它们对土耳其许下了许多的好处，但为时已晚。土耳其是以舰炮宣战的，1914年10月，索罗钦率领"亚沃士"号突然袭击了俄国在黑海的港口塞瓦斯托波尔和敖德萨，揭开了土耳其参战的序幕。面对"亚沃士"号的强大火力，俄军猝不及防，布雷舰"普鲁特"号被击沉，4500吨的驱逐舰"普希金舰长"号被击成重伤，塞瓦斯托波尔港口露天堆放的弹药堆栈被击中发生大爆炸，损失惨重，改悬土耳其新月旗的"亚沃士"号初战告捷。

土耳其最终倒向了同盟国，俄国于 11 月 4 日向土耳其宣战，英国和法国接着在 11 月 5 日也宣战了，这下子战争的血刃便伸展到另一半个世界，俄国通向地中海的出口也被堵死了。土耳其的参战自动开辟了几个新战区，协约国不得不分兵于美索不达米亚、苏伊士和巴勒斯坦，奥斯曼帝国的最后瓦解、中东往后的历史，都是"戈本"号这次航程造成的结果。假如"戈本"号不到达伊斯坦布尔，土耳其未必会在德国一方参战，英国便不需要发动土耳其战役来打通对俄国的支援通道，那么就不会有英国人在达达尼尔战役和加利波利战役的惨败，而英国人在达达尼尔战役和加利波利战役的惨败，又对保加利亚加入同盟国起了至关重要的推进作用。如果说一艘战舰改变了一次世界大战的政治格局，那只有"戈本"号可以担得起这个称号了。

11 月 15 日，俄国安德烈海军中将率领黑海舰队主力南下，袭击土耳其港口特拉布宗，俄国舰队的阵容浩大，主力是 5 艘老式战列舰，辅助兵力为 3 艘巡洋舰和 15 艘驱逐舰，但巡洋舰中没有一艘的机动能力比得上"米蒂里"号。索罗钦中将下令"亚沃士"号和"米蒂里"号出发应敌，双方在克里米亚半岛以南的海面上爆发激战，这次战斗，被称为索契角海战。

第八章 封锁与反封锁

——大洋中的较量

一、"东方的天鹅"——印度洋的变色龙"埃姆登"号

1906年11月1日，英德战列舰军备竞赛方兴未艾之时，在波罗的海古老的汉萨同盟港口城市但泽的皇家造船厂的船台上，一艘毫不起眼的轻巡洋舰开始铺装龙骨，在当时，没有任何人能够想到，这艘在无畏舰的阴影笼罩下的小小巡洋舰，在即将来到的战争中竟大放异彩，其光芒盖过了许多比它强大得多的无畏战舰，甚至在敌人那里也赢得了声誉，从而以"东方的天鹅"闻名于世。

"埃姆登"号在1908年5月26日下水，并于1909年7月10日加入德意志帝国海军服役。它以赞助该舰建造的埃姆斯河口城市埃姆登市命名，装备10门102毫米口径主炮，是德国最后一艘使用往复式蒸汽机的巡洋舰。"埃姆登"号的姊妹舰"德累斯顿"号和之后建造的巡洋舰都使用蒸汽机。如同当时大多数舰船，"埃姆登"号的12台锅炉使用煤炭作为燃料。"埃姆登"号属于德累斯顿级轻巡洋舰，该级舰共两艘，此时适逢英德海军军备竞赛，该级舰被作为在北海配合战列舰队实施侦察和护航的侦察巡洋舰而设计，航速较快，但是续航力较小，火力一般。面对普遍装备152毫米口径主炮的英国轻巡洋舰显得过于单薄，正常情况下基本没有单舰对抗的能力。

1910年4月1日，"埃姆登"号正式加入舰队，并被派往德国位于中国胶州湾的殖民地青岛。"埃姆登"号于1910年4月12日离开基尔港，穿过基尔运河，进入公海。在青岛，"埃姆登"号因其优美的造型得到了"东方的天鹅"的美名。5月29日，"埃姆登"号迎来

了它的最后一任舰长冯·穆勒少校。穆勒1873年生于汉诺威一个普鲁士贵族家庭，最初他遵从父亲的意志接受陆军军官教育，但是1891年他终于说服父亲参加了海军成为一名候补生。其后十多年他先后在很多地方服役，但是军衔晋升缓慢，这可能跟他的性格有关。不过在不久后的战争中，他的骑士风度和优秀的战术指挥能力，连他的敌人都不得不叹服。穆勒舰长熟知日俄战争中日本舰队是如何围困并摧毁旅顺口的俄国舰队的，因此，当消息从欧洲传来，说战争迫在眉睫，穆勒舰长决心不让历史在他身上重演。

作为唯一未参加南太平洋殖民地例行巡航任务的主力舰只，"埃姆登"号在1914年7月31离开青岛，当8月2日战争爆发的消息传来时，"埃姆登"号正在海上。8月4日，"埃姆登"号捕获了它的第一个猎物——俄国商船"梁赞"号。在返回青岛途中，"埃姆登"号不慎遭遇了由5艘巡洋舰组成的法国分舰队，但是胆小谨慎的法国海军将"埃姆登"号当成了施佩引诱他们上钩的诱饵，所以没有对"埃姆登"号进行追击。但这次遭遇，更加使得穆勒舰长认定，对于德国军舰来说，青岛已经成为一块死地。在完成了加煤和补给后，"埃姆登"号迅速离开了青岛，前往马里亚纳群岛与施佩分舰队主力会合。

1914年8月8日，"埃姆登"号在北马里亚纳群岛同施佩的舰队会合，虽然施佩中将希望舰队保持统一并设法返回德国，但他仍同意了穆勒舰长派出一艘轻巡洋舰前往印度洋对英国航运实施破袭的建议。8月14日，"埃姆登"号离开了舰队主力。当时的印度洋也经常被称为"英国湖"，"埃姆登"号开始对没有护航的英国和协约国商船进行袭击。"埃姆登"号用一个假烟囱将自己伪装成一艘英国巡洋舰后进入了孟加拉湾，9月10日，"埃姆登"号捕获了它进入印度洋后的第一个猎物——3500吨的货轮"印度河"号，缴获了150箱香皂，这些价值有限的货物却在"埃姆登"号上引起了不小的欢乐情绪，此时船上剩下的肥皂充其量只能用两个星期，不久前还一本正经地就打劫一艘肥皂船的必要性提出建议呢。9月间，"埃姆登"号共捕获7艘商船，除2艘意大利和挪威的中立国商船外（均立即释放），都是英国商船。大多数被捕获的英国商船都立即被"埃姆登"号102毫米口径的主炮或在船底安置的炸药给击沉。穆勒舰长很绅士地对待了每一位被俘的船长，并保证所有被俘的英国船员受到善待。

　　9月14日，"埃姆登"号截住了中立的意大利商船"路易丹诺"号，并将俘虏转交给这艘中立商船，被释放船员和乘客们则向"埃姆登"号和它的官兵欢呼三声以示感谢。回到加尔各答后，这些人广为宣传他们所受到的人道待遇，"埃姆登"号与他的船长也因此赢得了"战争中的绅士"的声誉。英国海军部直到此时才注意到"埃姆登"号的存在，并立即中止了科伦坡到新加坡之间的航线，这在印度洋上的英国和其他协约国的航运公司间造成恐慌，商船的保险费率暴涨，船只不敢离港。对英国和其他协约国来说，尴尬的是一艘德国巡洋舰竟然瘫痪了整个印度洋的航运。9月15日，"埃姆登"号回到新加坡-仰光航线上活动，在这里它只遭遇了瑞典船"多沃"号，这艘船带走了前一天捕获的船员，并告知"埃姆登"号马六甲海峡有两艘英国辅助巡洋舰，在槟榔屿停泊着两艘法国巡洋舰。

　　一位军官建议穆勒突袭槟榔屿，但是穆勒却选择了首先向南航行，避开"多沃"号的视线后再转向西驶往马德拉斯，他准备炮击马德拉斯的储油罐以"打击英国的威望"，9月22日晚，"埃姆登"号悄悄接近印度半岛东南部的城市马德拉斯，在2700多米距离上开火攻击港口内的大型储油罐，头30轮炮击就引起了大火。炮击持续了半个小时，直到22点，海岸炮台才开始进行还击，不过，"埃姆登"号在发射了125发炮弹后毫发无损地离开了当地。虽然这次行动没有造成大的损伤，但沉重打击了英国的士气，并导致数千人逃离马德拉斯。炮击马德拉斯之后，"埃姆登"号转向南，到印度洋上航运最为繁忙的海域活动，9月27日，"埃姆登"号捕获了4500吨的运煤船"布尔克"号，该船正在为英国亚洲分舰队运煤，装有7000吨优质的一级南威尔士无烟煤，"布尔克"号上的煤正好解决了"埃姆登"号的燃眉之急。

　　"埃姆登"号离开尼科巴群岛后，向东南方驶去，穆勒舰长把目光放在英属马来半岛的槟榔屿，10月28日早晨，"埃姆登"号靠假烟囱伪装成英国巡洋舰，全速驶入港内。在这场槟榔屿海战中，"埃姆登"号在港内升起德国军旗，并向停泊在港内的俄国巡洋舰"珍珠"号发射了鱼雷，紧接着的主炮齐射将俄舰打得千疮百孔。"埃姆登"号转身离开时发射了第二枚鱼雷，引起了大爆炸而使俄舰沉没。击毁"珍珠"号后，穆勒少校决定见好就收，离开这个危险的地方，出港不远，"埃姆登"号与在港外巡逻的300吨的法国驱逐舰"莫斯奎特"号遭遇，小小的"莫斯奎特"号不畏比自己大十多倍的对手，接近"埃姆登"号试图用鱼雷和小型火炮攻击，但是在"埃姆登"号巧妙规避下无一命中，而勇敢又鲁莽的"莫斯奎特"号在弹雨中仅仅坚持了10分钟就被击沉。

　　1914年11月，日本夺取了德国最重要的海军基地青岛及其殖民地加罗林群岛、马里亚纳群岛和马绍尔群岛。澳大利亚夺取了新几内亚德属部分和所罗门群岛，新西兰夺取了萨摩亚群岛，实际上，德国于1914年已失去了自己在太平洋的全部殖民地，当时，至少60艘协约国战舰在印度洋上搜索"埃姆登"号，"埃姆登"号在11月9日抵达一个小岛，穆勒决定派出一支由穆克中尉带领的登陆队上岸破坏通讯塔和设备。不走运的是，东方电报公司的主管注意到了"埃姆登"号的第四根假烟囱，并发出了告警电"奇怪的战舰正在入港"，装备8门152毫米口径主炮的澳大利亚轻巡洋舰"悉尼"号，大约三小时后就赶到了当地。可以说，无论是吨位、火力、防护还是速度，"悉尼"号都具有很大的优势，尤其是火力方面，"悉尼"号的主炮更是全面压倒"埃姆登"号的10门102毫米口径主炮。"悉尼"号精明的舰长利用航速优势拉开了双方的距离，利用自身射程和威力上的优势从7200米左右的距离上轰击"埃姆登"号，在这个距离上，"埃姆登"号很难对"悉尼"号构成实质性的威胁，而"悉尼"号上的152毫米口径主炮却能有效地摧毁"埃姆登"号。

　　为避免伤痕累累的战舰沉没，穆勒舰长将"埃姆登"号抢滩搁浅在海岛的海岸上，"悉尼"号看到"埃姆登"号仍升着战旗，表明要继续抵抗，于是发出了要对方投降的信号，没有答复，悉尼号再次开火并对"埃姆登"号造成了更大的损伤。131名德国水兵阵亡，65人受伤，穆勒舰长和剩余的船员被俘虏，但军官被允许保留象征荣誉的佩剑。小小的"埃姆登"号孤舰在敌人的"内湖"成功地活动了两个月，给敌方造成的损失超过自身的15倍，并吸引了数十艘敌舰。穆勒舰长在战争结束后被释放回到德国，被选为普鲁士邦的不伦瑞克州地方议员。但长年的海上生活，以及做战俘时患上的疟疾严重损害了他的健康，1923年3月11日，他在当地议会讲坛上突然病逝。在1914年"埃姆登"号被击毁之后，又有4艘德国军舰以"埃姆登"号命名。因为这艘"埃姆登"号巡洋舰本身被德皇威廉二世授予了铁十字勋章，后来的4艘"埃姆登"号都在船身上安有这巨大的金属勋章。

二、科罗内尔海战——游击舰长冯·施佩

　　1914 年海上战争的重头戏，是在远离英国海岸的地区演出的。在漫长的贸易航线上，角逐已经开始了。战争爆发时，有 5 支悬挂德帝国国旗的武装商船袭击者舰队分布在世界各海域，其中包括巡洋舰“哥尼斯堡”号、“卡尔斯鲁厄”号、“德累斯顿”号、“莱比锡”号、“纽伦堡”号和“艾姆登”号，加上海军中将施佩指挥的一个分舰队——其中最重要的舰只是装甲巡洋舰“沙恩霍斯特”号和“格奈泽瑙”号。大战之初，德国海军将主力舰队龟缩在德国西北部的威廉港和基尔港基地，偶尔出击一下北海以起到骚扰的作用，而在世界各大洋，仅有 8 艘德国军舰在活动。由冯·施佩海军中将率领的东亚分舰队，由 4 艘战舰组成：“沙恩霍斯特”号和“格奈泽瑙”号装甲巡洋舰、“埃姆登”号和“纽伦堡”号轻巡洋舰。另外，“德雷斯顿”号和“卡尔斯鲁厄”号轻巡洋舰在加勒比海游猎，“莱比锡”号和“柯尼斯堡”号轻巡洋舰分别在墨西哥西海岸和东非沿海活动。

　　1898 年，德国人在中国的青岛获取了一个海军基地。第二年，它又从西班牙人手里买下了加罗林群岛、马绍尔群岛和马里亚纳群岛大部。后来它又把它的很多殖民地岛屿发展成了加煤站。1914 年夏，有 6 艘德国巡洋舰在德国远东海军中将格拉夫·冯·施佩的指挥下在太平洋活动。冯·施佩的舰队本来以中国青岛和大洋洲的加罗林群岛为基地，由于 8 月 23 日日本加入协约国，施佩在东亚和西太平洋没了立脚点，只好一路打家劫舍向南美西海岸进发，途中偶尔停顿袭击敌国港口并且补给燃煤。由于大战开始后日本对中国青岛的虎视眈眈，德国在青岛的海军基地已是势如危卵，冯·施佩鉴于日俄海战中俄国舰队被日本舰队封锁于中国旅顺港中的教训，决心让他的舰队及早离开青岛这个危险之地。6 月份的最后一个星期，冯·施佩率领他的 1.2 万吨的装甲巡洋舰“沙恩霍斯特”号和“格奈泽瑙”号，从青岛启程，在紧接英国宣战后的 8 月 5 日，这两艘强大的军舰在靠近所罗门群岛之处，9 日，它们在卡罗林群岛加煤后便消失在有无数岛屿的浩瀚的太平洋，没有人能告诉它们将在何处重现。英国人以加罗林群岛为中心，画出半径日益加大的圈子，搜索它们可能突然出现的许多地点。

冯·施佩在德国海军中以勇敢多谋著称，他知道，只要他敢驶向西太平洋或留在中太平洋，他终归是要被穷追猛打的。于是他决定向南美西海岸巡航。与德友好的智利会给他加煤以便继续行动。他拒绝把袭击商船作为自己整个舰队的主要任务，但派遣"埃姆登"号带着一艘加煤船向西横渡太平洋以便在印度洋袭击英国船队。冯·施佩舰队的主要任务是攻击英国商船和运兵船，他在这方面取得了巨大成功，但使他留名青史的主要还是和英国皇家舰队之间的作战。

1914 年 10 月 28 日，"埃姆登"号突袭槟榔屿，击沉俄国轻巡洋舰"珍珠"号和法国的"莫斯奎特"号军舰。此外它还不断地袭扰英国船只——捕获 21 艘，摧毁船只和货物价值当时的 1000 万美元以上。施佩在从容不迫地驶向南美洲的途中，在复活节岛收编了装甲巡洋舰"莱比锡"号和轻型巡洋舰"德累斯顿"号。这时他得到英国巡洋舰已经在南美西海岸一带活动的情报，便马上向那儿驶去。10 月底德国分舰队已在智利沿海巡航，"莱比锡"号打破无线电静默，想让英国人以为在这一水域只有一艘德国军舰。

此时冯·施佩的实力已可以与任何一支皇家海军分舰队交战，英国皇家海军为了保护本土并监视德国的公海舰队，将大部分兵力部署在北海—多佛尔—直布罗陀一线，在大洋上只留下了几只巡洋舰分队以对付德国海上袭击舰。其中，前印度舰队在海军少将克里斯托弗·克拉多克爵士率领下搜索"德雷斯顿"号和"卡尔斯鲁厄"号。英国人认为有迹象表明德舰在智利海岸加煤，并怀疑在麦哲伦海峡有德舰的一个燃料基地，因此英国海军部给南美军事基地指挥官克拉多克的电报说："沙恩霍斯特"号和"格奈泽瑙"号很可能到达西海岸或麦哲伦海峡，当你有占优势的力量时，应立即使用中队搜索麦哲伦海峡，随时准备返航保护普拉特河，或者根据情报向北搜索远至瓦尔帕莱索，摧毁德国巡洋舰并破坏德国贸易。克拉多克意识到他有可能与冯·施佩展开一战，但英国海军部对此态势反应迟钝，原来许诺增援给克拉多克的是"防御"号装甲巡洋舰，结果派来的却是速度为十二节的前"无畏"级战列舰"卡诺帕斯"号，让克拉多克尤为失望的是，这艘老爷舰上的后备役官兵素质低下，炮手们竟然从未施放过舰上的大炮。

两天后英国人得到消息说"沙恩霍斯特"号和"格奈泽瑙"号在萨摩亚海外出现，这使英国人大大松了口气，因为在那里他们没有猎取的目标，那里的近岸锚地的防守部队十分强大，不容任何登陆部队从防御工事前面向他们吼叫。一周后，德舰出现在帕皮提，向该岛炮击，炸毁半个市镇，击沉港内法国小炮舰"热忱"号后在当天早上离开，向北驶去，再次消失在巨大的太平洋深处。10月31日，"格拉斯哥"号截获了一艘德国军舰与补给船之间的电报，克拉多克认为这艘军舰正是从大西洋逃出来的德舰"德雷斯顿"号并断定它正在单独活动，他立即命令"格拉斯哥"号与舰队会合后一起向北开进，由于火力强大的老式战列舰"卡诺帕斯"号速度太慢追不上快速的德舰而被留在了后方，克拉多克率4艘英舰以30公里的间隙呈扇形向北搜索前进。克拉多克不知道他上了冯·施佩的当，德舰在驶向南美洲的途中时，施佩得到英国巡洋舰已经在南美西海岸一带活动的情报，便马上向那儿驶去，他有意让"莱比锡"号打破无线电静默，让英国人以为在这一水域只有一艘德国军舰，施佩的计划成功了，克拉多克因嫌老式战列舰"卡诺帕斯"号速度太慢而放弃了它，这使得他丧失了对施佩的火力优势。

德舰到了智利海岸，在一个孤岛上加了燃料，得知英国轻巡洋舰"格拉斯哥"号在科罗内尔，施佩决定试图切断英舰的退路，怀着这个目的他率领整个舰队于11月1日向南行驶，几乎与此同时，克拉多克将军开始他的大举北进，希望抓住"莱比锡"号。大约下午4时左右，克拉多克看见北边有几艘军舰的浓烟，4点45分，"格拉斯哥"号能辨认出"沙恩霍斯特"号、"格奈泽瑙"号和一艘德国轻巡洋舰。两军都处在对方视野之内了，两军指挥官都吃惊地发现对方不只是一艘巡洋舰，"沙恩霍斯特"号和"格奈瑟瑙"号开始准备战斗，它们比自己的主要对手"古德霍普"号和"蒙茅斯"号有着绝对的优势，英国人的这两艘军舰上只有"古德霍普"号上的两门229毫米口径火炮能与德国人的两艘装甲巡洋舰上的16门203毫米口径火炮相提并论，而德舰是以出色的射击技术著称的，另外德国人还拥有一种指挥仪系统，英国巡洋舰上却还没有。由于英舰航速并不比德舰低且距离较远，克拉多克满可以向南撤退，待与"卡诺帕斯"号会合后再与施佩一搏，但克拉多克不愿背上临阵脱逃的罪名而辱没皇家海军的声誉，更担心一旦丢失目标再难找到，他决定马上攻击，6点刚过，克拉多克向在300公里外火力强大的"卡诺帕斯"号发信号示意："我现在要攻击敌人。"英国舰队驶向敌舰，意欲迫使德舰在日落前进行战斗，两个舰队里的官兵，离家如此遥远，在这种波涛汹涌的大海上彼此面对面，他们中十有九人注定死亡，英国官兵就死在那个晚上，德国官兵死于一个月以后。

晚7时，太阳落入海面，余晖将英舰的身影清晰地映在地平线上，而德舰却隐没在渐浓的夜幕中，克拉多克带队向东南方向疾驶，以期迅速缩短双方距离并用近战与施佩一搏。双方相距1.2万公里时，施佩命令用203毫米口径的主炮向英舰开火，而克拉多克只有4门229毫米口径的火炮能够着德舰，而夜色中的德舰的方位只能从炮口闪光来判断，英军从一开战就陷入了毫无还手之力的境地。这是一场一边倒的战斗，德舰的一次最早的齐射就打哑了"好望"号前面的主炮，它与"蒙茅斯"号很快着火，"好望"号在一声巨大爆炸后只成为一个发光的斑点，不久便消失得无影无踪，"蒙茅斯"号处于绝对的无助状态但拒绝投降，被"纽伦堡"号击毁，像"好望"号一样沉入大海，"格拉斯哥"号和"奥特朗托"号两艘轻巡洋舰逃离了战场。冯·施佩以两艘装甲巡洋舰在远距离上有条不紊地轰击英舰，在1个小时内就击沉了"好望"号和"蒙茅斯"号两艘装甲巡洋舰，而施佩的舰队只被无足轻重地命中六发，只有两个人受伤。

这一战果迫使剩下的英国轻巡洋舰逃走，同时还切断了来自秘鲁和智利的硝酸盐、铜和锡的船运。此次海战被认为是海战史上的一个经典战例，克拉多克虽然战败了，但也减少了德国人继续取胜的机会，因为施佩的分舰队把203毫米口径大炮的弹药消耗了一半，而在这一地区又根本得不到补充。在科罗内尔取得胜利后，施佩表现出一位勇敢绅士的尊严，他不以瓦尔帕莱索德国殖民地的热情欢呼为意，也不谈论建筑在战死者之上的胜利，他对自己的危险不抱幻想。他谈起人们献给他的鲜花时说："它们可以用在我的葬礼上。"在瓦尔帕莱索住了几天后，他和他的军舰再次消失在蓝色的大洋中。

英国海军部一收到科罗内尔海战的坏消息后，马上决定不再把战列巡洋舰增援部队只用于本土附近水域了。科罗内尔海战前两天，刚刚被丘吉尔重新任命为海军部第一次官的费希尔勋爵命令海军中将多夫顿·斯特迪勋爵率快速战列巡洋舰"无敌"号和"坚强"号以最快的速度驶往福克兰群岛，英国情报部门估计施佩会在那里重新出现。

三、冤家路窄——福克兰群岛海战

科罗内尔海战以德国舰队的完胜而告结束，由于是在水面舰艇正面交战中失利，这使英国海军部大为震动。由于克拉多克的攻击行动导致他本人和1600多名部下丧生，很难用勇敢或是鲁莽来形容他的举动，这令英国皇家海军非常难堪，也激起了英国皇家海军的复仇欲望。加上同时担忧冯·施佩将率舰队绕过合恩角进入南大西洋，英国海军部费希尔海军上将迅速向英国殖民地调派增援兵力以扭转不利局面，下决心一定要跟踪并击溃冯·施佩的巡洋舰队，当施佩还陶醉在胜利的喜悦中时，一支强大的英国舰队正在南大西洋集结，开始为他掘下坟墓。

冯·施佩现在暂时控制了南美海域，他拥有多种选择的机会。他可以折回太平洋，重复执行使英国饱受挫折的神秘战术。他可以沿南美西海岸北上，去往巴拿马运河，但执行这个选择，他有与向南驶来的英日中队进行战斗的可能性，当然如果遇上了，他也能够躲开作战，因为他的军舰速度较快。最后，他还可以横渡大西洋，在途中可能袭击福克兰群岛，并出其不意地到达南非海岸。诸多的可能性，让英国海军部大为头痛。12月初，施佩的舰队奉命回国，施佩带领着他的1.2万吨的装甲巡洋舰"沙恩霍斯特"号、"格奈泽瑙"号、"莱比锡"号以及轻型巡洋舰"埃姆登"号、"纽伦堡"号、"德累斯顿"号向南大西洋的福克兰群岛海域开去，当月6日上午他召集舰长们开会。由于冯·施佩的东亚分舰队急需燃料补充，舰长们建议进攻斯坦利港以便摧毁那儿的无线电电台，俘虏英国总督，缴获那儿的库存煤。施佩接受了这一建议。

克拉多克的舰队失败后，英国海军部立刻做出反应，向冯·施佩可能去的各个水域派出了强大的增援兵力，从大舰队中抽出的两艘战列巡洋舰"无敌"号和"不屈"号从达文波特秘密启航，于12月7日到达福克兰群岛，与原来驻泊在那里的5艘舰艇会合一处，组成了一个新的舰队。事情就是如此巧合，就在斯特迪舰队到达福克兰的第二天，冯·施佩的舰队也一路奔波赶到了该海域。12月8日上午，冯·施佩在福克兰群岛海域命令"格奈泽瑙"号和"纽伦堡"号向斯坦利港进军，搜索并用炮火拿下无线电台，这时英国人正在港内加煤准备南行，信号塔上看到了两艘德国巡洋舰时，斯特迪的舰艇措手不及，不能马上出击，正驶向港口入口的"格奈泽瑙"号看到了英国战列巡洋舰的三柱形桅杆，马上用信号旗发出警报。就在英军吹哨集合进入"临战状态"时，德军慌忙后退，先退出15海里了。试图袭击斯坦利港口的装煤站和无线电站的冯·施佩舰队遭遇了正在该港口加煤的英国巡洋舰队，这支舰队属于刚刚调到南大西洋的强大增援部队，其中包括两艘令人生畏的新式高速战斗巡洋舰"无敌"号和"不屈"号，其指挥官是多弗顿·斯特迪海军中将。

冯·施佩舰队正向这个群岛接近，斯特迪同冯·施佩一样感到意外，因为刚刚到达的英国人正在给军舰加煤和维修，没有做好战斗的准备。英海军将领自己也承认，抛锚停泊而没有生火的斯特迪舰队"被发现时处于不利地位，如果德国人坚持及时发动攻击，则英舰队的结局将是极不愉快的"，然而此时的冯·施佩只想逃跑，相反，斯特迪却报仇心切，他命令舰船开始了追击。

德国全部5艘军舰现在可以看清了，约在240公里以外，斯特迪考虑到时间宽裕，他调整速度，战列巡洋舰只保持约20节的速度，这个速度足以赶上德舰，因为德舰长期在太平洋上逗留，一直未进港口，行驶时不能超过18节。尽管如此，"莱比锡"号还是开始掉队，11时，匆匆逃跑的冯·施佩收到了最令他担心的报告，他的舰队已被那两艘英国战列巡洋舰追上了。冯·施佩认识到英国战列巡洋舰上占优势的305毫米口径重炮很快就会开火，如果继续保持兵力集中，就将全军覆没，于是他决定牺牲自己的3艘主要军舰，以便让两艘较小的驱逐舰逃跑。冯·施佩发信号给轻巡洋舰叫它们逃往南美海岸，然后他与"沙恩霍斯特"号和"格奈泽瑙"号回转身面对追赶者。为减少损失，斯特迪命令跟随战列巡洋舰作战的"卡那封"号装甲巡洋舰拉开距离，自己亲自率领"无敌"号、"不屈"号战列巡洋舰，单独与施佩的主力"沙恩霍斯特"号和"格奈泽瑙"号对垒，这一调整使德军在射程、火力和航速上完全处于劣势。

随后发生的海战优势在英国方面，德舰试图靠近距离，使它猛烈的230毫米口径火炮发挥作用，英舰则竭力保持距离，并以305毫米口径大炮向敌舰倾泻炮弹，"沙恩霍斯特"号连同它的将领和全体人员在下午4时下沉。"格奈泽瑙"号在无望的劣势下以最大的坚毅继续战斗到下午6时，在绝对无能为力的情况下它打开海水阀，在大洋冰冷的海水下失去踪影。此次作战持续了5个小时，德国除一艘轻巡洋舰外，其余军舰全部被击沉，而英国军舰无一损失，斯特迪歼灭了冯·施佩的海军舰队，为科罗内尔的失败报了一箭之仇。1915年7月，德国在海外的最后一艘轻巡洋舰"柯尼斯堡"号，被英国"塞文"号和"默西"号击沉，除了在亚德的公海舰队和基尔的波罗的海舰队之外，协约国实际上已经排除了德国的水上力量在公海上的威胁，确保了自己的海上交通线不受干扰。从此，英德双方降下了远海战争舞台的幕布，再也没有其他战舰离开德国去袭击英国的贸易航线了。

四、破译密码——多格尔沙洲伏击战

1914年8月5日，英国"长矛"号驱逐舰用舰炮击沉德国辅助布雷艇"柯尼金·路易斯"号，此时仅为宣战后13个小时，由此打响了海战的第一炮，拉开了"一战"的海战序幕。8月28日，英国海军于黎明时分袭击赫尔戈兰湾，德巡洋舰"科隆"号、"美因茨"号和"阿里西尼"号及"V－187"号驱逐舰被击沉，其他5艘轻型舰只被击伤。海战节节失利，为了报复，德海军对苏格兰和英格兰沿海地区采取打了就跑的不定期袭击，德国人将报复的眼光盯上了多格尔沙洲。多格尔沙洲是北大西洋最著名的渔场之一，德国海军决定先拿渔场上的英国渔船开刀。1915年1月下旬，北海上浓雾弥漫，德国海军中将希佩尔率领一支舰队悄悄离开威廉港，直驶多格尔沙洲。这支舰队由3艘战列巡洋舰、1艘装甲巡洋舰、4艘轻巡洋舰和19艘驱逐舰编成。按计划，鉴于巡洋舰的航速较快，预计编队将于24日拂晓抵达多格尔沙洲东南部海域。虽然当时天色未明，仍然决定不再向沙洲靠近，以免敌舰队插入编队与赫尔戈兰湾之间而被截断归路。坐镇在旗舰"塞德利茨"号上的希佩尔，心中正算计着如何教训英国的拖网渔船并敲掉那些轻型的护渔军舰。

德国人的计划倒不错，可他们不知道自己的行踪对手早已了如指掌，在战争第一个月中，被击沉的德国轻巡洋舰"马格德堡号"使协约国发了一笔横财，在波罗的海海底清查这只船的内部时，俄国潜水员刚巧碰到了一只铅制的箱子，里面有德国电报密码和北海平面海图。一份密码被送给了英国海军，因此协约国能够破译德国海军的机密无线电通讯。后来德军更换了密码，但还是瞒不了英国皇家海军，它们同时研制了定向无线电接收机，来确定敌舰的位置。这次，英国破译的德国海军密码及时发挥了作用，在得到德舰出航的消息后，英国海军部立即命令其大洋舰队指挥官贝蒂率领战列巡洋舰"雄狮"号、"猛虎"号、"皇家公主"号、"新西兰"号、"不屈"号，在戈迪纳夫的轻巡洋舰的伴随下，驶入北海，同于多格尔沙洲东北海域活动的蒂里特会合，集结完毕的贝蒂舰队已拥有战列巡洋舰5艘，轻巡洋舰7艘，驱逐舰33艘，他们要在这伏击希佩尔所带领的德国舰队。

24日，在北海的多格尔沙洲，德国"赛德利菲"、"德弗林格尔"、"毛奇"号战列巡洋舰和装甲巡洋舰"布吕歇尔"号进入了英国"雄狮"、"猛虎"、"皇家公主"、"新西兰"、"不屈"号5艘战列巡洋舰的埋伏圈。上午7时，德军先头侦察舰"科尔贝格"号轻巡洋舰与英军轻巡洋舰"阿雷苏萨"号遭遇，炮战随之开始。半小时后，希佩尔发现了远比自己强大的整个英国舰队，见偷袭无望，迅速调头向赫尔戈兰湾回驶，企图甩掉英国舰队，贝蒂下令舰队全速追击。贝蒂的旗舰"雄狮"号一马当先，穷追不舍。德舰队向东南狂奔，"布吕歇尔"号装甲巡洋舰行驶在希佩尔纵队的最后。8时，双方相距20公里左右，"雄狮"号开始向德军舰队开火，殿后的"布吕歇尔"号首先中弹，9时，率先冲入敌阵的"雄狮"号向希佩尔的旗舰"塞得利茨"号连发重炮，致其重伤。10时左右，贝蒂所乘坐的旗舰"雄狮"号被德舰"德弗林格尔"号击伤，"雄狮"号全舰电力中断，无法使用无线电和灯光信号指挥作战，不久就落到了队伍的后面，于是贝蒂指示穆尔率领其他舰只继续追击敌舰，务求全歼。可是不久发生的指挥混乱，使得原本希望在即的歼灭战化成了泡影。

在这场混战中，德军损失战列巡洋舰"布吕歇尔"号，重伤2艘，死900多人；英受损2艘，死15人，"雄狮"号被"德弗林格尔"号305毫米主炮命中两发。德防护性能良好的"布吕歇尔"号中70多发大口径炮弹和7枚鱼雷后，仍能吸引英舰两个多小时火力方沉，而英"雄狮"号仅中弹两发就支持不住了。"布吕歇尔"号装甲巡洋舰在一场激烈的但毫无指望的战斗之后沉没了，而希佩尔的其他军舰却成功地逃走了。当时掉了队的"雄狮"号上的贝蒂发出的信号是"攻击敌后部"，他指的是还在开火的德军舰队的最后一艘战列巡洋舰，但是正在"新西兰"号上接替指挥英国舰队的穆尔少将却以为贝蒂指的是原先在德军后部的"布吕歇尔"号。穆尔带领整个舰队一起用暴风雨般的炮弹轰击现在不过是东北方一堆着火残骸的"布吕歇尔"号。"布吕歇尔"号是德国第一艘重火力、高航速、能与英国的战列巡洋舰作战的巡洋舰，安装六座双联210毫米炮塔，前后各一座，左右舷各两座，成六边形配置。以巡洋舰的火力来说，可谓充分。但不幸的是，它现在面对的是英国的"无敌"号战列巡洋舰——装备8门305毫米大炮，是武装到了牙齿又身手敏捷的大家伙。当希佩尔的舰只在东南地平线上消失时，贝蒂把他的司令旗移至战列巡洋舰"皇家公主"号，中午12时，英国海军部来电报警告他，德国的整个公海舰队已经开出，要把希佩尔的舰群护送进亚德湾。在贝蒂向英国返航时，主力舰队开到现场，协助把打坏的"雄狮"号拖回罗赛斯修理。多格尔沙洲之战未能以更有决定性的英国胜利告终。英国海军高级军官们得知具体情况之后普遍感到气愤，他们认为在这种情况下穆尔应当根据常理行事，而不应该毫无疑义地盲目执行命令。费希尔勋爵吼道："只要他身上有一丁点儿纳尔逊的气质他就会追下去，而不管什么信号！像纳尔逊在哥本哈根和圣文森特角那样！战争中的第一原则是服从命令，任何傻瓜都会服从命令！"穆尔因此丢了他的职务。

多格尔沙洲海战之后，德国人认为英国舰队在24日早晨出人意料地出现所导致的遭遇战绝不是一次偶然，说明他们的计划在某种程度上或全部为敌人所知晓，所以导致他们的巡洋舰与数量众多的敌舰遭遇，从那以后他们的水面舰艇轻易不再出动，而是更多地依赖他们的潜艇战了。

第九章 由速战到僵持

——"施利芬计划"的破产

一、"西线至上！"——法金汉

埃里希·冯·法金汉，出生于 1861 年 11 月 11 日，德国军事家，步兵上将，1896～1930 年服役，参与了八国联军入侵中国的战争。1913 年，他出任普鲁士战争部长，是第一次世界大战的发动者之一，1914～1916 年间任德军总参谋长。

自从 1914 年 8 月世界大战爆发到 9 月中旬，仅一个半月的时间，可以称为世界大战的"第一回合"已经过去，马恩河战役胜负已定，法国在猛攻中得以生存下来，莱宁坎普夫被逐出了东普鲁士，结束了俄国对德国的入侵，几乎与此同时，加利西亚之战以俄国的胜利告终，奥匈全军遭到失败，各交战国所有最训练有素的部队，全力投入了上述战役。1914 年 9 月 14 日，德军在第一次马恩河战役中受挫后，"施利芬—小毛奇计划"失败，德国的速战速决战略宣告破产，由于指挥无能，小毛奇被解除了指挥权，由比他更年轻、更有威望的法金汉接替了德军总参谋长的职务。早在 8 月 10 日，小毛奇就被认为才能不足，有关人士开始公开讨论他的继任者。9 月 12 日，他被免除总参谋长之职，由大战爆发时任陆军大臣的法金汉取代了他的职务，这项罢免是保密的，而且要加以掩饰，所以没有发布公告，从那时起，小毛奇继续参加会议，只是没有了发言权。法金汉接任德军总参谋长后，策划了"向大海进军"行动，意图夺取法国北部港口，切断英法两国的直接联系，但是在第一次康布雷战役中失败，西线至此进入到堑壕战模式。

1915 年，奥匈帝国在与俄国的争战中败北，攻占了加利西亚的俄军锋芒直指德国的西里西亚，在兴登堡和鲁登道夫的要求下，一向侧重于西线的法金汉同意了在东线发动进攻，以迫使俄国退出战争，于是将德军主力调往东线，并在 5 月组织发动戈尔利采战役，一举突破了俄军西南方面军防线，收复了加利西亚，随后，又在波兰及波罗的海沿岸地区指挥德奥联军向俄军发动了大规模进攻，占领大片土地。在 1915 年夏秋两季，俄军不得不面对德军近 40 个师和接近全部奥军几乎无休止的进攻，又处于武器弹药供应最糟的阶段，沙皇的军队在近 1300 公里的防线上遭受到德军时而在这里时而在那里的连续攻击，防线一再被突破，被迫做迅速的纵深退却。德军带着奥军，有时常常长驱直入俄国，下决心要以最大精力把"俄国巨人"打死。

随着雨季的到来，俄国人渐渐稳住了阵脚，并筑起了新的防线，德军虽然取得了很大的胜利，但它的东线作战并未达到迫使俄国退出战争的目的。当年秋天，在巴尔干半岛，德军也取得了许多胜利，法金汉指挥德、奥、保联军侵占了塞尔维亚全境，打开了德国通往土耳其的大门。1916 年初的开场戏在德国总司令部会议厅里上演了，其主角就是法金汉将军，中欧诸帝国事实上的总司令。在 1914 年 9 月时任陆军大臣的法金汉被德皇任命为德军总参谋长以后，他继承了一份支离破碎的遗产，集军事大权于一身的他在几乎整整两年的时期里行使无可争议的权力，现在的形势已然有了改观。

法金汉和康拉德审视了一年来腥风血雨的累累战果，他们有充分的理由心怀感激之情，局势已经扭转，俄国被打败，东方战线几乎处处都推进到俄国领土上。俄国的防御体系、要塞、铁路以及河流防线等整个战略设施都落入了德军手中。一年前曾对东普鲁士、西里西亚和匈牙利构成入侵威胁的俄国大军，在遭到可怕的伤亡与失败后已经纷纷退却。但法金汉是一个偏见很深的"西线派"，他相信，对俄国的任何大规模进攻都将消失在俄军能够后撤的广阔无垠的地区和难以探测的深山丛林中。在他的心目中不断浮现出拿破仑大军 1812 年入侵所遭受的失败那些警示性的画面。法金汉的全部心思都放在法国和佛兰德斯的战场上，在他看来，只有在那里才能最后一决雌雄，那里才是合适的和正式的战场。

法金汉主张德国应该将战略重点放在西线，这与冯·兴登堡和鲁登道夫的东线战略相冲突。在 1916 年初，法金汉强行发动凡尔登战役，希望能够造成二比一的伤亡比例，逼迫法国耗尽力量。但是，在付出25万人死亡的代价后，这个战略目的未能实现，法金汉因此被解职，兴登堡继任总参谋长。罗马尼亚地处战略要地，且有着巨大的石油资源，大战爆发后，各方撒出诱饵希望罗马尼亚参战，允诺说如果它帮助他们打赢战争，可以将其对手的领土割让给罗马尼亚，现在罗马尼亚必须做出决断的问题是：谁将赢得战争？而1916年在德国面前的真正和唯一可以达到的政治目标是：最终击破俄国并把罗马尼亚争取到中欧帝国一方来。1916年夏天，缓过气来的俄军在布鲁西洛夫的指挥下发起了出其不意的攻势，并取得了重大的胜利，奥匈的军队受到重创，布鲁西洛夫攻势大大鼓舞了罗马尼亚人，使他们确信奥匈帝国只剩下最后一口气了，于是决定从奥匈帝国手中夺回属于他们的领土，罗马尼亚最终以特兰西瓦尼亚问题为借口，加入了协约国一方。

罗马尼亚在9月初实际上已做出决定，向同盟国建议加盟。奥匈驻布加勒斯特大使切尔宁伯爵致电维也纳称，如果把苏恰瓦这片领土割让给罗马尼亚作为回报的话，罗马尼亚准备积极参加对俄作战。陷入绝境的康拉德本应抓住这个机会，但鉴于法国和加利西亚战场上的结局，罗马尼亚的建议在被接受之前压了下来。现在一切都已经晚了，掌握着50万军队和石油资源的罗马尼亚倒向了协约国，成了德奥联军的敌人。被解职后的法金汉改任第九集团军司令，与奥匈帝国和保加利亚一道发动了对罗马尼亚的进攻，在9月的战役中大败罗马尼亚军队，率部直捣布加勒斯特。11月中旬，在奥古斯特·冯·马肯森集团军群的配合和支援下，法金汉的部队于12月6日攻陷布加勒斯特，不久便占领了整个罗马尼亚。在这场胜利之后，他又被派去指挥土耳其在巴勒斯坦的防御战。

此时，深信德国将获胜的保加利亚已成为德国的盟国，通往土耳其的道路已经打开，火车能从汉堡到巴格达，横跨3500多公里的大地完全处在德国的控制之下。仅仅武器弹药源源不断地运往达达尼尔海峡和加利波利这一前景，就足以促使英军在一切希望化为乌有和所有牺牲失去价值的情况下撤离半岛，从加利波利战斗中解脱出来的土耳其军20个师，现在可以进退自如地威胁埃及，扭转巴勒斯坦的局势了。在此期间，法金汉成功地组织了土耳其人在巴勒斯坦全部消灭犹太人的计划。但到1917年底，战场上的局势又发生了变化，协约国的形势已然好转，英军夺占了耶路撒冷，法金汉的防御以失败告终。1918年，法金汉被派去指挥占领白俄罗斯的德军第十军，在那里他一直待到战争结束。之后他退出现役，在自家庄园里隐居，并出版了几本军事类书籍和回忆录。

二、地狱岁月——堑壕战

当大战爆发时，交战的双方都以为这将是一场短促的19世纪式的战争，都乐观地相信本国的官兵能在当年的圣诞节前凯旋而归。然而，这场人类历史上的首次世界大战却打了四年多，而在这四年的绝大部分时间中，双方都是以堑壕战的形式对抗着。堑壕战，又称战壕战或壕沟战，是一种利用低于地面并能够保护士兵的战壕进行作战的战争形式。进行堑壕战时的参战双方，都具有固定的防线。当双方的火力大大提高，而移动力和通讯系统却没有多大改进时，堑壕战这种消耗极大的作战方式就应运而生了。从1914年8月4日德国第一集团军和第二集团军进入比利时到1914年11月第一次伊普雷战役结束，连续几个月的激烈战斗让交战双方都疲惫不堪，马恩河战役结束后，西线战场就形成了胶着对峙的局面，在你来我往的攻防中，双方尤其加强了防御。交战双方纷纷深挖堑壕，加强掩体，设置带刺的铁丝网，以构筑固定阵地。

"一战"时，后膛枪已被弹仓步枪取代，后者射速达到每分钟20发，射程增至1900米，此外无烟火药的出现使得隐蔽射击成为可能，更为可怕的杀手机枪在各国军队也都开始列装。大规模义务兵役制使军队规模迅速扩大，绵长的线型防线变为可能，在如此军事技术和军队体制的变化下，堑壕战出人意料地走到了巅峰时代。火力的改善大大改变了战争的形式，在战争开始以后，德国和协约国军很快就意识到正面进攻得到的只有本方的伤亡。在1914年9月的马恩河战役结束后，德军和协约国军沿着瑞士边境各挖掘了一条战壕，它们一直延伸到了比利时的北海海岸。从此西线战场上的作战双方几乎在任何时候都在壕沟内对峙。开战之初，各方都乐观地认为，决定性的西线战争在圣诞节前就会结束，最初，德军与英法满心希望通过大规模机动迂回取得决定性胜利，但随之而来的是，希望在战壕的面前破灭了。德军总参谋部苦心经营的"施利芬计划"很快在马恩河会战中破灭，而英法联军的反攻也在德军于埃讷河仓促构筑的堑壕防线前趋于停止，阵地上的机动作战在战壕的面前已经不能实现。

最初双方的堑壕就是草草挖出来的壕沟，但是随着战争的发展，指挥人员和后勤力量也深入到堑壕里，进行指挥和补给，因此，堑壕被不断地加深加宽，防御体系变得越来越发达。到第一次伊普雷战役结束时，从瑞士边界一直延伸到大海的 600 多公里长的战线上，横亘着一条布满堑壕、隧道、掩蔽所和铁丝网的坚固防线。由此，横贯西线战场 960 公里的巨型堑壕体系成了困扰交战各方四年的噩梦。敌对双方的战壕之间的空地称为"无人区"，它的宽度在不同的战场之间也不同。在西线战场上，无人区一般为 90 ~ 270 米宽，尽管在维米岭战役中只有 27 米。在 1917 年 3 月德军撤退到兴登堡防线以后，无人区的宽度增加到了 1000 米以上。在加利波利之战中的澳新军团战场上，双方的战壕相距只有 15 米，在这里，士兵们连续不断地向对方战壕投掷手榴弹。

在"一战"刚刚爆发的时候，真正认识到机枪重要性的只有德国，当时，德国陆军装备的是马克沁机枪，数量超过了 1.3 万挺。机枪的强大威力，使得每一方想发动进攻时不得不付出惨重的伤亡代价，许多士兵就这样在它的扫射下没有任何意义地死去，而那些据壕防守的士兵，伤亡率却微乎其微。为了更有效地杀伤堑壕内的守军，一些新型武器开始出现，迫击炮被越来越多地用于进攻前的打击。堑壕网的出现则使得作战越来越有利于防守方，阵地之间荒凉的无人地带，被无数黑洞洞的枪口虎视眈眈地瞄准着，攻击部队只要出现在无人区，对方战壕内的敌人就能清楚地看见，那些埋伏在防御工事后面的机枪手就像狂风扫落叶一样，将进攻士兵的生命轻易地夺走，堑壕和机枪彻底阻止了步兵的冲锋。

德国人的防御工事建造得非常出色，他们建造的掩蔽物和据点位于地下深处，防炮弹并且空气流通。他们还首先使用了"深层防御战略"，即在几百米宽的前线交战区中修建一系列孤立的阵地，而不是一道连续的壕沟。壕沟并非笔直，而是锯齿形的。这就意味着一名士兵在壕沟里无法看到 10 米以外的东西，这种形状的壕沟在敌人从侧方进攻时则会保护它里面的步兵。堑壕战对于德军来说也是新鲜的，他们的训练和装备本是用来打一场在六个星期内获胜的运动战，但他们很快就适应了这种新的战争样式。德军把自己的堑壕搞得比较舒适，相比之下，联军的堑壕要简陋得多。对于双方士兵而言，堑壕战是真正的噩梦。防守者则必须与泥泞和脚气斗争。堑壕内的士兵几乎都会患上脚气病，其中"堑壕足"非常普遍。

战斗中，数以千计的步兵会一批批倒下去，血流成河，伤亡惨重。腐烂的尸体到处皆是，堑壕沦为了露天厕所，虱子和老鼠无处不在，这些都使得堑壕成了一个面目分外可憎的地方。为了不让士兵们精神上绝望，也为了让他们不至于疾病缠身，部队每个星期都必须换防。在一些战役中，当堑壕被完全截断时，士兵就等于被遗弃在那里，群龙无首。炮火的猛烈轰炸会使堑壕被分割成彼此互不相通的一段段，没有军官指挥，彼此也没有战术上的连接，更没有食物和运送伤员的担架。随着僵持与对峙局面的继续，既然地面上的进攻没有成效，于是双方又把目光转入到了地下，一种新的战争模式出现了，可以把它称为"地道加炸药"。

不管是德军还是联军，都开始试图挖掘隧道通向对方，一旦隧道挖好了，隧道工就在里面放置大量的高强度炸药。这是一个非常紧张的活儿，隧道工们必须一直监听着外面的动静，听听是否有敌军也在挖隧道。有时挖隧道的敌对双方也可能因挖通隧道而相会，这时，双方就会展开殊死搏斗，直到一方完全倒下。有一些地方在战争期间几乎没有什么军事行动，这就使战壕内的生活变得很轻松。但是其他一些地方却总是有激烈的战斗发生。伊普雷每天都有如地狱一般，尤其是对位于暴露的战壕突出部中的英军来说。在那些没有什么军事行动的地方，狙击手、炮火、疾病和毒气仍然造成了较大伤亡。在1916年前6个月中，英军在索姆河战役发起之前没有参加过大型战斗，但是伤亡人数还是有11万人。

人们总是习惯用以往的经验去推测未来的情况。"一战"开始前，交战双方根据以往运动战的经验都制定了运动战的作战计划。德军的计划是打一场在6个星期内获胜的运动战，协约国军的计划是打一场防守反击的运动战。"一战"结束后，法国汲取了"一战"的经验和教训，修筑了一条马其诺防线。毫无疑问，马其诺防线是一个完美的堑壕网体系。如果"二战"的战争样式仍然是堑壕战，那么马其诺防线将是固若金汤的。"一战"的堑壕战非常惨烈，有1/10的士兵被杀，而总伤亡数达到了56%，考虑到每一个在前线作战的士兵都有3名士兵为他提供后勤服务，那么每个真正参加了战斗的士兵想要不负伤而活下来几乎是不可能的，实际上，的确有许多士兵负伤不止一次。

三、"奔向大海"——埃讷堑壕战

"奔向大海"是第一次世界大战初期，英法联军与德军于1914年9月在瓦兹河和加来海峡之间广阔地区实施的一系列机动作战的称谓。1914年9月马恩河战役和埃讷河战役结束后，在马恩河战役中失利的德军撤到了马恩河北面的埃讷河畔，德军企图在埃讷河畔进行防守反击，交战双方在瓦兹河至瑞士边界地段进入阵地战。与英法联军僵持对峙3个星期后，双方都意识到正面突破是不可能了，于是都开始试图包抄对方的侧翼。法军总参谋长霞飞企图对德军右翼实施迂回，以迫使德军撤离埃讷河、瓦兹河、索姆河和埃斯科河地区，同时救援比军防守的安特卫普。德军总参谋长法金汉则决定从洛林地区抽调第六集团军增援右翼，力图挫败英法联军的计划，并迂回到联军的左翼。

还在德军转而面向追击他们的协约国军队时，他们在西线已经有了一个最坚固的阵地，德军驻守在离山顶3.2公里的较高的北面，藏身在覆盖着正面和斜坡的浓密的灌木丛后面。在夜间浓雾的掩护下，英国远征军朝着通向高原的小路前进，当雾在明朗的朝阳下消散时，他们遭到交叉火力的无情扫射，那些突入山谷得不到大雾保护的人，也遭到了同样的打击。

"一战"时，由于许多新式武器的使用，特别是重机枪的使用，使得从正面攻击堑壕阵地已变得十分困难，在战斗开始以后，德国和协约国军很快就意识到，正面进攻得到的只是本方人员的伤亡。从1914年9月一直到1918年3月德国发动春季攻势这段时间内，西线战场上的作战双方几乎在任何时候都在壕沟内对峙。"一战"的堑壕战非常惨烈，与其他战争一样，"一战"中士兵的最大杀手就是疾病，战壕里的卫生条件很差，常见的感染包括痢疾、斑疹伤寒和霍乱等，双方的堑壕之间叫无人区，在战斗中有时会有短暂的停火，让双方带有红十字臂章的人员进入无人区抬回自己一方的伤兵的尸体。

　　当英德两军之间的延翼竞走在新港达到了终点之后，双方所想寻求的机动性战争遂突然为圆镐所停止了。基钦纳勋爵说："我不知道还应该怎么做——这根本不是战争。"可是不幸得很，这却正是战争，每个二等兵都知道这个事实。丘吉尔是当时的海军大臣，他说："面对着这个死结，一切的军事艺术都哑口无言了，指挥官和他的参谋人员，除了正面的攻击以外，就再无任何其他的计划。"

　　现在双方为了避开对方的正面火力减少伤亡而选择向对方的侧翼进行迂回机动，不约而同地向对方的北侧进行包抄，在包抄对手的同时也不断挖掘纵横交错的堑壕并配置大量重机枪来防止对方攻击自己的侧翼。当发现对方已经挖好战壕架好机枪之后又继续向北迂回，最后双方的军队一直把连绵不断的战壕防御工事从瑞士边境挖到了比利时和法国北部的北海之滨才停下来。局势很快变得明朗，双方都拿对手无可奈何，而且又没有一方想退却，战斗演变成为相持不下的僵局，这将对抗的双方在今后四年中都固定在了这一条狭长的地带上。这一时期被称为"奔向大海"，10月中旬"奔向大海"战役结束后，战线从利斯河延伸到伊泽尔河，德军计划攻占法国加来港，摧毁英军补给基地，迫使英国退出战争。协约国军队决心坚守伊普雷、迪克斯迈德、尼乌波特一线，相机收复比利时全境和法国北部。

　　在一个月的"奔向大海"作战中，德军伤亡13万人，协约国军队损失约10万人，由于兵力相当，行动不够坚决，致使双方迂回到对方侧翼的企图均未实现。大量使用骑兵、广泛利用火车和汽车输送预备队，是此次战役的主要特点。1914年10月中旬，包抄侧翼的竞赛终于因为到达了英吉利海峡而结束，但是德军仍不罢休，企图撕破联军的防线，德军选择了一个进攻点，这就是比利时西南部的小镇伊普雷。10月，德国参谋本部新任总参谋长法金汉下令在佛兰德斯发起进攻，想把协约国军队逐出安特卫普和海峡各港口。然而，德国的后备军已经如此空虚，以致投入了一支8月份才开始训练的毫无经验的大学生部队。德国占领了安特卫普，但这3.6万名大学生后备部队中，只有6000人毫发无伤地幸存下来，其中的一人就是阿道夫·希特勒。这些缺乏经验的志愿军在机枪和自动步枪交织的火线中成片倒下死伤惨重，后来，德国人把第一次伊普雷战役称为对无辜者的大屠杀，联军虽然勉强守住了防线，但是却付出了极大的生命代价。

10月20日，德军第四集团军和第六集团军的3个军对伊普雷实施主要突击，对伊泽尔河实施辅助突击。22日，德军强渡伊泽尔河，并在西岸设防，28日，比军打开尼乌波特海水闸门，水淹德军。30日，德军被迫撤退。伊普雷地区的作战行动到11月20日结束，此役双方均未能达成战役企图，西线从此进入阵地战阶段。从1914年8月4日德国第一集团军和第二集团军进入比利时到1914年11月第一次伊普雷战役结束，连续几个月的激烈战斗让交战双方疲惫不堪，法、英、德将近50万士兵在战争中倒下了。1914年的战局是对各交战大国的兵力和能力的战斗检验，战局的结果使双方的短期战争和毕其功于一役的计划化为泡影。仅限于利用动员的军队和动员的储备物资，只靠军事工业而不是靠国家整个经济能力的战略也遭到破产。在西线战区，从瑞士到英吉利海峡形成一个总宽达300多公里绵亘的阵地。

第十章　实行双重标准

——拉偏架的"中立"国

一、初露锋芒——水下幽灵潜艇

在英德海战中，赫尔戈兰湾突袭战给英国人带来的兴奋没有维持一个月，1914年8月底，当德国水面舰艇部队在赫尔戈兰湾战役中惨遭失败后，提尔皮茨毅然打出了他的王牌，亮出了撒手锏，一时间，大批的德国潜艇倾巢出动，杀向正在庆贺海上胜利的英国海军。如果说德国的公海舰队没有取得什么成功的话，那么德国的潜水艇却对敌人造成了致命的威胁。1914年11月，作为对英军封锁德国的回答，提尔皮茨针锋相对地宣告对英军实行潜艇封锁，虽然那时德国海军仅拥有29艘潜艇，但一年后这个数字升至54艘。

早在战前的美国内战时，潜艇作为一种廉价的海岸防御武器就已经被投入使用，但是直到19世纪后期的一系列技术进步之后，才发展成为一种有效的海上武器。在德国皇帝威廉二世的大力支持下，被称为"德国海军之父"的阿尔弗雷德·提尔皮茨海军上将，使德国在潜艇的制造方面占据了绝对优势，到战争爆发时，德国已秘密拥有了一支训练有素、精干强悍的潜艇部队。德国是第一个认识潜艇潜力的交战国家，海军军官们原来把这种舰艇看作侦察部队，或用于保卫港口，对付来自海上进攻的防御船只，在大战最初几个星期中，潜艇被用于以机枪扫射北海的英国拖网渔船，但在英国船也装上了机枪，或由武装巡逻艇护航时，就不再这样使用了，大战开始时，英国有36艘潜艇，全都用作海岸巡逻之用，德国有28艘，但只有10艘能巡航到3600多公里的地方。

第一次世界大战爆发之初，军事专家们对潜艇并未给予热切的关注，封锁敌国海岸和摧毁敌军舰船这两大海军任务，基本上还是交由战舰完成，各国海军给潜艇的任务是：侦查、布雷以及击沉水面舰艇，潜艇通过潜望镜找到目标，发射鱼雷，然后向深水下潜逃跑。1914年9月1日，一向为人所低估的德国潜艇终于向世人展示了它可怕的实力，在福思湾附近海域巡逻的德国海军"U-21"号潜艇发射的鱼雷击中了英国皇家海军"探险者"号轻巡洋舰，后者在几分钟内宣告沉没并导致巨大的人员损失，而"U-21"号德国潜艇在"一战"中的战绩随即在9月22日被刷新。这一天的英吉利海峡天气虽然好，但能见度较低，3艘英国巡洋舰成一路纵队昂首西行，三舰彼此间隔两海里，航速10节，在广阔的海面上执行封锁巡逻任务，海军部指示，遇有德国舰船，一律予以击毁。几乎就在同一时刻，在奥斯坦德西北海面上，德国的"U-9"号潜艇也正在海面上四处游弋，伺机猎获送上口来的"美味"。"U-9"号潜艇在荷兰湾附近海域发现了正以横队驶来的英国皇家海军这三艘巡洋舰，7时许，"U-9"号潜艇向"胡格"号巡洋舰率先发射鱼雷，该舰的龙骨遭到攻击并向左舷倾斜，舰员纷纷落水，舰艇在20分钟内沉没，500多人罹难。此时"克雷西"号和"霍格"号发现灾难后误以为"胡格"号是碰撞到漂浮的水雷，马上赶来救援，"U-9"号潜艇随即又发射两枚鱼雷击沉正在进行救援落水者的"阿布基尔"号。8时，在距"克雷西"号巡洋舰1000米外再次发射3枚鱼雷，正撤退脱离现场的该舰于15分钟内即告沉没。此役英国皇家海军损失高达3.6万吨的战舰，共有1460名英国船员在这次可怕的攻击中丧生，"U-9"号潜艇也因此创造了海战史上75分钟内击沉3艘巡洋舰的战例。"U-9"号潜艇在创下丰硕战果23天后，又击沉了一艘英国皇家海军排水量7700吨的"爱德加"级巡洋舰"老鹰"号。

正当德国的所有报刊都在大肆宣扬"U-9"号潜艇的战绩之际，德国海军的另一艘潜艇"U-21"号却正在创造着另一项更令世人目瞪口呆的战绩。就在"U-9"号击沉3艘巡洋舰的同时，"U-21"号在艇长赫森的指挥下，在分别击沉了3艘英国舰只后，竟大胆地闯进了被英军视为"圣地"的爱尔兰海，在英国人的眼皮底下，击沉了3艘英国舰船，甚至于一天夜里竟驶近英国海岸向附近的一个机场炮击，赫森由此有了一个绰号——"海上疯子"。这些成功的外海扫荡充分证明了潜艇的能力，德国潜艇初战告捷，使威廉皇帝的海军顾问提尔皮茨上将开始意识到，在打击协约国的商船和摧毁英国人的贸易方面，潜艇也许会是一个更好的武器，潜艇开始被用来辅助封锁敌国海岸，打击协约国商船。商船一般都单独航行，海军舰艇很难给它们提供保护，尤其在它们偏离了海上主航道时。1914年10月发生了历史上非常重要的一个事件，德国海军"U-17"号潜艇在挪威南部海域击沉了900吨的英国货轮"格里特拉"号，潜艇在击沉货轮前进行了仔细辨认，在命令船员全部离船并登上救生艇后发射鱼雷将其击沉，这是战争中德国潜艇首次击沉商船，从此以后，商船也成为潜艇攻击的重要目标。

1915年初，"U-21"号只身穿过协约国层层封锁的直布罗陀海峡，抵达了亚得里亚海域，协约国做梦都不会想到德国的潜艇来到了他们的身旁。在两天的时间中，赫森先后击沉了英国的战列舰"凯旋"号和"尊严"号。"一战"时期，战列舰是当之无愧的海上霸主，赫森和他的"U-21"号远离基地，单枪匹马闯进英军戒备森严的锚地，两天之内将两艘战列舰击毁，一举改写了德军潜艇史上的新纪录。英国人开始迫切地寻求针对德国潜艇的反制措施，在当时，击沉潜艇的唯一办法是火炮射击和撞击，而击沉潜艇的关键在于引诱潜艇停留在水面而不是在海底潜航，英国人最后想出了一个很好的办法——使用"U艇诱饵"，即使用外观看起来像货轮的武装商船，船上隐蔽安装了火炮和鱼雷发射装置，诱使德国潜艇浮上水面靠近，再升起皇家海军军旗，并用甲板炮发起攻击。潜艇在第一次世界大战中日益显露出了其强大的攻击威力，整个战争期间，德国潜艇共击沉协约国和中立国船只约6000艘，其中战斗舰艇200艘，运输船5800多艘，总吨位约1800万吨。为了对付德国的潜艇，协约国动用了900多艘驱逐舰和大型护卫舰，极大地牵制了协约国的海上势力，自此，潜艇在偌大的舰艇家族中拥有了一席之地。

二、以小博大——德国的第一次无限制潜艇战

英国在海上的军事行动，是对北海德国舰队实施深远封锁，德国则试图以战列巡洋舰袭击英国沿海地带，诱出并歼灭英国舰队的部分兵力，但未得逞。潜艇在与水面舰艇、运输船只的斗争中开始发挥越

来越显著的作用，但潜艇在第一次世界大战时还是新式武器。根据国际法规定，战舰要攻击商船，必须事先警告，并保证商船上乘客和海员的安全。但是当时的潜艇既小又脆弱，如果钻出水面提出警告，交战国商船上的枪炮就足以击沉它，德国因此认为，它使用潜艇袭击商船不必事先警告，除非英国拆除它商船上的枪炮。

潜艇的优势在于潜伏水下，秘密行动。公然的警告并拦截商船使德国潜艇很容易暴露目标，也因此会受到英国战舰的攻击。1915年2月4日，为了对英国的非法封锁采取报复措施，更有效地打击协约国的商船，并保护本国潜艇，德国宣布：在英国和爱尔兰周围水域执行无限制潜艇战政策，就是将这些区域划为战争地带，任何进入该区域船只都将被击毁，不予警告。鉴于英国政府在1月31日命令冒用中立国旗帜，也因为海战容易造成不可预见之事件，大不列颠与爱尔兰周围的水域，包括英吉利海峡的全部，由此被宣布为战争区域。从2月18日以后，在此战争区域被发现的任何敌国商船都将被击毁，船员与乘客不能如以往那样免于这种危险。尽管德军承诺尽量避免击沉中立国船只，但丘吉尔怂恿己方的船只挂中立国家的旗帜并鼓励水手穿老百姓的衣服来引诱德国潜艇浮出水面。德国潜艇的舰长们得到指示，保证潜艇安全才是第一要务，因此，误袭也就在所难免，德国人希望这样的威胁可以吓阻中立国的船只不进入英国的水域。英国对德国的无限制潜艇战大做宣传，谴责德国漠视文明国家的战争法。

美国总统威尔逊拒绝承认在德国威胁使用潜艇战与英国对德国实行饥饿封锁这二者之间存在因果关系，他的同情心总在英国那边，英国违反国际法，有人轻轻拍一下他的手背就算完事。英国宣布对德封锁，严禁一切装载战争禁运物资的中立船只驶往德国，虽然威尔逊对于英国这种侵犯中立方权利的做法表示了温和的抗议，但如英国所预料的，他并未采取任何行动。而德国在公海上的不法行为，立刻得到了华盛顿的谴责，德国潜艇战政策一宣布，威尔逊的答复是：德国政府必须严格负责美国船只或生命在公海上的损失。尽管美国奉行中立政策，希望同交战双方都做贸易，但由于英国掌握着海上优势，对德国实行严密封锁，所以实际上美国在参战前的对外贸易主要是同协约国进行，与同盟国的贸易额则相对较少，庞大的贸易额使美国与协约国联在一起，如果协约国战败，美国几十亿美元的贷款即将付诸东流，经济绳索将美国套在了协约国的战车上。

1915 年 5 月 1 日，冠达海运公司的客轮"卢西塔尼亚"号挂着英国国旗离开纽约开往利物浦港 6 天后，在西南爱尔兰外海域，该船被德国"U–20"号潜艇发射的一枚鱼雷击沉，包括 124 名美国人在内的 198 人丧生大海。美国立即和英国站在一起，对这场惨剧做出激烈的反应。德国对美国的损失表示遗憾，但坚持"卢西塔尼亚"号是英国海军的辅助驱逐舰，载有军火。1915 年 3 月，英国轮船"法拉巴"号被德国击沉，照英国宣传的说法，德国潜艇的艇长不予警告即行开火，杀死了大约 110 人，其中有一个美国人。后来才发现，德国艇长曾经对"法拉巴"号警告了三次，而且是在海平线上出现了一艘英国战舰之后才开火的，而且"法拉巴"号也载着大约 13 吨军火。然而威尔逊给德国政府发了照会，把他的美国政策讲得清清楚楚："美国政府有义务保护乘坐飘着交战国国旗的船只的美国公民。"无限制潜艇战一直延续到 1915 年底，当年 8 月，德国潜艇击沉了美国"阿拉伯"号商船，美国总统威尔逊严正抗议德国人的行为，声称如果德国不停止无限制潜艇战，美国将断绝与德国的外交关系。因为担心美国参战，德国不得不在大西洋和北海停止了无限制潜艇战，德国潜艇转向了美国船只较少光顾的地中海地区，德国第一次无限制潜艇战告一段落。

三、饿死一个国家——英国对德国的海上封锁

大战一开始，英国的驱逐舰就在北海加强了对德国的海上封锁，舰船在英吉利海峡和苏格兰至挪威间 320 公里的海面上巡逻，拦阻任何开往德国的船只，并确保德国船只无法进入大西洋从事海外贸易。为了防止德国潜艇潜入英吉利海峡，英军在几个星期之内，成功地从挪威到英吉利海峡之间用防潜网和水雷构建了一条严密的封锁线。整个第一次世界大战期间，几乎所有的海上冲突都是围绕着对军用和民用航运的保护、封锁或破坏而展开的，大战开始后，英国马上按照其传统的海上战略对德国进行了远距离封锁，英国为了控制中立国的船运，宣布整个北海和冰岛与挪威海岸之间的水域为交战地带，中立国船队必须先停靠英国港口进行违禁品控制检查，英国人检查中立国船只时把所有发往德国的货物都强行购买了，然后放商船回出发地，这

样既可防止人员伤亡，同时也给了船主一些经济补偿。

　　英国的封锁试图迫使德国全部人口忍饥挨饿至屈服方休。英国对德国的饥饿封锁，违背了被广泛承认的国际法准则，为了阻拦英国的海上贸易，德国也部署了一些战舰伪装商船，企图拦截英国的贸易船只，但大多数都遭到了英国战舰的追击并被摧毁。德国人没有能力封锁英国的贸易，他们不得不另想办法了。在 1916 年 12 月的一次情况分析会上，德国海军上将霍尔岑多夫坦率指出，如果在 1917 年 2 月取消对潜艇的限制，就可以在夏收之前于 6 月逼英国人投降。德国经济学家估计，如果潜艇战能连续 5 个月，每月击沉 60 万吨位的商船，就会把中立国的船队从英国赶走，这样一来，单靠英国的商船队运粮是无法应付英国的饥荒的。由于英国对德国的严密海上封锁，使德奥处境异常困难。德国人称这种封锁是对妇女和儿童的野蛮战争，并努力用所有可行的办法打破封锁。它的第一次潜艇作战就是针对封锁军舰的，为了挽救败局，德国政府宣布恢复无限制潜艇战，以应对英国的非法封锁。德国人相信，美军在欧洲战场发生积极作用之前，他们即能获得胜利。

　　来去无踪的潜艇，其致人死命的潜在力量显得越来越令人惊恐，英国海军因此提心吊胆，惶惶不可终日。英国人认为，德国入侵英国是"办不到的"，"贸易被迫中断，商船濒于毁灭"才是主要危险，英国有三分之二的粮食依靠进口，它的生计依靠由英国货船所承运的对外贸易。为了对付德国的潜艇，英国海军部研究出一个解决办法。德国的无限制潜艇战是针对武装商船的，不加警告就把它们击沉了，可是对非武装商船特别是帆船，在船员登上救生艇之前是不予击沉的，于是英国海军将一些商船悄悄地武装起来，并用训练有素的海军士兵伪装成船员，等上当的德国潜艇一浮出水面后就对它发起突然的攻击，他们把这种船称为"伪装猎潜舰"。不知情的德国潜艇因此吃过不少亏，直到 1917 年，德国的潜艇指挥官们才再也不会上这种当了，而英国人这样做的后果，就是让非武装的商船同样也面临着被攻击的处境，潜艇指挥官摒弃了豪侠作风，没有警告就发射鱼雷，但这也正是英国人所希望的。其实事情足够清楚了，把美国拖进战争，是英国的重要目标，按照丘吉尔的说法是："把中立国船只吸引到我们的岸边，是最重要的，这就有望让美国和德国胡搅蛮缠，如果有些船出事了，善莫大焉。"

　　1915 年 2 月 4 日，为了更有效地打击协约国的商船，并保护本国潜艇，德国宣布在英国和爱尔兰周围水域执行无限制潜艇战政策，就是将这些区域划为战争地带，任何进入该区域的船只都将被击毁，不予警告。1916年3月，没有武装的法国汽轮"苏塞克斯"号在英吉利海峡被误认为是军舰而被击沉，沉船上有3名美国人，这使威尔逊总统威胁说要与德国断绝外交关系，德国政府作出答复，保证以后在击沉船只之前要先进行调查并采取预防措施。海军上将舍尔认为要按这种方法办事，潜艇战就不可能胜利，于是就把他的北海潜艇支队从西部水域召了回去，并宣布针对英国商船的潜艇战已经结束。

大战期间，约有200艘德国潜艇被击沉，英国人自称其中145艘要归功于他们。皇家海军动员了5000多只辅助船舶，数百公里长的钢丝网，也许还有数以百万计的深水炸弹、水雷、炸弹、大炮和炮弹，才取得这样的战绩。比较一下英国和德国颁布的战争新规则，就会发现德国的规则要比英国温和得多：英国采取布置水雷的办法是无法辨识船只身份的，相反德国只有在误认为是英国的伪装之后才进行。尽管如此，美国面对这两个国家采取了双重标准，对英国的封锁保持了缄默，但对德国则发出严重警告，不仅要保护悬挂美国国旗船只的安全，甚至要保护乘坐交战国船只的美国公民的安全。威尔逊对待英国和德国的双重标准，在把美国卷入战争一事中扮演着重要角色，为美国加入这场战争起最决定性因素的，则是美国声言有权保护交战国船只，只要美国人觉得那船适于旅行即可，以及把武装商船看作和平船只。威尔逊总统拒绝正视英国的不规矩与德国的潜艇战这二者之间的关系，威尔逊的立场"明显站不住脚"，因为一碗水端平，不偏不倚，才是中立国的义务。

四、"大洋快犬"——被击沉的"卢西塔尼亚"号

尽管德军承诺尽量避免击沉中立国船只，但由于担心"伪装猎潜舰"的出没，德国潜艇的舰长们得到指示，保证潜艇安全才是第一要务。当然，误袭也就在所难免。1903年，3.2万吨级的"卢西塔尼亚"号在苏格兰克莱德班克的约翰·布朗船厂开工，"卢西塔尼亚"号建成时是世界最快的邮船，首次使用了蒸汽轮机代替往复式蒸汽机，这为它创下新的速度记录创造了条件，从此开创了大西洋邮船的新纪元。之后，

大型邮船纷纷把速度和豪华同时作为追求的目标。

丘纳德轮船公司自豪地称赞"卢西塔尼亚"号是"现在大西洋中航行速度最快和最大的轮船"，它的最高速度是每小时 25 海里，比任何潜艇都快得多。英国海军部考虑到这种有利条件后指出："快速轮船可以靠曲折的航行，大大减少潜艇袭击成功的机会，潜艇的水下速度很低，除非它能预知被攻击船只的航线，否则要进入发动攻击的方位是非常困难的。"1915 年 5 月 1 日，德国大使馆在美国报纸上登出声明，称任何乘坐悬挂英国旗帜的商船的美国旅客，其生命安全都得不到保障。在"卢西塔尼亚"号起航的那个早晨，约翰·冯·伯恩斯多夫伯爵签署了一条警报：英国船只"必定被击毁"，劝告在战争区域航行的旅行者，"乘坐大不列颠及其同盟国船只旅行的，属于自愿冒险"，但是"卢西塔尼亚"号的乘客并不把这消息放在心上，认为"卢西塔尼亚"号有足够的速度，可以逃脱德国潜艇的袭击。星期六，这艘挂着英国国旗的巨型邮船满载着 1959 名乘客和船员，从美国赫德森河的停泊处出发了，驶向英国的利物浦。

不列颠诸岛周围的水域，已被德国政府宣布为战区，所有船只，不论是敌人的或中立国的，都将被送往海底，这也是对世界公告了的。5 月 7 日，"卢西塔尼亚"号航行到了爱尔兰外海遭遇到大雾，威廉·特纳船长命令把速度减慢到 18 节，大雾逐渐消散，正在附近游弋的"U20"号潜艇发现了它，尽管有德国人事先的警告，可丘纳德公司的董事们命令"卢西塔尼亚"号还是不紧不慢地航行，以节省煤和劳动力，而且船长威廉·特纳也忽视了在显然危险的水域里应采取曲折的航线，他并没把德国的潜艇攻击当回事——要么就是有意而为之。人们一厢情愿的想法是：就算这船果真遭到了打击，那也有充足的时间解救人员，它毕竟是一艘巨大的船。可被鱼雷击中的"卢西塔尼亚"号下沉的速度却是令人震惊的，这艘 3 万多吨的巨轮被击之后才 15 分钟就出了大麻烦。第一枚鱼雷射出去之后，德国潜艇艇长舒维格想等船上的人撤离之后再开火，但从潜望镜里他看得清楚，这船只漂了一小会儿，他说："我不能再朝这东西发射第二枚鱼雷，生灵们在企图自救。"

船上的旅客在惊慌失措中涌上了救生艇甲板，秩序极为混乱，因为船身急速倾斜，只有右舷的救生艇可以使用。18 分钟后，"卢西塔尼亚"号带着它的 1198 名乘客和船员沉入了大海，不过比起两年前沉没的"泰坦尼克"号，幸运的是那些还来得及弃船的乘客被迅速赶来的爱尔兰渔船救了起来，不至于在海水中冻死。英国"卢西塔尼亚"号客轮被击沉，至少有124名美国人丧生，威尔逊总统在给柏林的一份严厉照会中，抨击这次击沉是违反国际法和对人类的犯罪，他强调指出，美国为了保卫中立国的国民为非军事问题到他们乐于去的任何地方旅行的权利，"不会省略任何言论或行动"。美国提出，中立国人员有权利乘坐中立国船只或交战国船只，要德国保证不再发生袭击运载非战斗人员的商船的事件。

没有什么行动像击沉"卢西塔尼亚"号那样激怒美国舆论的了，在1198名牺牲者中，有291名妇女，94名婴孩和儿童。美国和英国的舆论纷纷指责这是一场残酷的谋杀，是一种"海盗行为"。德国对这次事件做出了反应，指出报纸上曾刊登过广告，警告中立人员不要乘坐参战国的船只。德国政府还争辩说，"卢西塔尼亚"号装有运给英国的军火，否则不会这么快沉没，而英国对此予以否定，美国国内"立刻对德国宣战"的呼声甚嚣尘上，德国迫于舆论谴责的压力，只好宣布取消对客船和中立国船只的无限制潜艇战。美国此时和英国站在一起，对这场惨剧做出激烈的反应，但是，经过查实，"卢西塔尼亚"号上的确携带有弹药等违禁货物，等于是交战国的军火船行驶在交战海域，且有德国人的事先警告，无论怎么说击沉它也没什么不应该的，所以，美国没有因此对德国宣战。事发之后，反德偏见迅即传播在整个英国，人群打破了为德国人所有的店铺的橱窗，捣毁了店里的东西，警察则饶有兴致地在旁边看着，德国出生的人被从伦敦交易所和国内其他地方的交易所驱逐出来，政府清查了已经登记的1.9万名敌侨，并把年龄在17～45岁之间的所有德国男人都拘留起来。

美国国务卿布莱恩担心威尔逊措辞如此严厉的照会的潜在后果，试图在双方之间一碗水端平。但在威尔逊政府中，布莱恩其实形单影只。布莱恩提醒威尔逊，调查的结果发现，那艘船上有5000箱军火，他也提到了一项德国接受、英国拒绝的协议：德国将以停止潜艇战来换取英国取消饥饿封锁。他针锋相对地点到了威尔逊的双重标准："如果没有人反对饿死一个国家，那么为什么对淹死几个人却大惊小怪呢？""卢西塔尼亚"号灾难过去几个月了，威尔逊一直对德国政府施加外交压力，其过分的程度，让许多的美国人大为吃惊，华盛顿州的参议员韦斯利·琼斯恳求总统"处事谨慎，戒急用忍，不要逼人太甚，要着眼于全体人民的利益，不必为几个不计后果、缺乏考虑的人而忽视大局，是他们自己坚持要在交战国的船上旅行，就应该自担风险"。在"卢西塔尼亚"号被击沉事件中，德国人的所作所为且不去说它，至少英国政府是有责任的，它已经被提前得到过警告，为什么还要把通过战争区域的船票卖给大家？其实"卢西塔尼亚"号的沉没正中了英国人和美国人的下怀，用丘吉尔的话来说，这才是"善莫大焉"，这是英国人的计划，也是美国人的目的，当德国在这之后又击沉了几艘美国船只，威尔逊便以潜艇战是"对全人类的作战"为由对德宣战。

五、"苏塞克斯号承诺"——美国人有在战场漫步的权利

1916年的战况给了包括德国在内的每一个交战国更大的压力，英国对德国的封锁也日渐严密，德军在凡尔登耗尽法国元气的计划落了空，加上在索姆河与英军的惨烈会战，大大消耗了德国的军事实力。很多人怀疑德国是否经得起又一年的消耗战，到1916年8月，德国政府和最高指挥部又开始重新审议无限制潜艇战的问题了。到1917年1月，德国的情况越来越艰难，饥饿封锁让平民付出了可怕的代价，德国军方设法游说民间领袖人物相信，实行无限制潜艇战是必要的，即使这意味着与美国开战，他们相信，德国能够击沉足够多的敌船，等到美国把远征军派到欧洲的时候，德国已经胜券在握了。德国海军参谋部认为，只要有足够的潜艇，就能够封锁英国的贸易，最终逼迫它求和。德国建造潜艇的速度大大加快了，但是德国最大的顾虑是美国可能因此对德宣战，如果美国参战，形势对德国将十分不利。但德国人选择了冒险，因为此时的德国除了潜艇这张牌已无其他牌可打了。

"卢西塔尼亚"号灾难之后，德国政府已经在私下里决定，放弃向客轮开火的做法。但是，1916年3月，一艘德国潜艇抗命行事，不予警告，即向法国轮船"苏塞克斯"号开火，致死大约80人。船上25个美国人中有3人受伤，这艘船没有客轮的那种常用的标志，它漆成黑色，其船桥看起来像是军舰的舰桥。德国艇长发现它在英国海军部为客轮指定的航线之外航行，疑心它是一条布雷船，接着就向目标发射了一枚鱼雷。沉船上的伤亡人员中有3名美国人，这使威尔逊总统

在4月18日威胁说要与德国断绝外交关系。德国政府5月4日做出答复，以"苏塞克斯"号发誓，保证今后潜艇对商船的袭击一定严格按照"捕获法"的规定，为了旅客与船员的安全，在击沉船只之前要先进行调查、搜查并采取预防措施。

威尔逊坚持要求德国潜艇在攻击武装的商船之前发出警告，这连美国的国务卿兰辛都觉得可笑，因为潜艇发出警告，不过是给了武装商船把自己击沉的机会。德国政府指望威尔逊对英国施加压力，让他们放弃饥饿封锁，允许食品运送到德国，不过叫人吃惊的是，威尔逊接受了承诺，拒绝了条件，因为他认为美国的中立权是绝对的，是不可剥夺的，他逼迫一个交战国严格为违背国际法的行为负责，而对另一交战国的行为不闻不问。"捕获法"原本是适用于战舰对商船的，而这时英国的商船上都已安装了大炮，并已受命向德国潜艇开火，实际上无异于战舰，并且在对等作战中的力量已超过潜艇，所以当无限制潜艇战的狂热鼓吹者、舰队司令舍尔接到这一命令时，认为要按"捕获法"办事，潜艇战就不可能胜利，于是就把他的北海潜艇支队从西部水域召了回来，不允许它们执行登船搜查的任务，并宣布针对英国商船的潜艇战已经结束。

威尔逊这位中立国的总统，在得到了德国的保证后，便打破了美国此前的全部传统，号召为商船配备美国海军的大炮和海军士兵，并指示他们：凡是遇到冒头的德国潜艇，即行开火。得了这样的指示，美国商船便大摇大摆地驶往战争区域了。丘吉尔写道："德国人从来不明白，将来也永远不会理解，其敌对国和中立世界是怎样怀着恐怖和义愤看待潜艇攻击的。任意将中立国船只击沉是令人深恶痛绝的行为，而将其击沉又不为船员提供安全，任由他们在救生艇上自生自灭或溺毙海中，这在所有航海国家看来都是令人憎恶的行为，除了海盗，迄今绝没有人蓄意这样做。"这说得很是冠冕堂皇，只是不知道，在战场上如果有中立国的人为德军送军火是否英国人出于"人道"就不开火了呢？当它轰炸一个城市时是不是因为这个城市有无辜的妇孺而不开炮呢？

1917年2月1日，无限制潜艇战重新开始，德国开始潜艇战的两天之后，威尔逊总统正如他一年前警告的那样，断绝了与德国的外交关系。其实威尔逊总统对此的解释还是比较诚实的，他说道："作为一个参战国的领导人，在和平会议的台面上，美国总统会有一个座位，但是如果他仍然是一个中立国的代表，他最多只能隔着门缝喊。"在恢复无限制潜艇战后的第一个月内，德国潜艇击沉了至少 500 艘船只，东大西洋和北海的中立国船运量因此减少了 75%，尽管潜艇里的条件非常恶劣，但德军艇员的士气还是随着每一次胜利而高涨，一些德国潜艇取得了令人瞠目结舌的战绩，等他们凯旋回到基地，就成了民族英雄。

第十一章　东征西讨

——英国的两线作战

一、获得诺贝尔化学奖的战犯——弗里茨·哈伯

弗里茨·哈伯，在化学发展史上，他是一位杰出的化学家，虽早已长眠地下，却给世人留下了关于他的功过是非的激烈争论。他就是20世纪初闻名世界的德国物理化学家、人工合成氨的发明者。赞扬哈伯的人说，他是天使，为人类带来丰收和喜悦，是用空气制造面包的圣人；诅咒他的人说，他是魔鬼，给人类带来灾难、痛苦和死亡。两种结论，针锋相对，却又同指一人。

1919年，瑞典科学院考虑到哈伯发明的合成氨已经在全球的经济发展中显示出巨大的作用，经过慎重研究，正式决定颁发给哈伯1918年度唯一的诺贝尔化学奖。消息传出，立即在全世界引起一场轩然大波。这个消息尤其令英法两国的科学家感到激愤，因为在他们眼里，哈伯是个战争魔鬼。但瑞典皇家科学院更看重科学本身，他们认为哈伯获奖当之无愧，理由是他在9年前发明的工业化合成氨法，使人类从此摆脱了依靠天然氮肥的被动局面，这使哈伯成为一个可能解救世界粮食危机的科学天使。

弗里茨·哈伯，德国化学家，出生在德国西里西亚布雷斯劳的一个犹太人家庭，从小就对化学工业有浓厚的兴趣。高中毕业后，哈伯先后到柏林、海德堡、苏黎世上大学。上学期间，他还在几个工厂中实习，得到了许多实践的经验。他喜爱德国"农业化学之父"李比希的伟大职业——化工业。读大学期间，哈伯在柏林大学霍夫曼教授的指导下，写了一篇关于有机化学的论文，并因此获得博士学位，当时

他年仅 23 岁。1894 年起，哈伯在卡尔斯鲁厄工业大学任教。

19 世纪末，一些有远见的化学家指出：考虑到将来的粮食问题，为了使子孙后代免于饥饿，我们必须寄希望于科学家能实现大气固氮。因此将空气中丰富的氮固定下来并转化为可被利用的形式，在 20 世纪初成为一项受到众多科学家注目和关切的重大课题，哈伯就是从事合成氨的工艺条件试验和理论研究的化学家之一。在合成氨发明之前，农作物所需要的氨肥主要来自粪便、花生饼、豆饼等，这限制了农业生产的发展。为此，许多科学家进行了不懈的探索和研究，150 年过去了，仍然没能实现氨的合成。1906 年，哈伯获得了浓度为 8% 的氨，这无疑是一个具有历史意义的突破。1909 年，哈伯的改进生产流程专利权被德国巴登苯胺纯碱公司买到，该公司于 1911 年正式建造了世界上第一座合成氨工厂，很快达到日产 30 万吨的设计水平。日产 30 万吨的合成氨工厂建成并投产，从此合成氨成为化学工业中发展较快、十分活跃的一个部分。合成氨生产方法的创立不仅开辟了获取固定氮的途径，更重要的是这一生产工艺的实现对整个化学工业的发展产生了重大的影响。鉴于合成氨工业生产的实现和它的研究对化学理论发展的推动，决定把诺贝尔化学奖授予哈伯是正确的，哈伯接受此奖也是当之无愧的。

1914 年，第一次世界大战全面爆发，欧洲的科学家都不同程度地卷入了战争，哈伯也很快变成了一个狂热的民族主义者。民族沙文主义激起的盲目爱国热情，冲昏了威廉物理化学及电化学研究所所长哈伯的头脑，他把自己的实验室变成了为战争服务的军事机构，并担任德国毒气战的科学负责人。这个 46 岁的科学家，不仅专门为部队派遣科研人员，还亲临前线选定氯气部队的驻扎地点。1915 年，在哈伯的建议下，德军首次在战场上使用氯气，并有效地打击了敌人。1915 年 4 月，哈伯指挥德军在伊普雷前线施放氯气，造成联军两万余人的伤亡，首次大规模化学战取得了成功。在第一次世界大战中，将近有 130 万人受到化学毒气的伤害，其中 9 万多人死亡，哈伯及其进行的化学战受到了世界爱好和平的科学家和各国人民的强烈谴责，当然，谴责归谴责，英军随后也开始大放毒气。毒气战最终并没有给德国人带来胜利，却让哈伯陷入了众叛亲离的境地。哈伯的妻子克拉克也是化学博士，很清楚毒气的危害，当她恳求丈夫放弃这种惨无人道的武器时，丈夫没听她的劝告，还声称毒气是"尽快结束战争的人道武器"。哈伯认为，作为战争工具的毒气，并不比"天上飞的弹体"更残忍。在第一次世界大战中，德国受到英国的严密封锁，物质奇缺，是哈伯利用合成氨技术生产了化肥，从而解决了德国的饥荒问题；他利用氨的氧化生产了军事上不可缺少的硝铵炸药，解决了德军的军火问题。正如战后有些军事家指出的那样，如果德国没有哈伯，战争恐怕早就结束了，因为哈伯给德国提供了粮食，提供了军火。

1919 年第一次世界大战以德国失败而告终，在战后的一段时间里，哈伯曾设计了一种从海水中提取黄金的方案，希望能借此来支付协约国所要求的巨额战争赔款。遗憾的是海水中的含金量远比当时人们想象的要少得多，他的努力只能付诸东流。此后，通过对战争的反省，他把全部精力都投入到科学研究中。在他卓有成效的领导下，威廉物理化学研究所成为世界上化学研究的学术中心之一。1920 年，哈伯的名字被从战犯名单里剔除，瑞典皇家科学院为他举行了迟到的授奖仪式。哈伯也对自己曾经的行为进行了深刻反思，并将全部奖金捐献给了慈善组织，以表达自己内心的愧疚。在他的领导下，威廉物理化学及电化学研究所成了一个独立自主的研究机构，甚至一度成为世界著名的化学研究中心。哈伯曾经做过的那些不光彩的往事，也渐渐开始被国际同行们谅解，不过，哈伯此时却遭到来自国内的打击。1933 年，希特勒篡夺了德国的政权，建立了法西斯统治后，开始推行以消灭"犹太科学"为己任的所谓"雅利安科学"的闹剧。尽管哈伯是著名的科学家，但是因为他是犹太人，和其他犹太人同样遭到残酷的迫害。法西斯当局命令在科学和教育部门解雇一切犹太人。弗里茨·哈伯被改名为犹太人哈伯，他所领导的威廉研究所也被改组。这令哈伯忍无可忍，1933 年 4 月 30 日，他发表了一份反对种族政策的声明，但这份声明丝毫没有改变他的处境，在纳粹政权的迫害下，这个深爱着祖国的人，不得不流亡国外，不久因心脏病突发死在流亡的路上。他留在身后的则是两张并现的脸庞：一张是奠定现代氨肥工业基础的科学天使，一张是开毒气战先河的战争魔鬼。其实对哈伯的战争指责是站不住脚的，人类的哪项发明没有用于战争？它们所造成的伤亡又有哪个比这位化学家造成的伤亡小？如果说使用了毒气就是魔鬼，那么英法就没使用吗？

他们所用的毒气就不是他们的科学家研制的吗？当然，在有了《日内瓦公约》以后，再使用毒气那就是另一回事了。

二、化学武器登场——毒气弥漫的伊普雷

伊普雷，是比利时东部的一个小城市，使这个小城市名扬欧洲的是第一次世界大战，在"一战"中，这个小镇共发生了三次著名的大战，交战双方此伤亡人数达 50 万之众，特别是毒气的首次投入战场，更是使这个地方从此载入史册。

1914 年 10 月中旬"奔向大海"战役结束，德军占领安特卫普后，英法军队退守伊普雷一线，德第四集团军乘胜追击，德军计划攻占英军据守的伊普雷突出部，为占领沿海港口开辟通路。10 月底，德第四集团军在韦尔菲克至德勒蒙地带展开，向伊普雷东南的英军阵地发起猛攻，突破英军第一道防线，英军伤亡惨重，固守待援。随即在法军的支援下，英军重新建立了防御阵地，双方就此展开了拉锯战，德军连续三个星期集中一切力量对英军的防线进行狂轰滥炸，由于求胜心切，德军一度派出未经严格训练的年轻志愿者投入战斗。这些缺乏经验的志愿军在机枪和自动步枪交织的火线中成片倒下，死伤惨重。后来德国人把第一次伊普雷战役称为对无辜者的大屠杀。到年底，双方各自损失十余万人，从此，西线从瑞士边境至加来海峡形成一条绵亘的战线，进入了阵地战阶段。

1915 年 4 月的一天清晨，微风习习，不胜凉爽，只见在德军的战线上升起了一道一人多高的黄绿色的烟墙，这道烟墙随着风向，缓缓地飘向英法联军阵地。烟中带着一股刺鼻的怪味，英法士兵们被呛得喘不过气来，眼睛痛得睁不开，喉咙像被火烫了似的，英法守军顿时一阵大乱，阵线迅速崩溃，跟在烟云后面的德军戴着简易防毒面具冲了过来，未遭任何抵抗，一举突破了英法联军防线。原来，德军此次战役目的是试验一种秘密武器——氯气，并掩护部队向东线调动，这是人类战争史上第一次出现的毒气战（当然，在这之前的东线战场德军曾对俄军使用过一次，只是那次由于气候的原因没产生什么效果，因而并未引起俄军的注意）。这一次，德第四集团军向伊普雷突出部的英第五军、法第二十军阵地连续施放了 6000 罐共 18 万千克的氯气，

造成了英法联军 1.5 万人中毒，其中 5000 人死亡，导致英法军防守的战线正面 10 公里、纵深 7 公里的地带无人防守，德第二十六军冲向缺口，迅速占领朗厄马克和皮尔克姆，并向伊普雷－科米讷运河推进。然而，德军并没有准备利用这一突破，而且因为在东线的集结，德军亦没有可使用的预备兵力。英军第二军团就地实施反攻，经激烈而艰苦的战斗终于阻止了德军的进攻。这次战役中，德军伤亡约 3.5 万人，而协约国方面为 7 万人。4 月 25 日清晨，德军再次施放毒气，绿色的毒雾贴着地面飘向协约国阵地，加拿大士兵经历了英法士兵同样的遭遇。

这次"毒袭"的发明者是德国化学家弗里茨·哈伯，氯气的比重大过空气，它能与人体中的水反应生成盐酸，因此造成对人体的伤害。大量的氯气可以使人致死，但是它很容易通过眼睛和鼻子察觉到，不过暴露在氯气中的士兵，即使大难不死，肺部也要受到永久性的损伤。德军的毒气袭击激怒了英国，5 月 26 日，英军指挥部也下达了毒气袭击的命令，英军士兵打开了毒气钢瓶，氯气施放了出来，德军对化学战没有准备，不少德军士兵中毒倒下，幸存者也丧失了战斗力，成为英军俘虏，从此化学战成为"一战"中的一种战争样式。英国人反应这么迅速，可见对此种武器也是早有准备的，只不过让德国人把首先使用毒气的恶名背上，弗里茨·哈伯也因此被科学界的许多人称为"恶魔"，尽管他对人类也做出了巨大的贡献——从空气中合成了氮，等于是把空气变成了面包。

1917 年 3 月，俄国"二月革命"爆发后，英法联军担心德国乘机向西线调兵，决定在伊普雷地区先发制人，经过长时间准备之后发起了第三次伊普雷战役。战役于 7 月底开始，英军集中 3300 多门火炮做猛烈炮火轰击准备，并大量施放毒气。德第四集团军组织"弹性防御"，把主力部署在纵深相机反击，迫使联军每前进一步都需要付出重大代价，德军的新战术和恶劣气候再次迟滞了联军的进攻，双方再次恢复成相持状态。绵绵不断的秋雨也开始了，倾盆大雨持续了两个星期，佛兰德斯平原本是一片沼泽地，加上多年炮弹的猛烈轰炸，此时遇上大雨，已变成了一大片可怕的烂泥坑，泥淖深得足以淹死人，疲倦的士兵们在隔泥板铺成的狭窄小道上蹒跚而行，一头扎进炮弹坑的伤员就有被淹死的危险，从小道上滑倒的骡马往往淹死在路边的炮弹坑里。面对着这片泥淖，英法联军不得不停止进攻的脚步，德军就利用这一间歇来加强了自己的防御。8 月 16 日，协约国的进攻重新开始，兰格马克被攻占。由于道路泥泞不堪，黑格不得不再次中断攻势，尽管如此，他仍希望能进一步巩固胜利果实。英军工兵利用夜色掩护，用厚木板和原木在"泥海"上筑路，但到了白天便被德军发现并遭炮轰，这些道路不得不筑了一次又一次。

从 1914 年到 1917 年，双方在伊普雷进行了三次大的战役，双方都大量使用毒气，总共死伤 50 多万人。最初释放毒气的方法是在风向合适的时候将装着毒气的气罐打开，很显然，如果风向判断错误，这种方法就没有用了，再加上气罐一般都位于战壕前方，敌军的炮击很可能击碎它们，所以在实战中使用起来很不方便。在后来的战斗中，毒气改由火炮或迫击炮来释放，在那时的炮弹中，大部分都安装了毒气。1917 年，德军使用了具有糜烂作用的芥子气炮弹，伊普雷的上空，再一次飘起了可怕的毒雾，这是一种能引起人体生脓疱的烈性化学武器，它同泥水混合后可在施放后很长时间内保持持久的杀伤力。据统计，在第一次世界大战中，交战国都使用了化学武器，其种类达 45 种之多，毒剂量达 13 万吨。毒气攻击的显赫战果引起了交战各国的极大重视，从此，一些国家竞相研制化学武器，并开始了化学武器与防化器材之间的角逐。由于交战双方使用毒剂酣战不休，使得德国未能有效地将西线军队调往东线对付俄国。双方在伊普雷共用了毒剂 12 万吨，中毒总人数达 130 多万人，死亡 9 万人。德国的美梦破灭了，法英等国也大伤元气。

三、"装甲战之父"——富勒

约翰·弗雷德里克·查尔斯·富勒，英国军事理论家。在第一次世界大战中历任坦克部队参谋长、参谋学院主任教官、英军总参谋长助理、野战旅旅长，获少将军衔。他一生著述颇多，涉及的军事领域也十分广泛，先后研究过步兵战术、机械化战争理论、国际政治和国家防务，以及军事历史等。不过他最重要的理论贡献还是在机械化战争论方面，著有《西洋世界军事史》《装甲战》等 30 余种军事著作。

富勒出生在一个牧师家庭，在他 18 岁的时候，他的父亲给他搞到了一个皇家军事学院的入学考试名额。富勒虽然顺利通过了学院的考试，但是并不能取得学院的后备军官学生资格，因为他在身高、体重等方面都未能达到学校的要求。已经 19 岁的富勒当时身高才 1.63 米，体重也只有 51 千克，学院虽然允许富勒参加课程学习，但要求他必须在学业结束前达到相关要求，否则将取消他的候补军官资格。作为世界海军第一强国的英国，对陆军并不很重视，当时的皇家军事学院只是培养军队贵族阶层的休闲场所，其专业只分为步兵和骑兵，战术指导思想都如此落后，更不用提战略了。对这一点，富勒在他的回忆录中深有抱怨。在学院学习期间，富勒先后发表了多篇论文，更重要的是，他系统阅读了关于拿破仑战争的大量著作，产生了深刻印象。他的母亲劝他多与同学交往，他回答道："读书才是最好的社会活动，否则人与哇哇乱叫的猿猴和火鸡也就没有差别了。"富勒开始以系统深刻的哲学思想为骨架，以从拿破仑那里演绎来的理论为砖石，构建自己的军事思想的大厦。

富勒与英国后来的首相丘吉尔的共同点是都热衷历史、军事，都善于执笔，都长期为报纸做专栏记者，不同者在于，富勒虽然有着与拿破仑同样矮小的身材和高超的军事天才，但却仕途不走运，而丘吉尔当时虽然在军事上毫无建树，仕途却一帆风顺，最后还成了挽大英帝国于既倒的英雄。1914 年，富勒参加了"一战"，1916 年 2 月，他发表了《从 1914~1915 年的战役看作战原则》，对英军陈旧的《野战条令》进行猛烈抨击，并提出了自己的纵深突破理论以及八条作战原则。这篇文章意味着富勒已经不再局限于眼前的事务，开始对整个战争规律和未来陆军发展方向进行探索。1916 年 7 月，他被任命为第三集团军副参谋长，随着战争进程的发展，他的突破思想开始深入人心。现在的问题就是找到一种可以胜任这种重大军事变革的武器。8 月 20日，富勒看到了英军的新式武器坦克，他兴奋地叫喊起来："坦克——就是它！"从此，他和这个铁皮怪物结下了不解之缘。

在第一次世界大战中，内燃机的出现，导致飞机的发明和摩托化车辆的使用，它引起战略战术的改变，在汽车的基础上逐步发展了装甲车，进而又发展了履带装甲车和坦克。富勒敏锐地看到，装甲车的投入使用，使各国军队在战略战术、组织编制、军队指挥等方面，面临着陆战史上规模最大的一次革命，必将引起战争形式的全面改变，坦克的出现正是一种可以胜任这种重大军事变革的武器。通过对索姆河战役的观察和总结，他全面分析了坦克在战争中使用的利弊，研究坦克运用的方法。他一再在文章中指出，坦克的使用必须贯彻集中的原则，要大量地集中使用在重要地区和主要方向上。同年，他担任了新组建的坦克部队副参谋长。1917 年 2 月，他撰写和颁布了《第十六号训练要则》，形成了比较系统完整的坦克作战理论体系。这时的富勒虽然还认为坦克的主要任务是支援步兵战斗，但是他已朦胧地意识到，坦克完全可以独立执行突击敌人纵深的任务。富勒提出，为了适应机械化战争的需要，英国应组建一支小型的机械化部队，这支军队必须具有快速机动能力，应像救火机那样在火灾未发生前就能迅速予以扑灭。富勒设想，新型的机械化部队应由两种坦克部队组成：一种是装备机动战斗车辆的具有进攻能力的坦克部队，另一种是装备车载的反坦克武器的具有防御能力的反坦克部队。

在"一战"中富勒亲历过多次战斗，他参与指挥的康布雷战役是人类军事史上第一次真正意义上的大规模坦克突袭战，也是富勒关于坦克集中突破理论在实际中的应用，此战英军出动了 381 辆坦克，对绵延 10 公里的德军防线发动了大规模突击，连续突破 4 层堑壕障碍，纵深 7 公里，缴获 100 门火炮，俘虏 4000 名德军，英军只损失了 1500 人。此役为富勒奠定了军事权威的地位，也标志着装甲坦克战时代的到来。战役结束后，英国伦敦所有教堂钟声齐鸣以庆祝这场重大胜利，德国陆军司令兴登堡在总结中写道："英国在康布雷战役的进攻第一次揭示了用坦克进行大规模奇袭的可能。"富勒最引人注目之处就是他对装甲战的倡导和装甲突击理论的研究，他是真正意义上的装甲理论的先驱和装甲部队的创始人，由他主要参与制定的《1919 年计划》就足以使他立于"装甲战之父"的声名之上。他一生最大的贡献不仅仅在于他创立了一整套的装甲战战略和战术指导思想，更在于他通过对装甲机动运用于战争的理论的阐释引入了一种全新的战略视角。

1918 年，富勒被调到英军总参谋部主管坦克部门的工作，当时他已经 40 岁了，却还只扛着一副中校肩章。在总参谋部，中校无疑是低级军官，与富勒资历相同的，有些比他年龄小却已经升为少将，而以当时富勒的经验、能力和资历，已经具备了少将的资格。富勒的代表作《装甲战》一书于 1932 年首次出版时，几乎无人问津。但随着战争的发展，尤其是经历战争实践的检验后，其理论价值逐渐为人们所了解和认识。在 20 世纪 40 年代前期，《装甲战》被苏联军队当作军官的"日常读物"。在德国，古德里安、隆美尔等著名将领都将之视为战争"圣经"。在英、美等国，不仅把它作为准则使用，而且把它视为一种具有明显实用价值的论述战争的文件。在此书出版十年后，西方军界对其评论道，"如果今天要求他根据过去十年所取得的经验全面修改这本'讲义'，那么不会有大量或重大的修改，只需做一些文字修改和增加一些注释，以适应现时的需要。"要知道这个评价做出的时间是 1942 年，是德军以闪电战横扫欧洲大陆两年之后。作为一个军事理论家，在战略思想领域的贡献正是衡量他的标准。因此，富勒能在 20 世纪乃至整个军事思想史上立于显赫的位置，也离不开他在战略思想领域的突出成就，其《装甲战》和《战争指导》，已被公认为不朽的杰作。

英国陆军司令部曾考虑过让富勒出任旅长，这是一个可以提升为少将的职务，但当时总参谋部出于富勒在坦克战方面的理论建树和丰富实践经验的考虑，也准备让他出任总参谋部主管坦克的参谋。一个参谋想要提升到少将几乎是不可能的，但富勒斟酌再三，还是选择了后者。因为他很清楚，研究装甲战理论，从事军事历史的钻研，才是他一生要为之奋斗的事业。在《1919 年计划》中，富勒首次描述了坦克和飞机协同作战的构想，强调了飞机在保持制空权的同时协同坦克打击地面目标。这一计划准确地预见了未来战争的特点，系统描述了新的作战形式。富勒认为地面机械化与空中摩托化是密切相关的，事实上，坦克和飞机是相辅相成的，并推断出在未来战场上坦克与飞机的协同将比步坦协同更为重要。这一观点标志着富勒军事思想的形成和机械化战争理论的基本成熟。"一战"后富勒许多著作都可以看作对《1919 年计划》的丰富和完善，"二战"后西方军事专家一致认定《1919 年计划》是"一份战争史上的经典文件"。

在亲身经历第一次世界大战后，富勒对这次大战中守旧的军事思想及传统展开了猛烈的抨击，创造性地提出了以装甲部队纵深突破造成敌人战略瘫痪为核心的一整套现代战争理论，并深刻地影响和作用于第二次世界大战。此外，他以深厚的哲学底蕴，把军事作为艺术和科学的统一体加以深入研究，在军事史和军事理论方面做出了划时代的贡献。由于对机械化部队地位的看法和上级发生冲突，富勒提出了辞职，1933 年 12 月，郁郁不得志的富勒以少将军衔退出现役。在他的

《装甲战》出版时，英国几乎无人问津，而德国却将这本书翻译为德文，装甲部队军官人手一册，1936年，当古德里安指挥第二装甲师在演习场上实践《装甲战》思想的时候，专程把已经退役的富勒奉为上宾，可以想见，当时这位"坦克战之父"的心情一定是交织着幸福和悲哀。

四、第一次装甲集群突击——康布雷坦克战

坦克在索姆河战役的意外成功，启发了历史上第一支坦克部队的参谋长富勒，1917年8月，富勒提出以坦克为集团展开奇袭的坦克战新思路。但是，富勒的理论没有受到英国军方的重视，1917年9月，法比边境面临德军强大的压力，英国第三集团军司令朱利安·宾奉命发动一次进攻，把德军从法比边境引开，富勒的坦克战新思路一提出就遭到了上级的否决，但是宾将军采纳了富勒的建议，决定动用装甲部队，发起一次坦克战。1917年11月，对坦克的优点十分确信的富勒决定把所有坦克集中在一起，利用康布雷的坚实地面发动一场大规模进攻，这场进攻起初设想为大炮进攻，却另有人提议，坦克亮相背后的主要目的就是当作铁丝网清理器来使用，这样炮兵就无须承担这一工作重任。如果要追击敌军，它便成为追击的骑兵。不管事实如何，坦克指挥官肯定热切希望战争能真正证明它们的价值。

由于当时的坦克在泥沼中行进困难，富勒开始寻找能大量部署坦克的干燥战场，他找到了康布雷。康布雷位于法国西北部，南面的土地开阔平坦，地形非常适合坦克机动。而且德军在康布雷的兵力不到两个团。为了达到奇袭的效果，直到康布雷战役开始前两个星期，军队才开始集结。直到攻击开始前两天，士兵还不知道要使用坦克。英军的保密工作让德军对此一无所知。英军首次大规模使用坦克，对德军发动进攻，根据战役意图，英国第三加强集团军，不经炮火准备，在步兵、航空兵和炮兵的协同下，在长达12公里的正面上以坦克突击突破德第二集团军的防御，占领康布雷，向瓦朗谢讷发起进攻。为了取得最出人意料的效果，英军没有使用通常的毁灭性掩护炮火。

11月20日上午，坦克出发了，薄雾掩护着它们前进，渐次性掩护炮火落在它们面前。担任防御的几个师在德军中属于战斗力最差的"二流"部队，又无可投入使用的后备队，大多数德国士兵因这些叮当作

响的庞然大物的逼近而深感不安，随后纷纷逃离战壕，因此阵地很快丢失，仅在 10 个小时之内，前线军队便向前推进了 8 公里，德军伤亡近 5000 人，英国坦克及其支援的步兵所夺取的地方，超过他们在三个月的帕森达勒进攻战中的收获。

在康布雷战役中，英军采用了坦克突破堑壕的新战术。坦克以三辆为一个战斗单元，第一辆坦克突破德军的铁丝网工事后，并不急于突破堑壕，而是迅速转向，平行于堑壕机动，以侧面的机枪为后继坦克做掩护；接着，第二辆坦克沿着第一辆坦克开辟的道路进入第一道堑壕和第二道堑壕的中间地带，对两边的敌军进行射击，随后，第三辆坦克也如法炮制，对第三道堑壕里的德军进行攻击。英军坦克和步兵的突然冲击使德军军心瓦解，11 时 30 分，英军占领了德军第一、第二阵地；16 时占领了德军第三阵地。

英军在全线向纵深推进了 10 公里，只有居民点弗莱斯克耶尔没有占领，因为英军坦克在那里遭到了德军密集炮火的阻拦。进攻的头一天，英军实际上已突破德军防御，仅用 378 辆坦克和 4000 名坦克兵抵抗 6 个步兵师，并使得敌军付出约 5000 人伤亡的沉痛代价，同时还俘虏 8000 多人，缴获 100 门火炮和 350 挺机枪，但由于在组织坦克与步兵协同方面有不少缺点，英军未能扩大战果。由于英军后续部队的缺乏，进行防御的各种准备也大为不足。结果不到一周，康布雷附近的英军阵地便遭到德军的凶猛反击，德军第一次采用鲁登道夫及其参谋人员制定的新的进攻方案，很快把英国人赶回到发起进攻前的地方。

富勒的坦克战新思路虽然一提出就遭到了上级的否决，但事实证明富勒是对的，康布雷战役是一次成功的坦克战，坦克战术第一次出现在战场上，步兵与坦克协同的战术也第一次出现在战场上。康布雷战役是坦克战走向成熟的一个标志，坦克作为陆战之王的王者之风开始在康布雷显现。11 月末到 12 月初，德军对敌方近 12 个步兵师、1700 多门火炮和 1000 多架飞机构成的突出部实施反突击，反突击之前，进行短促的炮火准备，结果德军收复大部分失地，俘虏约 9000 人，缴获 716 挺机枪、148 门火炮和 100 辆坦克。英军将 73 辆坦克投入战斗，才得以制止敌人的反突击和推进。

12 月的第一周，暴风雪阻止了所有军事行动。两周来的战斗使英军伤亡了 4.5 万人，德军损失的人员大致相同。有 1.1 万多名德军被俘，英军被俘的约 9000 人。最重要的是，坦克在康布雷的战略部署表明，适当使用充分数量的机动装甲车辆能够转变战斗形势。事实上，坦克在康布雷战役中所发挥的作用受到人们的普遍看好。但协约国军队最高指挥部在 1918 年却没有再继续采用大型坦克进攻，也就是说，真正的坦克时代尚未来临。

英军以最小的伤亡取得令人震惊的胜利，坦克成了战争之神，虽然它在战场上的作用毕竟有限。但英国人完全能够以坦克的火力作为取胜的关键，发动一两场大规模进攻。遗憾的是，英国远征军中的高层指挥人员没有真正认识到这种武器的潜在威力，因而黑格只是小批量地使用坦克，或者通常将它作为攻坚战的接应，完全依附于炮兵和步兵的协同配合。

对德国的溃败，鲁登道夫最初的反应是慌乱，但他不久就充分恢复过来，命令援军急速开往这个防区。后来他说，新武器"是够讨厌的，但不是决定性的"。

兴登堡有一个更为清醒的评价，他写道："英国在康布雷的进攻第一次揭示了用坦克进行大规模奇袭的可能性，它们能够越过我们未遭破坏的堑壕和障碍物，这不能不对我们部队有显著的影响，在康布雷战役中，双方的有生力量和技术装备都受到巨大损失，并且未分胜负。"康布雷战役是大规模使用坦克的第一个范例，对于军事学术的发展有重大影响。步兵与坦克协同动作原则和对坦克防御原则的形成，均与这次战役有着密切的联系，这次战役被后人公认为是协同战术形成的重要实战标志！

第十二章　决定命运的一年

——战争的转折

一、加拿大远征军的荣誉之战——维米岭大捷

1914 年 9 月末，3 万加拿大远征军从魁北克城上船出发，经过短暂训练，被派往法国前线。整整两年，士兵们在堑壕战中拼杀，看着同伴死于冷枪、疾病、毒气，在机枪弹雨中倒下。1916 年 7 月，在阿拉斯南边的索蒙，因为英军总部黑格将军的瞎指挥，协约国军队一天内伤亡近 5.7 万人。纽芬兰团一次冲锋，军官全部损失，几乎全团覆灭。索蒙之败后，协约国在西线太需要一场像样的胜利了，于是把目标投向了法国阿拉斯市以北的维米岭。

维米岭是法国阿拉斯市以北维米镇附近的山岭，这个地方是德国在整个西部战线守卫得最好的。因为维米岭是高地，所以双方都认为这是一个军事战略重地。英国和法国都在 1915 年进攻维米岭，但结果都是以惨败告终。单法军方面，就有 15 万士兵阵亡。1917 年，协约国决定再次向维米岭进攻，此次执行进攻任务的是加拿大军。

1917 年 4 月 9 日，复活节的清晨，法国北部阿拉斯城外的维米岭上，大雪纷纷飘落。4 个师的加拿大步兵静静地等待着总攻的信号，冰冷的雪花让他们想起万里之遥的家乡和亲人，就在前一天，许多士兵写下了可能是他们最后的家信。士兵们脸上毫无表情，他们清楚面对的将是怎样的战斗，但心里的热血在燃烧，这是他们第一次为了年轻的加拿大的荣誉而战。在这之前，加拿大军在"一战"中几乎没什么表现，为了赢得此战的胜利，加军将其 4 个师调集来参与维米岭战役，并制定了良好的作战方案。加拿大军队在 2 日就开始用炮轰击德军的战线，

总共用了 100 多万发炮弹来轰击维米岭，此次轰击持续了一个星期，是在这次战役之前从未有过的。在复活节这一天，加拿大军队开始向德军的防线发起总攻，经过 3 天的激战，加拿大军队以伤亡 1.1 万的代价控制了整个维米岭，而德军方面大约有 2 万多名士兵阵亡，4000 余人被俘虏。

经过 4 天血战，西线最坚固、号称牢不可破的维米岭就此落入了协约国军队的手中，而维米岭之战缴获的武器和俘房数量都超过了之前所有的战役。这场战役是加拿大军队开战两年多以来的头一次大捷，整个战场为之震动。也是加拿大军队第一次作为国家武装整体出现在战场，来自全国各地的士兵们并肩作战，证明了他们拥有同样出色的军官、同样英勇的战士，能攻克最坚固的堡垒。此战役以后，加拿大军已经成为西线战场最强大的部队，在索姆河战役后，更是赢得了"先锋队"的声誉。战后法国政府把维米岭周围 1 平方公里的领土送给加拿大，以感谢其在此战役中的贡献和牺牲。

二、壮观的"地下城"——阿拉斯之战

1916 年，参战的任何一方都不存在真正的成功：凡尔登战役严重削弱了法国；英国在索姆河也没得到什么特别的好处；俄国国内陷入了革命的边缘。另一方面，奥匈帝国又承受了新的失败，德国也经历了几乎令其无法承受的巨大消耗。交战各方在精疲力竭之中就像一个个被揍晕了的拳击手，惶惑地走进了 1917 年，没有人看得出这场漫长的屠杀活动行将结束。从 1917 年 2 月起，鲁登道夫准备了一道正面大为压缩但组织严密的防御地带——兴登堡防线，又称齐格菲防御地带。该防线位于从阿拉斯到苏瓦松防线之后约 30 公里处，兴登堡对此表示赞赏，并决定撤到新的防线。缩短的防线用较少的师即可坚守，因此可以提供更多的机动预备队。在德军原来的防线和新的防御地带之间，田野荒芜，村庄和城镇被夷为平地，丛林被烧毁，水源被投毒，道路遭到破坏。实际的撤退从 2 月开始到 4 月结束，整个过程极为秘密。

为了为即将发动的尼韦尔攻势做准备，英军决定发起一场阿拉斯战役。1917 年伊始，阿拉斯又成为同盟国与协约国军队争夺的焦点，同盟国一旦夺占阿拉斯就等于洞开了巴黎的门户，整个法国便岌岌可

危。从1914年到1916年，阿拉斯几易其手，英法守军在一片废墟上加紧修建防御工事。与此同时，攻势凌厉的德军在小镇东部虎视眈眈，他们正在向这里集结重兵，最高统帅路德维希甚至已让人铸好了纪念碑，准备在破城之日将它安放于小镇的中心。

1917年4月9日复活节的清晨，在阿拉斯市以北维米镇附近的维米岭拉开了阿拉斯战役的序幕，参加战斗的加拿大4个师进行了为期数月的周密准备，对维米岭进行了为期一周的猛烈炮轰，霍恩指挥的英军第一军团与艾伦比指挥的英军第三军团，在猛烈的炮火准备和毒气攻击之后，一举突入法肯豪森指挥的德第六军团的防线之内，英军很快获得了空中优势。在战役开始的第一天，加拿大军队猛攻并夺取了维米岭山脊。高夫指挥英军第五军团在南面实施助攻，没能取得进展。经随后几天的战斗，英军的推进慢慢停了下来，虽然取得了战术胜利，但没能达成突破。

在经历了1916年索姆河战役的惨重伤亡后，英法联军得出了一条血的教训：跟装备精良、战术多变的德国步兵师硬碰硬，无异于大规模自杀！他们变更了作战策略，提前三个月在德国人的眼皮底下挖掘出了一条规模宏大的地下通道，复活节这一天，在猛烈的炮火打击和毒气攻击之后，随着英军第三突击师发起进攻信号，2.5万名英法联军从指定出口冲出地面，奇迹般地出现在德军的面前，向驻扎在阿拉斯的德军第二和第六步兵师发起突袭。紧接着，由霍恩指挥的英军第一军团与艾伦比指挥的英军第三军团，也一举突入德军第六军团的防线之内。

此时，经过4天血战，西线最坚固、号称牢不可破的维米岭已被加拿大军彻底攻占。此后，英法联军大获全胜，以1000多人的微小伤亡击溃了整个德军师团，成功将战线向前推进了十多公里，身后的巴黎从此安枕无忧。阿拉斯地道战也成为世界军事史上的经典战役，而维米岭之战也成为加拿大军队的荣誉之战。

第一次世界大战结束后，人们重建了阿拉斯小镇。为了纪念在此战役中做出英勇贡献的加拿大战士，法国政府将维米岭上的1平方公里的土地赠送给了加拿大，用以建造维米岭纪念碑，以纪念那些在此倒下的加拿大士兵。现在，属于加拿大的维米岭是个战争纪念博物馆，由退伍军人部管理。光阴荏苒，直至1990年，当地一个名叫阿兰·雅克的男子决心对神秘的阿拉斯"地下城"展开调查。起先，雅克发现了"布伦海姆"区域，在接下来的几年中，多片未知隧洞区逐渐浮现。当时的英法联军部队如何进驻地道，以及发起进攻的过程细节也被雅克一一整理出来。如今，阿拉斯小镇当年挖掘的规模宏大的地下城也在修复后改建为博物馆，向公众开放，以展示当年的战况。

三、"屠夫"引发的兵变——"尼韦尔攻势"

1916 年 10 月将终时，凡尔登之战看来要失败了，法军指挥官尼韦尔下令进行奇袭，德军措手不及，退出了早些时候他们攻占过的所有地方。对尼韦尔来说，这是鸿运高照的时刻，法国人渴望有一位英雄，就把他称为胜利的缔造者。尼韦尔夸口说，他掌握着胜利的关键，但他拒绝透露他的战略。1916 年 12 月 31 日，霞飞退休，"凡尔登的英雄"尼韦尔接替了他。

出身于军人家庭的尼韦尔博学多才，能言善辩。他是法军中少有的一名重视宣传鼓动的将军，他认为，军人的勇敢精神来自他们对战争的热情，而军人的战争热情，则需要指挥官的嘴巴来激发。尼韦尔尤其善于通过宣传使上级支持他的计划，特别在上级不理解他的计划时，他更需要这样做。他能在一幅巨大的西线挂图前面，手持一根教鞭，滔滔不绝地介绍他的部队拥有足够的能力打胜这次战役。这位霞飞的继任者血气方刚而且好大喜功，他劝说法国政府实施无情的、猛烈的进攻。他计划对努瓦荣大突出部侧翼实施一次大规模的"巨人般的拳击"，这里是协约国三年来力图消灭的那个突出部，但是德军又一次率先行动了，不过这一次是退却而不是进攻。从 2 月 25 日到 4 月 5 日，德军在鲁登道夫的巧妙指挥下，退到有利于德军作战的兴登堡防线，撤退最多近 50 公里，这是三年大战中在西线最大的一次运动。

平步青云的尼韦尔将军在被任命为法国陆军总司令时，已 60 岁了，凡尔登战役中那句引起所有协约国遐想的有名的口号"他们不得通过"，虽然常被人认为是贝当所创造，其实是尼韦尔创造的。尼韦尔和他的助手芒让将军筹划了一个计划，他们想发起一个攻势，收复德军在最初进攻凡尔登期间夺取的杜奥蒙炮台。1917 年 4 月的阿拉斯之战，实际是英军为尼韦尔的攻势所做的准备。法国总理潘勒韦被尼韦尔的如簧之舌所打动，表示："将军，如果你进攻的结果，只是收复我们这片广大的领土和它所包含的一切，政府和国家将认为这是一个伟大的胜利。"尼韦尔听后，报之以微笑道："这有什么？不过是不足道的小小胜利而已。我在埃讷河聚集的120万士兵、5000门火炮和50万匹马，不是为了这样一点点战果的。"最后，他终于说服统帅部支持他发动了这次攻势。

尼韦尔担任法国陆军的最高统帅时，充满了信心。为他的"凡尔登战法"所震惊，人们对他的堂皇宣告是没有争议的，"这个经验是确定了的。我们的战法已经经过试验。我可以向你们保证，我们一定胜利。"尼韦尔的计划，包括由法军与英军对一个巨大的、无掩护的德军突出部位进行双管齐下的强击。1917年4月16日，大大加强的米歇尔指挥的法国预备集团军，在从苏瓦松至兰斯64公里的战线上向德军发起进攻，以夺取舍曼代达姆。这是一条与战线平行的一系列植被茂密的岩石山岭。芒让的第六军团和马泽尔的第五军团实施主攻，迪歇恩的第十军团实施近距离支援，其后是费约尔的第一军团。法军攻击军团的兵力总数达120万人，共7000门火炮。尼韦尔的计划并不是没有优点的。德国的突出部兵力配备薄弱，易受攻击，在1916年夏的索姆河之战中，防御部队牺牲惨重。但是如果德军事先知道，胜利是不可能的。不过指挥官们用乐观代替了判断，订出了不可能实现的速度。芒让夸口说，他的部下能以1分钟27米以上的速度跑步前进，并且能继续保持这种步伐至少几公里，对此表示怀疑的意见则受到压制。

尼韦尔是个十分重视宣传工作的指挥官，他非常重视部队的思想动态。在尼韦尔指挥的一些战役中，法军之所以能在不利条件下取得辉煌战绩，除去其他原因外，的确与他的宣传鼓动分不开。然而，具有讽刺意味的是，战争中法军的最大哗变，却发生在他直接指挥的前线部队，这次哗变导致他被免职。在凡尔登，是靠对进攻计划进行冷静且充分的说明来鼓动战士热烈献身的。这一次，尼韦尔担心不那样做他的部队就会背叛，下令进行堪与好莱坞报刊宣传员相比的宣传运动，对战略和目标加以提纲挈领的作战计划都发给士兵，军官对士兵作宣传讲话，以引导他们对决定性的胜利抱有信心，所以不可避免，德军也得到了这个情报。

尽管德军新的阵地与纵深野战工事相结合，极其坚固，但是，刚愎自用的尼韦尔并没有灰心丧气。他发起的进攻比以前规模更大，也组织得更好。他广泛地散发进攻计划和指令，甚至在伦敦的宴会上对女士们公开谈论即将来临的交战，没多久，德国人对即将发生的事情的了解就和尼韦尔一样多了。

1917年4月9日那个可怕的复活节早晨，英军对德军的兴登堡防线西北翼，即位于该地之维米岭开始发动攻势，在交战的第一周消耗的火炮及弹药约达9万吨。当大炮仍在阿拉斯轰鸣时，由法军四个集团军组成的强大主力部队，于4月16日对德军发起突击，法军在兰斯北部发动的这场攻势被称为"尼维尔攻势"。法军所要攻击的对象是伯恩的德军第七军团和比洛的德军第一军团。由于尼韦尔自信地公开夸口将取得胜利，德军对法军的进攻早已知晓。在攻击之前，德军飞机驱逐了法军空中观察员，德军炮火不断轰击仍处于行军中的法军坦克。法军的炮火移动弹幕相对于步兵移动过快，而步兵不得不对付德军预先计划的炮兵和机关枪火力以及局部的反冲击。尼韦尔的助手芒让，是法国陆军中最顽强的指挥官，他的部队给他的绰号是"吃人的人"和"屠夫"，他是藐视生命的，甚至藐视他自己的生命。

49岁的芒让是专为战争而活着的，他自称非常赞赏他的非洲部队，可是他毫无内疚地命令他们冲向猛烈的机枪火力。法国精锐的塞内加尔部队被调来针对坚强的据点充当进攻的先锋，法军以大无畏的进攻精神奋勇向前，终于抵达并夺取了德军第一道防御阵地，随后被德军阻止。法军反复实施攻击但没能取得什么进展，整个攻势是一个大失败。在5天的战斗中，法军共付出了近12万人的代价，以至于有人讥讽尼韦尔指挥进行的此次战役是"尼韦尔的屠宰场"。

在尼韦尔的指挥部里，总参谋部的成员不明白已经陷入绝境，以为有些讨厌的机枪碉堡造成了延误，但这些碉堡很快就会被打哑的，芒让又发出了催促前进的命令。勇敢的塞内加尔人，第一次辜负了他们的法国伙伴，冰冷的雨雪对他们来说是致命的。他们冻伤的手不能拿步枪，他们蹒跚前进，直到他们的军官被打死。然后他们转过身来，急忙奔向后方。这次挫败压垮了法军本已濒临崩溃的士气，兵变随之爆发。首先是一个连的士兵集体拒绝执行进攻的命令，继而是几十个团的士兵纷纷效仿。不少士兵还挥动着红旗，唱着《国际歌》，进行反战示威。法国陆军发生了兵变，这也许是现代史上一支庞大军队中发生的最大兵变。徒劳无益的流血，无止境的战斗，不充分的休假，贫乏的娱乐设施，官兵间无法弥合的鸿沟，德国的宣传以及俄国革命，所有这一切都起了作用，整师整师的部队拒绝执行任务，兵营贴满了布告，宣布士兵们拒绝再回到堑壕去，在巴黎，失败论者无所顾忌地宣传他们的和平主张。

应该说法国部队都是勇敢的，对战争所引起的苦难也是有思想准备的，在21个月的战争中，法军伤亡人数已达300万以上，但现在他们再也不肯被赶去受屠杀了，在谋求补救的一切合法手段遭到否定之后，部队爆发了反抗，在此后两个月中，法国陆军处于瘫痪状态。尼韦尔连同他的大话全完蛋了。法兰西为濒于崩溃边缘的局势不寒而栗。在极度失望之际，法国政界把权力移交给乔治·克里孟梭——一个始终以冷酷的态度看待危机的政治家。转过来，他又任命"凡尔登的救星"贝当接管了法军的指挥权，去重新组建军队。克里孟梭竭力使巴黎恢复秩序，贝当则用强制性手段整顿军纪。贝当以其老练、坚定和公正平息了兵变并恢复了形势，约55名叛乱首领受到处决，法国继续进行战争。

贝当知道法军必须休整和恢复元气，他告诉英国人，在协约国等待美国人来帮助扭转局势期间，英国必须肩负起西线的重担。法国反侦察机构的新闻控制措施极为严密，完全封锁了法军兵变的所有消息。当这一消息最终透露到鲁登道夫时，已经太晚了。英军重新发起的进攻分散了他的注意力，并将德军预备部队吸引到北部战线，兵变的全部内容一直对外界保密达十几年之久。为了使法军恢复自信心，贝当在夏末和秋季组织发动了两次小规模的有限攻势。8月，法国第二集团军占领了凡尔登的一个高地，俘获德军1万名，10月，在埃纳河上的马尔迈松，法国第十集团军借助坦克的协同作战，拔除了苏瓦松突出部，夺取了埃纳河上诸高地。这两次攻势都经过精心准备，两战均取得小胜，损失甚小。

四、战争史上最大的坑道爆破——梅西纳山脊之战

梅西纳战役算是"一战"中第三次伊普雷战役的组成部分，伊普雷地区位于比利时西部，易守难攻的独特地形使其不断成为英德双方

的突出部，所以竟然经历了三次你死我活的战役，双方都无所不用其极，共有 80 多万士兵伤亡于此。1917 年，沙俄爆发革命而退出"一战"，使德军可以集中力量对付西线，英法担心德国乘机向西线调兵，决定在伊普雷地区先发制人，摧毁佛兰德斯沿海的德军潜艇基地，进而从奥斯坦德和泽布吕赫发起突击，因此协约国决定在伊普雷地区先发制人。从担任指挥的第一天起，黑格便一直对佛兰德斯抱有浓厚的兴趣，把它视为可能发动一次进攻战的基地。但在 1916 年，法国面临的形势迫使英军不得不发动索姆河战役。到了 1917 年，黑格完全能够立足于自身进行选择了，因此他选择了佛兰德斯。这种选择以一定的战略合理性为后盾，即考虑到以被占领的比利时为基地的德国潜艇对协约国船只构成的严重威胁。

1917 年 5 月"尼韦尔攻势"受挫后，法军士气低落。英国远征军司令黑格计划由英军在伊普雷东南部的梅西纳地区单独发起进攻，以消除德军防线突出部，改善英军态势。为了夺取具有钳制作用的梅西纳山岭，英国第二军团司令普鲁默经几个月的努力，使得英法联军的这一攻势得以提前付诸实施。当时德军在梅西纳山脊早已建立了强大的防线，有无数复杂的堑壕和坚固的碉堡，加上居高临下的地形，有一夫当关万夫莫开之势。很久以来，佛兰德斯一直是一片巨大、原始的水洼泽地，当地居民在此挖掘了纵横交错的排水沟渠。每年 8 月这里都要降下大量雨水，黑格就是选择了这样一个地区发动大规模的进攻。1917 年 7 月 15 日，英国军队开始猛烈炮击，炮击一直持续了 7 天，完全摧毁了当地的排水系统。7 月底步兵占领了靠近伊珀尔的帕森达勒高地。8 月的第一天就开始下雨，炮火和雨水很快将乡野变成一片淤泥黏滑的洼地。受领进攻任务的部队是普鲁默指挥的英国第二集团军，当面守军是阿尼姆指挥的德第四集团军，面对着这一大片的沼泽和河渠，英军的攻势只好暂停。

但被盲目乐观的部下包围着的黑格却向伦敦报告一切良好，他的情报部长查特里斯上将和参谋长朗塞罗特·基格尔特别乐意充当这种欺骗性宣传的工具。战斗结束时，基格尔正在返回伦敦的途中，这是他第一次亲临前线巡视。他哀叹道："仁慈的上帝，我们真的有必要派部队到那里作战吗？"进攻的英国第二集团军约 22 万人，而防御属于德军第四集团的约 13 万人，照这形势，如果硬攻，无疑会让英军搭上几万条性命也未必能拿下，于是英国人决定巧取。在地质学家经过详细考察后，决定采取挖洞爆炸的战术，经过工兵们的艰苦努力，一共挖了5000多米长的隧洞，通往德军阵地下的22个爆炸室。而德国人则一直针对英国人的作业埋设反坑道炸药包或进行对壕作业，这场黑暗中的战斗，在炮弹破坏的地面下长达几十米的距离上进行，不时导致坑道内的肉搏战，士兵们相互卡对方的咽喉，用镐和铁锹将对方打死。

当时为达到最大杀伤效果，英军先期对德军梅西纳防线进行了猛烈炮击，7日凌晨炮击突然停止，躲在后面猫耳洞里的德军便按常规纷纷涌上前线阵地准备迎战，而这正是英军期待的。英军引爆了炸药，22个爆炸室共有19个成功起爆，这是战争史上规模最大的坑道爆破作业，据说惊天动地的爆炸声居然连最远在伦敦和都柏林都能听到！在17天全面炮火准备之后，英军以总量达45万公斤的高爆炸药，在德军位于山岭的防线上撕开了一个大口子，达成了突然性。在英军空中火力的掩护下，精心制定的攻击计划得以有条不紊地实施，普鲁默的第二军团成功地夺取了德军在梅西纳的防御阵地。

7月22日，英军集中3300多门火炮猛烈轰击阿尼姆指挥的德第四集团军，并施放毒气，随后英法联军在16公里正面上发起冲击，攻占梅西纳—维夏埃高地，8月8日，德军为恢复原态势发起反突击，被击退。战至15日，德军被迫从突出部全部撤出。此役，德军损失2.7万余人，英军损失1.7万余人。在随后的几天中连降暴雨，战场泥泞，联军坦克有的陷入泥潭，有的被德军炮火摧毁，由于长时间的进攻准备，突然性已完全丧失，德军纵深防御已很好地组织起来，在最初取得一些进展以后，英法联军的攻击陷入了困境而停顿下来。直到11月初，英军夺取了帕斯尚代尔岭和帕斯尚代尔村庄，攻势才结束，英军占领的伊普雷突出部向前推进了约8公里。在伊普雷第三次大战中，协约国军亦付出了巨大的代价。当黑格于10月末最终放弃帕森达勒的进攻时，英军伤亡已近30万人，加上法军和英属联邦军队的伤亡人数，协约国死伤超过40万人，德国为27万人。协约国没有实现摧毁德军潜艇基地的战略目标。

1917年结束了，在黑格和尼韦尔各自独立的攻势中，交战双方一共付出了50万人以上的代价，极大地消耗了两大战争机器的战争资源，但却没有取得明显的战果。然而必须指出的是，黑格在佛兰德斯和阿尔土瓦实施代价高昂的进攻，其主要目的是将德军的注意力从南边虚弱的法军身上引开。在这一点上，他取得了成功，1917年法军得以脱离险境至少应部分地归功于黑格。新的一年到来之际，英法两国都将其充满渴望的目光转向至今丝毫未损的美国人力资源上。

五、俄国的最后攻势——六月进攻

当折磨人的战事在西线连绵不休之时，俄国爆发了一系列重大事件，食物短缺、骇人听闻的伤亡人数，导致1917年头几个月不断增长的示威游行和罢工。3月11日，杜马不服从沙皇要它解散的命令，街道上发生了大规模的游行示威活动，到处都出现了动乱，而军队拒绝参与镇压。3月15日，沙皇在普斯科夫的陆军总部退位，"愿上帝保佑俄国"是他的祈祷词和墓志铭。一天后，沙皇的兄弟尼古拉大公拒绝继承皇位，几天之内，沙皇及其家族成员即被逮捕，罗曼诺夫家族的统治永远结束了。沙皇政府的统治倒台，从时代的角度看，这标志着一切专制统治残余的消失，代之出现的是由一些不成熟的政党组合建立的临时政府。为了加重其混乱，德国允许流亡在外的革命领导人弗拉基米尔·列宁乘坐一闷罐列车通过德国领土返回俄国。

在1917年3月俄国爆发的资产阶级革命中，沙皇政府被推翻，代表地主资产阶级利益的临时政府掌权。与此同时，彼得格勒工兵代表苏维埃政权也建立了起来，两个政权并存的俄国走到了十字路口。临时政府与布尔什维克领导下的苏维埃展开了斗争。临时政府极力主张继续参战，直到协约国取得"最后的胜利"。苏维埃担心军官团队会采取支持临时政府的行动，于是在3月15日以苏维埃的名义发布了著名的"第一号命令"，以此剥夺了军官们的军事管理和训练权。这一命令传遍了整个俄国的武装力量，尽管临时政府下达了相反的命令，但结果却是部队的军纪丧失了，俄国陆军和海军像春天消融的冰块一样崩溃了。兵变的士兵和水手杀死了很多军官，其他军官则直接被士兵大会罢免。到5月前，估计军官团队中有一半以上的军官被清除了，他们其中有许多是有经验的军人。

克伦斯基的临时政府为巩固其统治，配合西线英法联军作战，决定于 6 月对德奥联军发动大规模进攻。其企图是以西南方面军向利沃夫方向实施主要突击，以北方面军、西方面军和罗马尼亚方面军实施辅助突击。在主攻方向上，俄军步兵和炮兵人数分别是德奥联军的三倍和两倍。此次俄军动用的是最精锐和受影响最小的部队，包括许多西伯利亚人和芬兰人。被俄国内阶级斗争的激化及苏维埃在军队和国内的影响增大吓破了胆的俄国资产阶级临时政府，力图一旦获胜就解散苏维埃和士兵委员会，结束两个政权并存的局面，粉碎革命力量，首先是布尔什维克党。如果进攻失利，就把罪责推给布尔什维克党，指控它瓦解军队，并扑灭国内革命。协约国则指望依靠数百万俄国大军在 1917 年战胜德国。

6 月 29 日，所谓的"克伦斯基攻势"在加利西亚开始了。布鲁西洛夫指挥着为数不多的还有战斗力的俄军部队向伦贝格实施进攻。进攻从 7 月 1 日发起，俄第十一、第七集团军从波莫尔扎内以东、别列扎内地区向利沃夫实施突击，楔入德南方集团军防线，不久受阻。在南线与奥匈军作战的拉夫尔·科尔尼洛夫将军指挥的第八集团军却推进了 30 多公里，在其侧翼的罗马尼亚军队和俄国军队也取得了某些成果，但这只是一个短暂的胜利。为俄军的胜利所震惊的德军统帅部将 13 个德国师和 3 个奥匈师由西线调到东线，使其兵力几乎增加一倍。随着德军抵抗的增强，以及俄军后勤供应的中止，俄军的战斗热情和纪律性急剧衰退。7 月 19 日，温克勒尔将军指挥的德奥军队从佐洛切夫、波莫尔扎内地域转入反攻，沿利沃夫至捷尔诺波尔铁路实施主要突击。俄军第十一集团军无心恋战，几乎未作抵抗，便大批撤出阵地，向后方退走。

20 日，罗马尼亚方面军所属俄、罗各集团军向福克沙尼、多布罗加发起突击，一度进展顺利并粉碎德奥联军反突击，但因其他战线失利，被迫于 26 日停止进攻，后在德奥联军反击下撤至国境线。25 日，德军攻占捷尔诺波尔，至 28 日迫使俄西南方面军撤至原出发地以东布罗德、兹巴拉日、兹布鲁奇河一线。俄国战线实际上已经瓦解，整个建制的部队逃亡，在这之后很少有激烈的战斗，德军和奥匈军如入无人之境。在 1918 年到来之前，德奥军队已经清除了俄军在加利西亚的残余。在整个 7 月间，俄军仅西南方面军就损失 13 万多人，各方面军伤亡和失踪的总数超过 15 万人。6 月进攻没有取得进展，失败的主要原因是士兵厌战、不愿为与其水火不相容的资产阶级打仗，俄军各方面军之间协同不紧密，各方面军内的指挥不力，而且弹药物资缺乏，后备兵力不足。前线的失败，促使俄军部分下层官兵转向革命，主张俄国立即退出战争的布尔什维克党深得人心，让渴望和平的俄国人民倒向了布尔什维克。

1917 年 9 月 1 日，冯·胡蒂尔指挥德军第八军团攻击俄军战线的北端，他在德维纳河的西岸实施牵制性进攻以威胁里加。与此同时，德军三个师通过浮桥渡过该河并包围了要塞，同时，发动进攻的部队向东快速推进。长时间的预先炮火准备已被省去了，而代之以短促而猛烈的集中射击，随后步兵立即实施攻击。这是"胡蒂尔战术"的第一次运用。俄军第 20 军团陷入一片惊慌，并向东逃窜。德军仅抓获了近 1 万名俘虏，双方的伤亡都很小。在同一时间，一支小型两栖远征部队占领了里加湾的奥塞尔岛和达戈岛，并且在俄国大陆登陆。

第十三章 改变战争天平的砝码

——美国的介入

一、"我不能，但摩根先生可以"——被绑架的美国

为了战胜同盟国，法国人将征兵条款的年限一再拖延，这让法兰西流光了它的鲜血，而大英帝国则通过歇斯底里的发债，花光了从诺曼王朝到温莎王朝之间用各种手段辛苦积攒下的全部黄金储备。协约国的命运变得岌岌可危，有能力挽救其命运的，只有坐大洋彼岸悠闲观战的中立国美国。不过美国可不是轻易为协约国所动的，钱可以赚，但参战则另论。在这千钧一发当口，英国人想出了一条妙计，用1000万美元的佣金，粉碎了美国历时百年的门罗主义，也就是它的中立政策，从而把美国拖到了协约国漏洞百出的战船上。

1915年，华尔街的摩根财团成为协约国在美国采购军需品的代理人。摩根财团收到一笔价值5亿美元的军火订单，这在当时可是一笔惊人的款项。这笔生意的佣金是5亿美元的2%——整整1000万美元。条件是，这批5亿美元的军火资金由摩根财团负责利用华尔街筹集，也就是说，要暂借美国人的钱来为英国人解燃眉之急，先垫付军火费用。战争初期，美国并没有希望从战争得到更多的经济好处。战争的第一年，即1914年，时任美国国务卿的布赖恩，就明确建议美国金融家不要对协约国贷款。1914年8月布赖恩在与总统商量后，再次通知金融家，向交战国贷款违背了"真正的中立精神"。长期在"门罗宣言"的滋养下，几乎所有美国人都希望摩根财团能够远离这份礼物，因为它显然破坏了中立的行为，但是摩根却不想放弃这笔百年难遇的生意，他开始行动了，在摩根的支持者们的反复宣传下，沐浴在和平阳光下的

美国人渐渐修正了对于"无为即和平"的偏执理解，毕竟财富唾手可得，而鲜血却远在地球的另一面。

现在形势逐渐变化了，协约国因为战争，从美国购买农产品、工业品和军用物资，进口量逐步增加。这对美国的经济发展有着很大帮助。不仅仅是银行家和军火商，大多数美国人也从中得到了好处。财政部长麦卡杜强烈要求改变不向交战国贷款的政策，他的理由是为了保持美国的对外贸易和经济繁荣，继任国务卿兰辛也认为有必要改变政策。摩根财团以美国国债的方式向美国定购了5亿美元的军火，在这批军火生产的带动下，美国经济也随之开始繁荣起来。激动人心的工业收益带动整个华尔街证券市场欣欣向荣，锣鼓声中，由摩根财团承销的5亿美元战争债券销售一空。美国政府为此向协约国提供了30亿美元的贷款，用来帮助协约国购买美国军火与其他补给品，英国这个垂死的老牌帝国终于从濒临崩溃的边缘缓过气来。美国担心协约国减少进口会引起美国"生产缩减，工业萧条，资本闲置，金融混乱和劳工阶级的普遍骚乱"，为了自己的经济繁荣，只得贷款给协约国，让协约国拿美国的钱来买美国的货。摩根公司实际上成为协约国在美国的金融代理人。美国公司与同盟国的生意也越做越大。

美国的国务卿兰辛对贷款的问题解释道："先生们，如果不同意贷款，贸易就无法形成，生产就会受到限制，工业就会萧条，劳动力和资本就会闲置，金融就会混乱，劳工阶级就会不安定，民主国家就会受到损害……"自此，美国投资客的钱通过摩根财团的手，变成源源不断的贷款进入美国军火商的账户，再变成一船船军火驶往战火纷飞的欧洲战场。自从第一次世界大战爆发后，由于英国对德国实行严密的海上封锁，美国同协约国的贸易从1914年的8亿美元激增到1916年的32亿美元，而与同盟国的贸易则从1914年的1.7亿美元猛跌到1916年的区区100多万美元，几近于无。战争期间，美国还供给协约国各种物资100多亿美元，贷款100亿美元。因此，美国同协约国在经济利益上已经紧密地联结在一起了。军火一船又一船地给英国人送过去了，但英国人的钱却没能及时返回来，英国人说数目庞大的黄金漂洋过海太危险了，搞不好会被德国人掳去，所以让美国人不必着急，好在英国在美国人眼中还有些信誉——而且没有也没办法，已经上道了就只能走下去。英国人此时付账的方式也就变得简单起来了，直接由美国贷款，这就使得在财政和军需方面，美国成了协约国的支柱和主要基地，协约国终于为自己搞到了一个输血基地。

为了让手头上那些贷款数字有效，除了继续发放债券，摩根集团以及所有协约国的投资者们只能拼命祈盼德国人尽快投降——彻彻底底地高举双手投降。只有这样，他们才能从德国人的口袋里掏回投资与红利，而摩根们则可收回债券发行费，而不是无穷无尽的官司。随着战争的深入，中立使美国大发横财的同时，也将美国一步步拖入战争。与协约国一边庞大的贸易额使美国与协约国联在一起，如果协约国战败，美国的贷款即将付诸东流。尤其重要的是，美国金融家与工业家的命运同协约国也紧密联系在一起。战后共和党参议员杰拉尔德·奈所成立的国会调查表明，美国1917年的参战很大一个原因是金融家和军火巨头的操纵。这些人几乎只与协约国做生意，他们不惜一切代价希望协约国取胜，这样才能大赚其利。

当1916年底在欧洲战场上占据了上风的德国人提出了足以让摩根财团跌进地狱的要求——为了和平停战——时，美国人傻眼了：和平当然美好，可谁来为那100多亿的战争贷款买单？是英国人还是德国人？德国人没战败，当然不可能替敌人掏钱，而英国人早已是穷得没有一个先令了。再说英国人也不愿付啊，只要打下去，这笔钱早晚得由德国人掏。务实的法国总理在法国众议院暴风骤雨般的咒骂声中，依旧嘹亮地宣称与德国进行谈判的任何念头都是"卑鄙和可耻的"。而劳合·乔治首相在英国下议院也再次重复了伟大盟友的决心——我们必须把对德国的战争进行到底。在俄国已发生"十月革命"后，新建立的苏维埃政权与德国单独议和并退出了战争，德国人从苏俄那里获得了巨额的赔款，除了粮食以外，还有大批从东线解脱出来的军队，战争胜利的天平已经开始向德国人倾斜，这时候着急的已经不只是协约国和摩根财团了，美国的金融家与工业家甚至美国政府的命运都与协约国紧密联系在一起了。"先生们，我们不是花钱来欣赏败仗的！"1917年的春天，眼高手低的协约国终于听到了美国人的警告声，而美国总统伍德罗·威尔逊听到的良言相劝是："总统先生，我们都知道，如果这笔借到欧洲去的钱最终变成坏账，就是上帝，他也得从这儿走人。"

威尔逊总统决定参战，可是始终找不到好的借口。因为自己曾经是个"和平总统"，现在突然要食言，所以借口一定要完美。就在威尔逊绞尽脑汁的时候，德国人给了威尔逊机会。1917年4月6日，被"民意"劫持的威尔逊总统在白宫正式签署了对德宣战文件："鉴于1915年的5月7日，德国潜艇在西南爱尔兰的外海击沉了一艘英国运输船'卢西塔尼亚'号，随船死亡的2000名旅客中有124名是美国公民，美国特此决定放弃中立立场，正式对德宣战。"护财之情与爱国之心让美国的每一条街道、每一扇窗户、每一张桌子都燃烧着反德参战的狂热情绪。由于美国同交战双方纠缠不清的利害关系，参加第一次世界大战是不可避免的了。不管美国领导人的主观意图如何，不管美国在名义上是否还保持"中立"，美国必然会不同程度地卷入战争。在英法联军濒临破产，在协约国即将分崩离析的1917年，100亿美元贷款面临着一笔勾销，利害攸关，美国不得不参战。历史以宏大的叙事方式，阐述了一个古老的犹太法则——当你欠下了一百元，你是债务人；当你欠下了一百亿，情况恰恰相反。

当然，美国总统威尔逊在对德宣战演说中说到参战的目的时却是绝对大义凛然的："我们乐于为世界的最后和平，为世界各民族的解放，为大小各国的利益作战，我们没有任何自私自利的目的可追求，我们不想征服别人，我们不为自己索取赔款，我们不为自愿的牺牲寻求物质上的补偿。"威尔逊总统那番激情的演说，让许多议员都流下了眼泪，他们觉得总统的请求是极其严肃认真的。但议员们当真会那样天真么？有人会相信么？当威尔逊总统离开国会大厦返回白宫时，国会大厦外面街道两旁的人群向他欢呼。威尔逊坐在车中，悲伤地摇摇头说："好好想一想，他们所欢呼的是什么，我今天所发表的演说，带给我们年轻人的是死亡的信息，而他们却如此地欢呼。"

二、政界"百灵鸟"——托马斯·伍德罗·威尔逊

绰号"政界校长"的美国第二十八任总统伍德罗·威尔逊出生于弗吉尼亚州，小时候他被认为是一个迟钝的初学者，9岁时还不识字，但17岁以后通过努力学习，成绩进步很快，1886年毕业于普林斯顿大学，曾获霍普金斯大学政治博士学位，他本人也因博学多才、善于辞令而享有"百灵鸟"之称。1912年，威尔逊当选美国总统，连任两届，是美国历史上"学术地位最高"的一位总统，也是一位杰出的资产阶

级政治家。1962年美国历史学家把威尔逊排在34位美国总统的第四位——位于林肯、华盛顿、富兰克林·罗斯福之后。

1912年，在美国总统大选中，被视作温和改革者的威尔逊在几乎每一轮投票中都落后于克拉克，只是由于克拉克没有达到三分之二的法定选票而不得不继续进行新一轮投票。就在威尔逊决定放弃，马上就要发表承认失败的声明时，情况发生了一场戏剧性的变化：纽约市有一个很腐败的坦慕尼协会决定支持克拉克而一举压倒威尔逊。这导致三届民主党总统候选人威廉·布莱安转而反对克拉克，称他是"华尔街的代表"，并改为支持威尔逊。他的改变引来许多代表的效仿，威尔逊与克拉克的力量对比开始逆转，威尔逊最终在第46轮投票中胜出。1912年，民主党派的威尔逊当选为美国第二十八任总统，此后他推行了一系列卓有成效的"新自由"改革。"一战"爆发后，美国在威尔逊"中立"的旗帜下，一边摇晃着橄榄枝，一边加紧军火生产，大肆扩充军备，同欧洲的两大集团做军火生意，大发战争横财，由债务国摇身一变，成为最大的债权国。

在这个时期，尽管奉行无限制潜艇战的德国潜艇在大西洋上对美国船只展开攻击并造成人员损失，威尔逊也只是威胁德国停止其行为，而继续将美国置于战争之外。英国宣布对德封锁，严禁一切装载战争禁运物资的中立船只驶往德国，虽然威尔逊对于英国侵害中立方权利的做法表示了温和的抗议，但如英国所预料的，他并未采取任何行动。公正地说，他这个时间的"中立"其实是有偏向的，只不过是时机尚未成熟。美国当时的国务卿威廉·詹宁斯·布莱安就对这个问题提出了明确的质疑，后来却因此而辞职。1916年，威尔逊再次获得总统竞选重新提名后，在竞选中打出了"他让我们远离了战争"的口号，提示选民他任期内既维持了坚定的国策，又避免了与德国或墨西哥的公开冲突的业绩，在这个不参战的口号下，威尔逊获得连任。在获得总统连任后，威尔逊为确保一个更宽泛的外交政策，警告美国公民不要在交战阵营中选择他们的所属方，尽管载有大量美国公民的英国客轮"卢西塔尼亚"号被德国潜艇击沉的事件给威尔逊增加了参战压力，但美国的中立原则还是得到了维持。由于德国发起无限制潜艇战，威胁到美国的商业海运，这种中立性开始倾斜。针对德国所实行的无限制潜艇战，威尔逊的口气也日趋强硬起来，他警告德国他不会容忍给美国人造成生命损失的潜艇战。

1917年3月，当一场具有空前规模的世界战争正在激烈进行时，俄国爆发了"二月革命"，统治俄国300多年的罗曼诺夫王朝被推翻了，但是，新成立的资产阶级临时政府不顾人民反对，一意孤行地继续战争，11月7日（俄历10月25日），在以列宁为首的布尔什维克党的领导下，俄国人民进行了武装起义，推翻了资产阶级临时政府，建立了苏维埃政权。为了巩固新生政权，并满足俄国人民对"和平、土地和面包"的渴望，苏维埃政权决定退出帝国主义战争。俄国的退出，使战争的天平开始出现了倾斜，这就迫使一直观战的美国不得不表态了。

随着美国国力日益增强，以欧洲为重心的国际旧秩序逐渐瓦解，美国决策者们体会到了美国在世界格局中的重要作用，威尔逊坚信美国式的民主是世界上最完善的制度，因此要将这一制度向全世界推广。在这一观念的驱使下，他领导的美国政府要更广泛、更深入地插手世界事务，他不想成为战后欧洲的看客，他必须要成为国际事务的主导。还有一个原因，那就是，此时若不参战，美国在此之前援助协约国用于战争的那些贷款将要打水漂了。1917年，两大军事集团已打得筋疲力尽之时，威尔逊认为该到出场的时候到了，便以"使世界安全并确保民主"为名，促使美国参加战争，威尔逊宣告，将进行一场"结束一切战争的战争"。在两大集团厮杀了2年零9个月之后，美军踏上了欧洲的战场，直接投入了战斗。威尔逊动员了大量人力物力，为战争的胜利作了很大努力，由于美国这支强大生力军的加入，战争迅速以同盟国的失败而告终。威尔逊于1918年1月提出《公正与和平》十四点方案，此方案成为与战败国和谈方案的基础。1918年11月11日，德国与协约国签订了停战协定，但威尔逊所提出的十四点方案被当成废纸扔到了一边，协约国需要的是要德国永世不得翻身。

1918年12月4日，"乔治·华盛顿"号轮船载着参加第一次世界大战和平会议的美国代表团驶离纽约港，码头上，人群涌动，鸣枪致礼。在所有舰船汽笛齐鸣中，"乔治·华盛顿"号轮船缓缓地驶过自由女神像，开往亚特兰大。在那里，一队由驱逐舰和战舰组成的护航舰队将护送满载人们希望的它驶往欧洲。威尔逊本人也作为美国总统破天荒第一次出国。此次出席巴黎和会，不仅仅是为了缔结对德和约，还要解决战后国际布局问题，而且威尔逊此行还带去了他的得意之作——成立国际联盟。这名信仰和平的美国总统，此时已是全世界瞩目的英雄和正义的化身，这当然与他领导美国改变了"一战"进程有关。用法国总理克里孟梭的话来说，他们既感谢美国派兵帮助协约国对付德国，也想分享威尔逊有关建立一个和平世界的愿望。对于威尔逊的巴黎之行，他的反对者们指责他违背了宪法，甚至连他的支持者也认为此番可能不是明智之举，不知是否会因为涉足这种无休止的谈判纷争而丧失威尔逊的威信。威尔逊对此的态度十分明确，在他看来，赢得和平和打赢战争同等重要，也是他对渴望美好世界的欧洲人民和美国人民的义务。对此，一位愤世嫉俗的英国外交官的评论比较刻薄，在他看来，威尔逊前往巴黎就像一个初入社交圈的女生为第一次舞会而着迷一样。

这时的美国真的是非常重要，当世界上几乎所有发达国家都被战火摧残的时候，它却没受到任何影响，在经济上甚至由此获益。它借给协约国的贷款，当时看来恐怕其几辈子也还不清。而更让威尔逊名扬四海的，则是他那闪耀着人类理想主义光芒的"十四条"。人们都相信他的演讲，相信靠着他的个人努力，就能建立一个人人都抛弃仇恨、人人都共同努力以永远避免战争的世界。陪同威尔逊总统前往欧洲的是比他小17岁的新夫人伊迪丝·伯林，这是总统夫人的特权。伊迪丝·伯林热情、活泼、爱笑，喜欢高尔夫球、购物、兰花，并热衷于各种聚会。她的眼睛非常漂亮，不过有人认为她略过丰满，嘴巴太大而衣服稍显太紧，领口太低而裙子太短，但威尔逊觉得她很漂亮。

1919年，作为巴黎和会的三巨头之一，威尔逊带着他宣扬已久的、被称为"世界和平纲领"的十四点原则参加了巴黎和会，缔结了《凡尔赛和约》。威尔逊极力倡导国际联盟方案，旨在确立美国领导下的战后世界秩序，他为此东奔西走竭尽全力。成立国际联盟的方案在巴黎和会上终于通过了，但可笑的是倡导并竭力为之奔走的美国却开始反对这个方案了：这时，美国国内政治形势出现了逆转，被共和党人控制的国会拒绝批准威尔逊方案，后付诸公民表决，结果这一方案未完全被通过，由于国内孤立主义思潮等种种原因，最终也未被美国国会通过。提出国际联盟的美国，却未能参加国际联盟。威尔逊一手促成了"国联"，最终反被他自己的人民抛弃，这一巴掌打在了威尔逊的脸上。虽然美国没有加入国际联盟，但威尔逊还是因此获得了1919年的诺贝尔和平奖，他是继西奥多·罗斯福之后获此殊荣的第二位美国总统。

在巴黎和会上，威尔逊极力想使美国登上第一大国的宝座，称霸世界，但美国在国际舞台上毕竟根基不深，它的海军不如英国，陆军不如法国，美妙的幻想一旦碰到"老虎"讲求实际的强硬主张和"狐狸"斤斤计较的商人政策，"百灵鸟"顿时章法大乱，变成了"一个十足的傻瓜"、"又聋又哑的唐吉诃德"。可以说威尔逊充满信心地带到巴黎和会上的东西全都打了水漂，而当年正是他拍了胸脯保证之后，德国人才下定决心以十四点方案为和谈基础投降。但法国人使威尔逊的保证落了空，他的十四点原则在巴黎和会中成为一纸空文。在巴黎和会中声称要让世界找回正义的威尔逊，又在中国青岛问题上自打耳光。可以说，巴黎和会是威尔逊个人理想主义的惨败之地。克里孟梭对威尔逊的评价是："他让人捉摸不透，我认为他不是坏人，但不清楚他有多好。"他还觉得威尔逊清高、傲慢。"他对欧洲一无所知，而且想理解他简直太难了。他以为按照公式和十四点原则，什么问题都可以解决。上帝也只提出十诫而已，威尔逊却谦逊地要把十四点强加于我们，最空洞的十四条戒律！"

在个人性格上，威尔逊也与他在巴黎的亲密同僚劳合·乔治和克里孟梭不同，在他们看来威尔逊始终有点令人费解。他究竟是位什么样的领袖呢？一方面引用《圣经》中最高贵的语言，但同时却对异己冷酷无情；一方面热爱民主，但却鄙视大多数同行；一方面力求服务于人，却朋友寥寥。他到底是泰迪·罗斯福所认为的那种"前所未有的虚伪冷血的总统"还是贝克所认为的那种如克伦威尔之类少见的理想主义者？没人说得清楚。这个看上去美誉遍及世界的老人周围竖立着高耸的围墙，他那自由主义的、乐观的性格，在阴郁的、习惯了勾心斗角的欧洲政客面前实在不堪一击。人们对他客套而宽容，像看着一个天真的孩子四处演讲，然后在私下里却一点一点地把他的原则吞噬掉。

历史学家普遍认为威尔逊没能使美国加入国际联盟是他任内所犯的最大失误，甚至可能是美国历史上所有总统任期内的最大失败之一。《凡尔赛条约》中的种种苛刻条款招致了德国民众对条约的极大怨恨，最终导致了希特勒的上台和第二次世界大战。威尔逊对战后美国老兵复员的问题未给予足够重视，导致复员过程进行得异常混乱，400万士兵在身无分文、没有任何安顿计划和救济的情况下就被送回了美国，最终埋下了1932年镇压"一战"老兵悲剧事件的种子。

威尔逊有着强烈的扩张主义倾向，为了建立和巩固美国在中美洲和加勒比海地区以及对巴拿马运河的绝对控制权，美国对墨西哥、尼加拉瓜、海地、古巴、多米尼加共和国等进行过威胁、干涉、控制甚至战争；威尔逊坚决反对用革命的手段清除资本主义的各种弊病，反对妇女获得选举权，对黑人有强烈的种族主义倾向。还在1918年夏天时，威尔逊接受了呼吸道方面疾病的治疗，这一没有公开的插曲预示了更严重的健康问题即将到来。

威尔逊在1919年底中风，这使他的身体状况变得更糟，而此前他的健康状况就已经很差，曾有过几次中风的前兆。这次中风发作，令他几乎完全丧失了工作能力，左半边身子完全瘫痪，左眼也失明。至少几个月的时间内他都要使用轮椅，而在这之后他也要靠拐杖走路。威尔逊的残疾情况直到1924年2月他去世前始终没有对外公开。1920年总统选举，民主党人失败。当年，下野的威尔逊获诺贝尔和平奖，4年后病逝于华盛顿，享年67岁。综合来看，尽管威尔逊有许多局限性，但仍不失为白宫有史以来为数不多的对历史有重大影响的总统之一。

三、美国参战的导火索——齐默尔曼电报

大战进行到了第三个年头，精疲力竭的德国人手中只剩下一张可用之牌了，那就是它的潜艇，1917年初，德军经过仔细分析和计算后得出的结论是，无限制的潜艇战将在5个月内迫使英国求和。虽然也估计到了美国介入的危险，但德国认为，美国在海上和陆上的潜在影响在两年内是微不足道的。德国期望在这段时间，通过潜艇战以及陆上的作战给同盟国带来胜利。这一计划实施后不久，英国船只的损失猛增至每月90万吨，由于风险太大，英国和中立国的商船水手们开始拒绝出海，协约国估计，英国的粮食和必需的原材料贮备最多只能坚持到7月份。

德国宣布对英国进行无限制的潜艇战的同时，为了抗衡美国日渐增长的敌意，德国外交官开始为结成德国与墨西哥的同盟而进行秘密谈判。如果德国与美国爆发战争，德国将与墨西哥结成防御同盟，条

件是"墨西哥将重新获得失去的领土——新墨西哥州、得克萨斯州和亚利桑那州"。英国既而出招反制，而这一招却是致命的，比起无限制潜艇战要成功很多，智慧很多。英国的这一妙计便是利用间谍战，通过谍报挑拨离间，最终诱使美国这头雄狮走上战场。如果说德国的无限制潜艇战是美国介入"一战"的火药的话，那么齐默尔曼电报可以说就是那根点燃了火药的导火索。

1838年1月8日，艾菲尔德·维尔展示了一种使用点和划的电报码，这是莫尔斯电码的前身。作为一种信息编码标准，莫尔斯电码拥有其他编码方案无法超越的长久的生命力。莫尔斯电码在海事通讯中被作为国际标准一直使用到1999年。1997年当法国海军停止使用莫尔斯电码时，发送的最后一条消息是："所有人注意，这是我们在永远沉寂之前最后的一声呐喊！"

在第一次世界大战期间，长距离传送信息的技术有了大幅度发展，用莫尔斯电码发送的电报和无线电报不久便在战争中显示了其胜负攸关的作用，各个国家都马上把它应用到了战争之中。自从无线电和莫尔斯电码问世后，军事通讯进入了一个崭新的时代，但是无线电通讯完全是一个开放的系统，在己方接受电文的同时，对方也可"一览无遗"，因此人类历史上早就伴随战争出现的密码也就立即与无线电结合，出现了无线电密码。而电报的加密和破译也就登上了舞台。1914年8月，德国无线电台发出了"儿子诞生"(即战争爆发的隐语)的消息后，德国对法国正式宣战，由此拉开了第一次世界大战的序幕。从这个时候起，各交战国的情报机构开始的一系列的情报活动首先是围绕着密码破译来进行的。

"一战"初期，人类间谍活动被公认为交战双方的主要威胁。但是后来事实证明信号情报更具有决定性意义，其重要性确实比在以往任何一场战争中都要突出。1917年1月17日，英军截获了一份以德国最高外交密码加密的电报。这是一份由德意志帝国外交秘书阿瑟·齐默尔曼于1月16日向德国驻华盛顿大使发出的加密电报。这个电报是德国人用新的密码系统发出来的，传送给德国驻华盛顿大使，然后继续传给德国驻墨西哥大使，电文将在那里解密，最后要交给墨西哥总统。

人们都知道，密码是秘密情报战中的秘密武器，离开了密码就谈不上情报的秘密。破译是通过破解侦察对象的密码，从中获取情报的手段。想方设法保住自己的密码不被破译，千方百计破译别人的密码，是各国情报机构最基本、最经常也是最重要的一项业务工作。在"一战"中，英国人早就掌握了德国人所用的电报密码，在多格尔沙洲海战中，英国人就曾靠破译德国人的电报而取得了胜利。这次英国人虽然意识到了这封电报的重要性，但因为德国人使用的是一种新的密码，英国人一时破译不出来，正在他们一筹莫展之际，却突然发现德国人犯了一个错误，原来接到密件的德国驻华盛顿大使在他的华盛顿办公室里将电报用新的密件本译出后，却又用老的密件本将电报加密后传送给了德国驻墨西哥大使冯·伯恩托夫，英国密码破译专家们在得到新旧两个版本的电报后，经过努力终于破译了这封电报。

英国海军谍报机构截获并破译了该密电后，电报的内容让英国人高兴万分，因为这是一份足以给美国参战心情火上浇油的电报。原本就注重舆论宣传的英国人马上将这封电报的复印件交给美国驻英国的大使 W·H·佩奇，而佩奇立即将它转交给美国国务院，不过英国人和美国人约定好了，不说这封电报是英国人送来的，而说该电报是美国自己截获并破译的，不然的话世人一定会质疑这封电报的真伪。很快美国就通过新闻机构将它公之于世。

这是一封建议德国与墨西哥结成对抗美国的军事联盟的电报，它的内容为："我们计划于 2 月 1 日开始实施无限制潜艇战。与此同时，我们将竭力使美国保持中立。如计划失败，我们建议在下列基础上同墨西哥结盟并协同作战，我们将会向贵国提供大量资金援助，墨西哥也会重新收复在新墨西哥州、得克萨斯州和亚利桑那州失去的国土。"虽然后来墨西哥总统卡兰萨正式拒绝了德国的这个提案，但它在发送过程中已经掀起了滔天巨浪。

尽管 1915 年英国的远洋客轮"卢西塔尼亚"号被德国潜艇击沉，死了 100 多个美国人，但那场风波很快就过去了，只要德国此后对其潜艇的攻击行为加以限制，美国仍将一直保持中立。至 1917 年以来，协约国和同盟国都已陷入了艰苦的阵地战中，任何一方都没可能取得决定性的进展。英国人企图实行海上封锁困死德国人，而德国人的潜艇也在努力切断英国人的供给线，双方都到了精疲力竭的地步，此时的英国希望能借这封电报促使美国早日加入到这场战争中来。

就在这个时候，这封电报出现了，这岂不是英国的福音？这封电报果然如那些政治家们所预料的那样，迅速地挑起了美国大众的愤怒情绪，原先美国人以为自己只是远离战场的看客，而现在德国人却想把战火从美国后院点着，这实在是让美国人无法容忍了。整个美国都开始担心墨西哥的举动。威尔逊总统决定，凡在交战地带航行的商船将予以武装。电文破译后6个星期，也就是在俄国因"十月革命"退出了"一战"之后，美国总统威尔逊宣布美国对德宣战，这时正是关键时刻，美国如果这时不加入战局中，协约国极有可能就招架不住德军的打击了，因为德军已经没有后顾之忧了。此时，站在美国总统身后的是一个团结起来的愤怒的国家，齐默尔曼的电文使所有美国大众都相信德国是美国的敌人，整个国家都充满了对德国的怒气。随着美国加入战场，德军立刻陷入劣势，最终走向全面失败。一封小小的电报，扭转几个国家与无数人，乃至整个世界的命运和发展，这次破译由此也被称为密码学历史上最伟大的密码破译。

其实不管怎么看，这都是美国人对自己要参战在找个正义的理由，对齐默尔曼电文的破译并不见得有那么巨大的作用，美国的参战是其利益所在，这封电报充其量不过是一个参战的借口，该参战的时候有没有它其实都是一样的，甚至有人分析，这封电报原本就是造出来以供宣传之用的。但不管怎么说，通过这个事例我们得知，谍战在战争中对局势发展起着重大的作用，在"一战"中，谍战这一场无硝烟的战争也表现出强大的战斗力。

四、协约国的救星——在法国登陆的美军

1917年很可能是历史将永志不忘的一年。美国背弃了乔治·华盛顿关于不卷入联盟的忠告而参加了一场"结束战争的战争"。自1915年以来，美国缓慢的参战趋势已经明显，这一点从华盛顿对柏林之间的外交函件日益尖锐的措辞就可以明显看得出来。1914年大战刚爆发时美国的中立无疑受到绝大多数美国人民的支持。但是，在三年的战争中，各种因素的组合慢慢地改变了公众舆论。而英国控制着全球电报网，在宣传领域中德国人的愚蠢和英国人的老练也对改变美国公众舆论起了一定的作用。德国潜艇的威胁加上持续损失惨重的地面战僵局使得英法两国在1917年年初的日子都很不好过，1917年4月2日，

德国没有丝毫停止潜艇战的迹象，威尔逊总统同时向美国参众两院发表演讲，认为美国不能继续袖手旁观了，两院都以绝对多数通过了总统的倡议。大战打到这个分上，交战各方都已是筋疲力尽，美国打算出场了，只要美国正式对德宣战，美国海军就可以帮助英法消除德国潜艇的威胁了。

第一次世界大战前，美国在列强中并不突出，是个负债累累的债务国，可是到第一次世界大战后，美国一下子富起来了，如列宁所说，"它从负债累累一跃而为各国的债主"，全世界有20个国家欠美国的债，连本来最富有的英国也欠下了美国44亿美元的债款。美国地处北美，与战区远隔重洋，战争为美国提供了发财的机会。不过，战时美国与同盟国和协约国的贸易是不等的。由于英国封锁，美国与同盟国的贸易猛跌，几至于无，与协约国的贸易量却增加了三倍。1914年，第一次世界大战爆发后，美国对英国人的封锁措施比对德国人的活动更担心，美国坚持海上自由，向交战双方提供战争物资，船主因为英国对同盟国特别是对德国的封锁而感到十分愤怒，不过美国船主渐渐发现，派越来越多的船只装载着战争物资驶往英国、法国非常有利可图，这种商船因受到德国潜艇的袭击，加上英国人的巧妙宣传，导致了美国舆论转而倾向协约国。

大战爆发后，美国没有马上参战，而是静观事态变化，以坐收渔人之利。美国政府认为，这次战争的结果将是"没有胜利的和平"，双方实力都会受到很大损失，任何一方都不会得到决定性胜利，"那时整个世界的前途就会决定于我们手中"。直到1917年，威尔逊总统还使美国置身于战争之外，并且他没有让美国军队做好为全面欧洲战争作战的准备，美国所拥有的只是钱、劳动力和武器的生产能力。在大概一周内，国会授权政府向协约国提供一笔30亿美元的贷款，一份财政部公告解释说，这笔贷款用于支持协约国作战，否则，美国军队将付出更大的代价，不仅仅是人员上的，而且是金钱上的。美国不希望它投入到协约国的金钱打水漂，已决心把自己绑到协约国的战车之上。大战开始时，美国尚未做好战争准备，陆军只有25万，此时参战力不从心，同时，美国人民反战情绪普遍，威尔逊又面临1916年的总统竞选，便以"威尔逊使国家免于战争"为口号，迷惑选民捞取选票。1916年威尔逊已在总统竞选中获胜连任，美国这才开始招募、训练军队，准备踏入欧洲战场。近一年后，美国做好了战争准备。

由于英国对德国的经济封锁，1917年时的德国已处在十分困难的的境遇中，英国人的意图是困死德国人，当然其中包括德国平民。在主力舰队无法突破英国封锁的情况下，德国企图用潜水艇来打破英国的海上优势。1915年2月，德国就宣布实行无限制潜艇战，对环绕大不列颠和爱尔兰领海以及英吉利海峡中的敌国商船一律击毁，事先不加警告，中立国的船只也不例外。由于美国的强烈抗议，德国于1916年5月暂时停止无限制潜艇战。但到了1917年2月，德国对在陆上赢得战争已越来越不抱希望，又恢复了无限制潜艇战，企图通过潜艇封锁迫使英国在"6个月以后投降"。德国的无限制潜艇战，不仅为美国支持协约国的舆论提供了材料，也为美国参战提供了很好的借口。1917年，掌握了德国军政大权的鲁登道夫继续推行无限制潜艇战的冒险，似乎产生了称心的战果，在1917年的头三个月中，130万吨以上的协约国和中立国船舶被击沉，4月的损失近90万吨，这种成就多数是出自英国海军部顽固地反对采取护航制的缘故，只剩下仅够6周食粮的英国，迫切需要美国支援，以与德国潜艇的威胁搏斗。

战争头几年，关于对德国实施水面封锁的问题曾在英美两国之间引起摩擦。美国不满英国在公海上干涉它的航运。但是，德国的潜艇战的实施却是以美国人的生命为代价，1917年德国在英伦三岛和欧陆协约国周围特定海域对各国航运开展无限制潜艇战，此时已成破釜沉舟之势。

威尔逊下令把驶往交战地带的美国船只武装起来，美国第一艘武装商船启航，威尔逊还在希望德国人不要走到击沉美国商船这一步，由于没有公开的法令，他不准备采取进一步的行动。在"卢西塔尼亚"号和"苏塞克斯"号事件中，威尔逊一本正经地要求作为中立国的美国有权进入战区并且要受到保护，而德国的潜艇在攻击敌人前则必须要先露出头来打个招呼。有那么些历史学家，热衷于帮助威尔逊回忆，他们试图声称这位总统热爱和平，不遗余力地试图阻止美国卷入战争，而这就很难解释威尔逊下一步的举措了。这位总统，打破了美国此前的全部传统，号召为商船配备美国海军的大炮和海军士兵，指示他们：凡是遇到冒头的德国潜艇，即行开火！得了这样的指示，美国商船一头驶往了战争区域。

美国参战前的"中立"，只不过是为了发战争财和等待参战的最好时机。1917年，战争已近尾声，两大军事集团都已精疲力竭，美国此时参战，既可轻易获胜、捞取战利品，又有利于战后夺取世界霸权。更何况对美国来说，不参加欧洲战争，不去扭转德国在欧洲专横称霸的局面，将意味着不仅仅失去贸易，而且相对地降低美国在世界国家之林中的地位，利害攸关，不得不参战。威尔逊总统等待德国政府重新考虑它的海上威胁是徒劳的，将近2月底时，载有美国国民的英国班轮"拉科尼亚"号没有接到警告就被鱼雷击沉。3月中，美国船舶"孟菲斯城"号和"伊利诺伊"号也被击沉，又死了几个美国人。以此为由的威尔逊说潜艇战是"与全人类作对的战争"，在呼吁战争的演讲中，威尔逊争辩说："美国将为伟大的道德原则而战，这场斗争不单为反对德国，而且为反对全部的专制政治。"为了保住美国的利益和在和平会议上弄到个席位，威尔逊就必得成为一个参战国的领袖。

在1917年初，美国越来越接近战争的边缘，威尔逊断绝了与德国的外交关系，把商船武装起来，4月2日更在国会里发表演说："世界必须安全民主，权利比和平更可贵，我们将为自己最珍惜的东西而战斗，我们乐于为世界的最后和平，为世界各民族的解放，为大小各国的利益作战，我们没有任何自私自利的目的可追求，我们不想征服别人，我们不为自己索取赔款，我们不为自愿的牺牲寻求物质上的补偿。"1917年4月6日，以德国的无限制潜艇战使许多美国人丧生和美国与协约国的贸易受到极大影响等为借口，威尔逊召开了国会特别会议，认可美德之间的战争状态，两天后，参议院通过了参战的决议，同德国打仗现在已是正式的了，刚刚5个月之前以"他使我们处于战争之外"为纲领勉强赢得大选胜利的这位总统，如今变成"武力，最大限度的武力，没有吝啬和限制的武力"的倡导者。

美国同奥匈帝国的外交关系于4月8日断绝，但直到12月7日方才宣战。美国对德宣战后，政府立即在全国各地掀起了一股爱国主义宣传热潮。"武装起来，最大限度地武装起来，毫无限制地武装起来！"这是威尔逊总统向全国发出的战斗号召。当德国决心开展无限制潜艇战时，它就有意地接受了各种风险，但它认为美国的武装力量将为数很少——当时美国的正规陆军总共不到30万人，空军只有微不足道的150人。但在短短几个月之内，美国陆军和国民警卫队就招到了近70

万名志愿者，另有 300 万人被征召入伍，到 1918 年 11 月，美国军队男女军人已有了 480 万人。1917 年，持续了三年的第一次世界大战进入了关键时期，巨大的战争消耗使协约国和同盟国都精疲力竭。为了响应协约国关于在欧洲尽快出现一支即使是微不足道的美国部队也会有助于鼓舞士气的建议，美国抽调分散的正规陆军部队拼凑成第一师，该师主力加上海军陆战队的一个团于 1917 年 6 月抵达法国。此前先期到达的是陆军花名册上年轻的少将约翰·潘兴。4 月，美国正式加入协约国一方与同盟国作战，这对于德国来说不啻是一个致命的打击，因为它极大地改变了作战双方的力量对比，战争的天平迅速向协约国一方倾斜。从 6 月开始，新锐的美国部队源源不断地开向欧洲。

美国参战后，它的海军也加入了反潜护航战斗，消除潜艇威胁的主要方案就是将商船集中起来组成编队，进行武装护航。在以前的战争中护航行动被证明非常有效，在第一次世界大战中却一度被认为过于保守，难于组织。不过这种方法的效果很快又被证明了，从 5 月开始，协约国和中立国的商船损失逐渐减少。到 1918 年初，美英新下水的船只数超过了损失的船只数，而它们击沉的德国潜艇，不久就比德国所能建造的更多，德国的无限制潜艇战失败了。1918 年，英美使用更先进、更有威力的水雷，共同布置了一个巨大的雷区，从苏格兰以北的奥克尼群岛一直延续到挪威的领海，一共布了 7 万多枚水雷，使得德国潜艇要进入大西洋更为困难，英美海军基本解除了德国潜艇的威胁。这不仅对英国的存亡有着重大意义，而且使得美国部队能够跨越大西洋登陆法国作战，最终挽救了协约国的命运。

第十四章 大局已定

——协约国军队的反攻

一、空权理论的先驱——威廉·米切尔

威廉·米切尔作为美国空军的创始人而被誉为"美国空军之父"，与意大利的朱里奥·杜黑和英国的休·特伦查德齐名，是世界空军学术界最著名的三位思想家之一，其理论对许多国家的空军建设和作战理论产生过重要影响。相对于系统阐述空军理论的杜黑而言，米切尔所起的作用并不是一位有创见的思想家的作用，而是一位行动家和实践家的作用。他懂得如何掌握运用空军的基本原理，并使这些原理发挥作用。米切尔的《空中国防论》一书被认为是西方空权理论的主要著作之一，然而这位本应受人尊敬的空权理论先驱生前并不得志，曾由准将降为上校，并被军事法庭判处停止军职的处罚，他的理论也是在他去世十年后才被认可的。

米切尔是20世纪初美国著名的军事思想家、战略家、美国空军的倡导者，一生共写了6部著作，其中《空中国防论》是他的代表作，这也是西方空权理论的主要著作之一。《空中国防论》一书全面阐述了米切尔有关空军的思想。米切尔认为，空中力量和马汉的海上力量一样，关系到国家未来的生存、发展、繁荣和安全，所以应以空军作为新的国防战略的基础。不过当时全世界的飞机还处于原始状态，人们还没有充分认识到飞机的重要作用，米切尔这个美国的"飞机狂"却一天到晚不停地叫喊"空军第一、空军最好、空军无敌"，结果导致海军讨厌他，陆军反感他，并由此导致他被降职、被审判、被抛弃，不过令人欣慰的是，美国军方最终还是认识到了空军的重要性，在米

切尔去世十年后，美国国会向这位空军倡导人追授了特殊勋章，他也被尊为世界空军三大先驱之一。

威廉·米切尔是威斯康星州米切尔家族的后裔，他于1879年12月29日在法国里维拉出生的时候，正是米切尔家族在金融和政治上都取得成功的时期。他在法国住了3年，成长成一位充满活力、富有天才的年轻人，具备士兵和飞行员的素质。1898年美国向西班牙宣战，18岁的米切尔中途辍学，果断地应征入伍，成为一名通信连的少尉军官，1901年他接受了通信兵正规军中尉的任命，后来成为通信学校的一名教官。

米切尔是个陆军通信兵，但对地上的活动兴趣不大，整天琢磨着往天上跑，对当时新兴的飞机有着极大的兴趣。在他37岁那年，利用周六周日等休息日自费花了1000多美元到航空学院接受飞行训练，终于成了一名合格的校级飞行军官。1914年第一次世界大战爆发后，美国军方打算派人到欧洲去考察英法等国的航空兵的发展使用情况，米切尔因为懂得飞行而得到这个差事。欧洲之行使米切尔大开眼界，他亲眼目睹英国航空队去轰炸德国，而且还有幸结识了"英国皇家空军之父"特伦查德。

1917年4月6日，美国对德国宣战，米切尔随军到达法国，任美国远征军的空中军官。这时的法、英等国已经有了三年的空战经历，当时的欧洲由于战争的压力，空军发展得很快，已经有时速近200公里的战斗机和时速140公里的轰炸机组成的大型航空队。通过观察和学习，米切尔的观点逐步形成，向美国远征军司令潘兴上将提出了建立航空队以争取制空权的建议。米切尔的建议具有很强的说服力，并最后成了美国远征部队空军的正式计划，米切尔也因此担任了美国第一集团军的空军指挥官。作为美国第一集团军的空军指挥官，米切尔最多时拥有不过650架飞机，但他却能把协约国的航空兵部队借过来参加美国远征军唯一实施的两次重大战役。在圣米耶尔战役中，米切尔组织起大约1500架飞机用于支援美国地面军队的作战。这次战役超过西线战场任何一次战役的规模，特别是以其大规模集中使用飞机而引人注目。由于在此次战役中米切尔的空军发挥了重要作用，他被晋升为准将。

大战结束后，米切尔关于飞机的思想更进了一步，他把飞机的支援和协同地面部队作战密切联系起来。他于 1919 年被任命为美国陆军航空勤务部队副司令,此后他开始致力于从事创立独立空军以及对军事空中力量实施联合控制的宣传鼓动工作。他宣称飞机已使战列舰失去了以往的作用,并通过两次空中轰炸及在 25 分钟内击沉德军无畏舰"东弗里西兰"号的实验来证明其观点。米切尔不断呼吁发展空军并改善其装备,他认为在未来战争中,空中力量的影响将起决定作用,主张空军应取得与陆军、海军平等的地位。但他的主张在当时并不能被别人接受,激愤的他时常谴责反对派是愚蠢的,说他们被私利蒙住了眼睛,这导致他与上级关系的恶化。由于直言不讳批评军方高层,不久米切尔被降为上校,并被调到南方得克萨斯州任职。后来因他在"飞艇失事事件"公开指责陆军部和海军部无能,被军事法庭判处停止军职五年,降为永久上校军衔,1926 年被提前退役。米切尔是美国空军坚韧不拔的倡导者,他富有想象力和创造力,预见到在未来世界上,飞机是主要的运载工具,能跨越各大洋和大洲,天生就具有根本改变战局的能力。由于长期以来一直担任美国陆军航空兵的高级指挥官,因而他的理论在很大程度上又是其经验的总结和发挥,其中,关于制空权的重要性、航空兵的集中指挥、人员的训练及发展民用航空等观点,至今仍具有现实意义。

被停职后的米切尔退居弗吉尼亚州的米德尔堡,在那里继续发表演讲和撰写文章为其观点辩护,并为建立独立空军进行游说。随着米切尔从全局来认识飞机的潜力,他开始认识到目前美国缺乏系统的理论来指导空军的建设,于是他开始致力于填补这一空白理论的研究工作。不久后,米切尔的《空中国防论》出版了。在《空中国防论》中,米切尔从国防的角度详细地分析了空军的战略地位、空军的建设、战略轰炸、空军同其他军种的协同作战、空军在世界范围的作用等,这些思想为美国空军的兴起和发展奠定了基础,并在第二次世界大战中得到充分证明。1936 年 2 月 19 日米切尔逝世,终年 57 岁。直到米切尔去世十年后,美国国会才终于批准向米切尔追授特殊勋章,承认其"作为美国军事航空领域的杰出先驱者所作的贡献和远见卓识"。1947 年,美国空军终于诞生了,1948 年 3 月 27 日,米切尔的儿子小威廉·米切尔从美国空军第一任参谋长卡尔·斯帕茨将军手里接过这枚奖章,许多政府高级官员出席了这一仪式。

二、从无到有——"一战"中的美国空军

1903 年，美国的莱特兄弟造出了一个约有 12 马力的四缸发动机，他们将助推器安装在机翼后方作为推力，制成了人类史上的第一架飞机。12 月 17 日，奥维尔做了试飞，尽管他只成功地飞行了 12 秒，飞行距离也只有 37 米，但这毕竟是飞机的首次成功飞行，人类从此向飞行迈出了意义重大的一步。但莱特兄弟的成功试验，在当时的美国并没引起人们的重视，在飞机出现后的前十几年中，飞机基本上是一种娱乐的工具，主要用于竞赛和表演，直到第一次世界大战爆发后，这个"会飞的机器"才逐渐被派上了用场。

美国空军的前身是陆军航空兵，1907 年 8 月，美国在陆军通信兵团内设立了最初只有 3 个人的航空科，这就是美国最早的空军机构。随着航空技术的不断发展，陆军通信兵团航空科于 1914 年 7 月 18 日正式扩充为航空处。第一次世界大战前夕，美国航空兵的发展水平远远落后于欧洲，在 1917 年 4 月美国对德国宣战时，只有一个成建制的作战中队和 50 多架飞机。出于战争的需要，美国陆军开始扩编它的航空处，并对它进行现代化改建，1916 年"珍妮"号在改造后被重新命名为"JN-4"号。通信兵部队开始定制"JN-4"号，主要用于飞行培训，其中一些还安装了机关枪和炸弹架，用于高级培训。尽管有了作战意识，但美军航空部门也只有 131 名军官、1000 多名现役人员和不到 300 架的飞机，这在军事航空的各个方面都落后德军至少两年，根本不适宜欧洲战场上的空战。

在当时的美国，人们对飞行的安全还普遍怀有恐惧，在最初的 48 名飞行员中，两年中就有 12 名死于飞行事故。1916 年，美国航空队参加墨西哥边界的冲突行动，6 架飞机没有一架完成任务。有一架还被一位骑着马的墨西哥人用猎枪打了下来，飞行员也被活捉入狱。这样高的风险率，使陆军感到它是一个负担，个别人甚至建议把航空队从通信兵团分出去，但飞行员们却怕失去依靠，坚持认为航空力量还没有发展到可以单独作为一个独立兵种的程度。这时的欧洲战场上，交战各国中没有人真正想到飞机是一种作战的武器，只是把它作为陆军或海军的眼睛而用于侦察，双方的飞行员每天都要在前线上空拍摄敌情。1914 年 8 月 22 日，德军大举进攻法国，侦察机提供的情报使英国远征

军得以组织撤退，因而挽救了无数人的性命。一周后，当德国人转攻巴黎时，法国空中侦察机提供情报，使得法国军队及时部署兵力攻击德军侧翼，遂使第一次马恩河战役告捷，将德军阻截在距离巴黎40公里之外。

"一战"爆发之初，长期主宰战场的是欧洲各国的陆军和海军，他们对那些用木头和布料制成的歪歪扭扭的空中怪物并没多大的兴趣，而当时的飞机的确也不是专为军用而设计的。那时的飞机大多数是双翼机，飞机的机身全都用木头制造，机身和机翼上覆盖着涂上胶的布料，没有任何武器装备。在法国战壕的上空，协约国的飞行员可以自由地报告敌方编队情况、军需仓库位置以及增援部队的动向。有些飞行小分队利用投下大捆沉重的包裹和地面联系，还有些通过飞机队形变化自创信号系统。直到1915年，在飞机的标准设计中才包括了传递信息的无线电报装置。这些设备使飞机得以飞得更低，也就成为更容易被袭击的目标，因此开始有了负责护卫的护航战斗机，当空中格斗为战斗所需时，歼击机便应运而生了。在这之前，英国和德国的飞行员们在空中相遇时，彼此并不交战，而是专心致志于各自的侦察任务，顶多挥挥拳头以示敌对。由于飞机上没有专门的攻击性武器，所以飞行员和侦察员们在执行任务时往往带一支手枪或一支卡宾枪。但并非人人都带，也不是每次都带。

1917年，战火在欧洲大陆熊熊地燃烧，协约国与同盟国军队的交战陷入了胶着状态，大批投入战场的爱国男儿慷慨赴义，在无情的战场上牺牲了生命。此时，美国政府依旧保持着中立，迟迟未宣布加入战争，这引起许多美国热血青年的反对，他们于是决定自愿前往法国参军，贡献自己的一分力量。这些在法国的美国飞行员申请组建他们自己的中队，并命名为"美国飞行分队"。1916年5月13日，这个飞行分队首次执行任务。其中的凯芬·洛克威尔击落了一架德军侦察机，取得了飞行分队的首次胜利。后来有38位志愿者想要学会开着梦想之翼在天空翱翔，他们组成了一支颇具传奇色彩的特别空军飞行队，这就是历史上著名的"拉斐特飞行小队"，最终德军抗议协约国使用这个美国人组成的飞行分队，因为美国是中立国。1917年4月6日，在威尔逊的要求下，国会通过了对德宣战的议案。国会批准了6.4亿美元的预算用于空军培训和制造飞机，这在当时是最大的单笔军事拨款。

通信兵部队司令官乔治·斯奎尔少将帮助策划了这一拨款法案，在他的任期内，航空处扩大到1.2万名军官和14万名士兵。

此时的飞机已不仅仅是陆军的"眼睛"了，它还是一种有效的作战武器。飞机上安装了刘易斯式轻机枪，这种机枪是美国人艾萨克·刘易斯上校于20世纪初设计的一种轻型气冷式机枪，它轻便实用，法军飞行员约瑟夫·弗朗茨和机械员兼观察员路易·凯诺中士驾驶一架瓦赞飞机在己方阵地上空巡逻时，就第一次用这种机枪进行了空战，并成功击落了一架德国飞机。美国陆军通信兵航空处在这段迅猛发展的日子里，设立了过分乐观的目标，这些目标设立的基础是由陆军航空兵高级飞行官员福洛伊斯少校领导的一个小组所提出的建议，这个小组建议组建350支飞行中队，包括2.3万架飞机。这种轻率的作风在协约国中很快蔓延开来，英国军需部长温斯顿·丘吉尔承诺要用武器代替人员作战，用他的话说，就是"飞机之多要遮云蔽日"，而事实上这些想法不过是空中楼阁。在第一次世界大战中，飞机开始被广泛运用于空地协同作战。在1917年底进行的康布雷战役中，英军派出了1000余架飞机参战，这些飞机以低空盘旋的噪音来掩盖坦克开进的隆隆声，以对地轰炸和机枪扫射来支援地面部队的行动，还轰炸了德军的炮兵和指挥部。

当飞机在欧洲上空大显身手时，美国的飞机制造却由于纠缠于专利纠纷而延后了许多年。需要数以千计的零件组装而成的飞机可远非组装汽车那么容易，不过美国的确生产出了拥有400马力的十二缸自由式发动机，性能强于所有同类产品，美国也采用了双人驾驶的英式"德哈维兰-4"号飞机的设计。这种"DH-4"号飞机有一个绰号，叫"燃烧的棺材"，这是因为此种飞机的燃料箱安装在两个座舱中间，很容易被敌军火力击中。欧战爆发时，因为欧洲的空军发展得很快，美军曾派米切尔上校到欧洲考查英法等国的航空兵的发展使用情况，通过观察和学习，米切尔的观点逐步形成，向美国远征军司令潘兴上将提出了建立航空队以争取制空权的建议。米切尔的建议具有很强的说服力，并最后成了美国远征部队空军的正式计划，米切尔也因此担任了美国第一集团军的空军指挥官。

1917年9月，第一个派往欧洲的美国飞行小分队到达法国，福洛伊斯被委任为美国远征军航空兵司令。虽然更多的飞行中队陆续抵达，但他们全是生手，都需要培训。这些初出茅庐者驾驶的是法国设计制造的"布莱格特"轰炸机，也驾驶另一种法国的"纽波特28"号战斗机。"纽波特"很易操作，但是它在垂直俯冲时有裂开的趋势，即使机翼没有折断，机体表面构造也会剥离出去，所以这是一种很危险的飞机。在这一时期，德国人在飞机配合陆军作战方面处于领先地位，他们专门生产了有装甲的J级飞机和轻型CL级飞机用于攻击地面目标。德国的J级"容克"式飞机是现代强击机的雏形，它的机身全部用铝合金制造，飞机腹部装有下射机枪，座舱周围装有5毫米厚的钢板，飞机携带有集束手榴弹和手抛轻型炸弹，可有效地执行对地攻击的任务。1917年冬，约2500名美国飞行员接受了高级培训，其中有65人留在了意大利，和意大利飞行员并肩作战，担任执行美国空中部队战斗轰炸机的首批作战任务，包括侦察机和战斗机在内的所有类型的飞机都用来轰炸。但是意大利的"卡普洛尼"轰炸机的射程非常远，可以确保穿透敌军的防御，预防空中袭击，从后方输送炸弹。这种复翼飞机有3个发动机，可以负载545千克的重量飞行4小时之久。

美国第一批参战的是一支空军志愿大队，即成立于1916年的拉斐特大队。1918年8月圣米耶尔战役时，美国航空兵前线指挥官米切尔集中大约1500架飞机，用500架支援地面作战，其余用于突击德军后方交通要道，有力地配合了地面进攻战役。截至战争结束，在前线服役的美国航空兵共有45个中队，近800名飞行员和700多架飞机。1918年2月，美国吸纳前拉斐特飞行小分队的飞机、设施和飞行员，组建了第103航空中队。由于它在参战时听命于法国的指挥，从而当之无愧地成为美国第一支参与空战的飞行小分队。拉斐特飞行小分队使用的是法国设计的"斯帕德七"号战斗机，这种飞机可以高速俯冲，这是躲避攻击的一招绝技。利用这种飞机，小分队击落57架敌机及其9名飞行员。

美国对德宣战时，当时航空处只有130多名军官、1000多名士兵、55架飞机和一个成建制的作战中队。为了适应战争需要，航空处在组织结构上做了一些相应的变革，将航空处从通信兵团分离出来，成立两个独立的机构——飞机生产管理局和军用航空处。前者负责管理飞机、发动机及航空器材的生产，后者负责训练和作战，同年5月24日陆军部又将两个机构合并组成陆军航空局。在法国，未经实战检验的美国飞行中队被派往图尔北部经受战斗洗礼。德军派出 16 支飞行中队在法国图尔迎战刚刚到达的对手。1918 年 4 月，温斯洛中尉和坎贝尔中尉各自击落了一架德国战斗机，成就了美国第一个属于空军的胜利。两位飞行员都凯旋而归，安全返航。像他们两个这样的飞行员，都是在实践中才真正学会了空战中的生存技巧，从而将自己接受的大多数培训临场发挥出来。战前人们谁也不会料到飞机会在这次战争中得到突飞猛进的发展，然而事实却向人们证明，空中作战的许多样式是在这场战争中播下的种子，从此以后，空中作战思想就开始萦绕在世人的脑海中，并进而改变了整个战争的面貌。

在欧洲西线的战场上，步兵只能蜷缩在堑壕里，而飞行员却可以在空中尽情表演绝技，这种强烈的对比造就了战场上一个不朽的神话——"空战骑士"。在所有这些"骑士"中，最为著名的就是那些"王牌飞行员"了，他们都曾经击落过 5 架以上的敌机。美国最著名的王牌飞行员是艾迪·瑞肯贝克尔中尉，战争结束时总共击落敌机 26 架，成为歼敌最多的美国飞行员。在马恩河战役中，美国飞行小分队驾驶着英国设计的"索普威思－骆驼"战斗机投入战斗，这是一种由英国飞机设计师托马斯·索普威思研制的战斗机，这款战机之所以被叫作"骆驼"，是因为这种飞机的顶盖酷似骆驼的驼峰。"索普威思－骆驼"战斗机于 1917 年中期进入英国陆军航空队和英国皇家海军航空队服役，一举成名。非同寻常的平衡性能为其带来意想不到的机动性，因此这款战机非常适合富有经验的飞行员驾驶，不过对新兵来讲它就是自杀式武器。它的驾驶难度非常高，在训练中牺牲的飞行员要多于牺牲在战场上的人数。但如果驾驶娴熟，它的飞行高度可达 3600 多米，很难被击中，更别说战败了。

战场上最可怕的德国"哥达"轰炸机可以携带半吨炸弹，它的个头是"骆驼"的两倍不止，但在"骆驼"的打击下几乎无还手之力，几个月之内，这种笨拙的轰炸机就只能去有限地执行夜袭任务了。在一次战役中，美国空军遭遇了德国一号空中杀手——被称为"红男爵"的冯·里希特霍芬和他的"里希特霍芬飞行特技队"，在战斗中，里希特霍芬被击落。在随后的圣米耶尔战役中，米切尔指挥 1500 架飞机配合地面作战，其中就包括了在法国的全部美国飞行员。协约国航空部队轰炸了德军集结地，投弹 30 余吨，并空袭了德军防线后方的交通要道和军事设施等目标，有效地配合了地面部队的进攻行动。这种联合行动开了战略轰炸学说之先河，此战后荣升为准将的米切尔的麾下集结了战斗中最为优秀的空中部队，这其中以 26 支来自美国、61 支来自法国以及 3 支来自意大利的飞行中队作为主力，以 9 支来自英国的飞行中队作助攻，其飞机总数达到了 1500 架，这一战术确保了协约国在战场上的空中优势。

在整个"一战"中，参战的美国空军大约进行了 150 次轰炸突袭任务，投掷 140 吨炸弹。据美国统计，总共击落敌机近 800 架、气球 70 多个，涌现王牌飞行员不下 70 名；自己损失飞机 300 架、气球 50 个，牺牲官兵 237 名。11 月 10 日，第 94 飞行中队的麦克斯韦尔·科尔比少校击落了一架福克尔战斗机，这是美军在"一战"中最后一次歼敌。第二天停战条约正式开始生效，美国这场"为结束战争而进行的战争"结束了。美国空军转而接受了在和平时期的任务，并在和平年代得到了飞速发展。在 20 年后发生的第二次世界大战中，美国的空军已经成为一只强大的独立军种，并在战争中起了决定性的作用。

三、横空出世——航空兵的诞生

1903 年 12 月 17 日，世界上第一架有动力的飞机诞生了。当设计、制造和试飞者莱特兄弟沉浸在巨大的喜悦之中时，他们绝对想不到一种新的战争武器将由此问世。飞机出现后最初十几年，基本上是一种娱乐的工具，主要用于竞赛和表演。但是当第一次世界大战爆发后，这个"会飞的机器"逐渐被派上了用场。到第一次世界大战爆发前夕，距第一架飞机成功飞行的历史仅仅有 11 年。战争爆发之时，作战飞机多为木、布结构的三翼机，装备数量也较少。德、法、英等国共有作战飞机 2000 多架。大战期间，飞机由试验型发展为批量生产，其外形发展到双翼机，并逐渐向单翼机过渡，动力装置由单发动机发展为双发动机、多发动机等多种型号，机体逐渐改用半金属结构，螺旋桨由推进式转变为拉进式。

1914 年 8 月，交战国的总参谋部认为飞机只有有限的作用。法国对航空的兴趣，只在少数民间运动员中持续下去。霞飞和福煦都对飞行没有一点信心，后者在几年前就不予考虑，认为飞行"对运动来说一切都很好，但对军队来说没有什么用处"。英国军事当局对飞机作为一种武器的威力，也同样抱怀疑态度。如果说空战最初未给将军们留下深刻印象，它却很快抓住了公众的想象，空中力量在那时还不能成为胜利的决定因素，但它却有军方预见不到的提升士气价值。德国最高统帅部首先认识到航空英雄能使平民很兴奋，航空功绩被突出地加以报道，报纸上的宣传运动则鼓励民间与王牌驾驶员通信。根据一切军事上的考虑，德国在空军方面是远远领先的，德国人为准备战争，已经把他们的资源编入预算了，然而，即使是德国最高统帅部，也不过把飞机看作是个观察哨，在通信兵中只给予空军一个无足轻重的地位。1911 年，德国有两个虽小却发达的飞机公司，制造用优良的达伊姆勒和梅塞德斯水冷式发动机发动的阿尔巴特罗斯飞机和阿菲亚蒂克飞机，还有十多所私立飞行学校。

在"一战"中，飞机先是用于侦察，为陆军部队做耳目，继而装上机枪，专门进行空中格斗，后来又带上炸弹，去轰炸敌方的地面阵地，还有的飞机专门执行对地面部队攻击的任务，这样在大战的硝烟中，便诞生了一群"铁鸟"——侦察机、战斗机、轰炸机、强击机和教练机。

在 1914 年，空中士兵的生活是愉快的，飞越敌区是愉快的插曲，那时敌对的驾驶员相互会轻快地招招手，哪一方都没有能力做更多别的事情。9 月的一天，一位驾驶员认识到战争是残酷的游戏，拔出他的手枪，向一架飞过去的敌机射击，而不是招招手。此后不久，双座飞机的法国观测员开始携带步枪，甚至用砖块去扔对方的螺旋桨和驾驶员。很快，飞机上的射击武器由手枪、步枪发展为机枪，由偶然的相互射击发展为空中格斗，轰炸武器由手投炮弹、手榴弹发展成由投弹架投放的专用航空炸弹，机上开始装备无线电、各种仪表，并为飞行员配备降落伞，作战飞机的飞行速度、高度、航程等性能都有很大提高，装备飞机的数量大大增加。1915 年 9 月，德国空战能手殷麦曼驾驶"福克"战斗机首次击落一架偷袭杜埃机场的英国轰炸机，这是军用机向争夺制空权迈出的头一步！从此，飞机不只用于击落侦察气球，也用于击落敌方飞机。不久"福克"战斗机开始大量击落协约国的飞机，空战形势发生了有利于德国的呈一边倒的变化。英军于 1916 年惊呼："如今，我们须用三架飞机为一架侦察机保驾护航，才能完成既定的作战任务。"

战斗机是为了限制敌侦察机的活动而出现的，在"一战"的战场上，最早各国的飞机都是用于侦察和观察战场动态，飞往敌方阵地上空进行空中侦察是当时军方使用飞机的主要任务。随后人们就把侦察与轰炸结合到了一起，在飞机的腹部装上机枪，并安排一个副驾驶用手向下投掷小型炸弹和手榴弹。为了阻止对方飞机执行这些任务，把令人讨厌的敌方的飞机撵走，一种可将敌机驱逐出己方阵地上空的作战飞机应运而生，当时称为驱逐机，后来发展成为战斗机，飞行性能和作战能力都有很大提高，可执行近距支援、空中格斗等更加复杂的空中作战任务。当时的战斗机多为活塞式发动机的螺旋桨拉进式双翼机，代表性的有英国的"索普威思"和"布里斯托尔"系列，法国的"斯帕德"和"纽波尔"系列，德国的"容克"和"福克"系列等。安东尼·福克是位怀才不遇的年轻飞机设计师，大战中，福克飞机厂制造了许多种很成功的飞机，英国人曾向福克书面提出，如果他到英国去设计飞机，就送他1000万美元，但直到战后福克才知此事，原来德国情报机构截获并扣留了此信。

安东尼·福克研制的"福克"飞机是"一战"中德国空军使用最多的战斗机，它的最大特点是枪弹能够穿过前方螺旋桨的旋转面，因而提高了射击的精确度，它的机枪装在机头上部，易于瞄准射击，是第一次世界大战中有名的战斗机，给协约国造成了极大的损失，历史上称为"福克灾难"。为了对抗"福克"飞机，尽管没有射击同步协调器，英法还是想了许多办法。由于战争的需要，使参战各国加速了作战飞机的研制和生产，先后推出了许多性能良好的战斗机，这些飞机的陆续投入使用，使协约国的空中势力得到了加强，逐渐恢复了空中主动权，直到"一战"结束。

四、德军的最后一次大规模攻击——第二次马恩河战役

第二次马恩河战役或称雷姆斯战役是第一次世界大战西线发生于1918年7月15日至8月6日的战役，战役初始德军使用了胡蒂尔的"突击群战术"，取得了极大的成功，使英法联军遭到了沉重的打击，但在英、法、美军队的联手反击下，后继无力的德军遭到了决定性的失败，从此一蹶不振，再也无力发动大规模的进攻了，所以说这次战役是西线中德军最后一次发动大规模攻击的战役。

在 1918 年 5 月发动的埃讷河攻势中，德军深入协约国军前线达 12 公里，围歼了协约国 4 个师的防御部队，另外 4 个师仓皇溃散。第二天，德国人的攻势丝毫不减。鲁登道夫敦促后续部队继续推进，进攻的锋芒直指巴黎，企图以此夺取战争的胜利。但鲁登道夫这个想法实际上是无益的，因为即使攻占了巴黎，也并不代表战争就会结束。但不管怎么说，这场攻势还是给协约国造成了相当大的混乱。5 月 20 日下午，德军占领了距离巴黎不到 40 公里的马恩河，慌乱中的法国政府再度准备撤离到波尔多，法国陷入一片恐慌之中。为了抵御德军势如潮水的攻势，法国第四、第五和第六集团军采取了纵深梯次配置以组织防御，拖延德军进军的速度，并准备在适当的时候转入反攻。7 月 15 日，法军出其不意地对即将发起进攻的德军实施猛烈的炮火反攻，当日凌晨，德军的第一和第三集团军经 3 个多小时的弹幕攻击后，在兰斯以东发起进攻，突破了法军第一道阵地，但在第二道阵地前被猛烈炮火所阻。

对于德军来势汹汹的攻势，法军总参谋长贝当始终保持着镇定，战斗开始的第一天，他就调了 16 个师开往马恩河，他要自己的部下和政治家们明白，英法军队必须坚持数月以等待美国援军的到来。事实上，美国已经开始向其处境艰难的盟友提供大量的有效援助。6 月 4 日，美军在法军的支援下，在沙托蒂也里打了一场漂亮的阻击战，遏止了德军的进攻。尽管美军在战术上还显得不够成熟，但他们高昂的士气和充沛的精力极大地鼓舞了法国人的斗志。德第七集团军在若尔戈讷、圣埃弗雷兹地段突破法第五、第六集团军防线，推进约 8 公里，并强渡马恩河。法军航空兵和炮兵轰炸马恩河各渡口和桥梁，迟滞德军前进。协约国军队在防御过程中增调部队准备反攻。联军总司令福煦决心由法军第十和第六集团军从马恩河突出部西侧对当面德军实施主攻，法第九和第五集团军从突出部东侧实施助攻，以解除德军对巴黎的威胁。

为这场战争的最后一次大规模进攻，德军消耗重大，使原本士气低落的德军更加疲惫不堪。虽然在战术上取得了很大的成功，但这场战役几乎耗掉了德军所有的人力，孤注一掷的鲁登道夫仍瞄准着兰斯，打算实施他的最后打击，他始终确信，他能够依靠一场大规模的攻势打垮美军。他给这场箭在弦上的进攻一个代号——"友好风暴攻势"。由于再次预先得到警告，协约国最终完成了纵深防御的准备，德军的最后一次进攻比 1917 年对法国人发动的里维尔春季攻势遭到了更大的损失。7月18日清晨,法第十和第六集团军在徐进弹幕射击掩护下,未经炮火准备即在贝洛至丰特努瓦60公里正面上向德军发起反攻,当日推进8公里。19日,法军第九和第五集团军从东面发起反攻。伤亡惨重的德军被迫于21日向马恩河北岸撤退。8月2日,协约国军队收复苏瓦松,至8月4日,协约国的军队肃清了马恩河突出部的德军,双方的战线在埃讷河和韦勒河地区暂时趋于稳定。

鲁登道夫的不断进攻拖垮了整个德国军队,并把它带到濒于崩溃的边缘。与此同时,协约国的实力却由于几十万美军的到来而迅速加强。8月8日,澳大利亚、加拿大等英联邦部队在大量英国坦克的支援下,对阿米恩斯附近毫无准备的德军发起了猛烈的攻击。坦克掩护步兵穿过死亡地带,德军有6个师被歼,鲁登道夫在战后承认,8月8日对德国军队来说,是"开战以来最倒霉的日子"。第二次马恩河战役,协约国军队损失14万人,但德军损失要大于协约国,约有17万人被歼,并且战线最终被协约国军队推进了40公里,协约国达成了战役目的,并由此完全掌握战略主动权。德军这次失败的主要原因是兵力和物资不足,后继无力,并且他们过高估计了自己的力量。协约国方面自美国参战后力量大大加强,逐渐掌握绝对优势。

五、最后冲刺——兰斯战役

1918年7月,德军为了迅速攻占法国首都巴黎,在统帅鲁登道夫的部署下,从两面包围巴黎的"门户"——兰斯城,想一举攻克兰斯,长驱直入巴黎。为了实现这个计划,采取了高度保密的策略,德军在皇储威廉率领下,庞大的集团军群秘密地进入阵地,在行军过程中,连车轮也用布包裹起来,以避开法国侦察兵的耳目。鲁登道夫计划在7月12日从两面包抄兰斯城,在兰斯城以西发动的进攻是想跨过马恩河,拉长战线,直逼蒂耶里堡。这将危及巴黎。鲁登道夫写道:"在这次行动之后,我们就立即集中大炮、战壕迫击炮和几个中队的飞机向佛兰德斯阵地发动进攻,而且可能就在两周之后就发动这次进攻。"

法国第四集团军司令古罗将军根据战争的态势,认为德军即将对兰斯发动进攻,法军情报部门派出一股精干的小分队,连夜闯入敌营,活捉一名俘虏,获悉德军将于0点10分发起炮击。古罗马上做出反应,命令炮兵部队提前开火。0点10分，一声令下，2000多门各种口径的大炮同时向德军开火，铺天盖地的炮弹划出道道光亮呼啸着射入德军阵地，顿时火光一片，空前规模的兰斯之战，在隆隆炮声中拉开帷幕。德国人的总攻也开始了，整条战线都喷射着火焰。凌晨4点30分时，德军36师的第五掷弹团和其他一些部队开始把隐蔽在芦苇荡和灌木林中的铁舟驶出来，双方炮击产生的毒气和浓烟同早晨的雾结合在一起，形成了浓烟雾。在德国人凭借浓烟雾到达河中心时，美国第三师的人便发现了这些装满了步兵和机枪手的德国船只，立即朝那些船只进行猛烈射击，德军正渡至中流，猝不及防，有几十艘小艇被击沉，损失惨重，但仍奋战渡河，终于以惨重的代价涌过对岸，并迅速占领了一个制高点，向美军进行反击。美军三十八步兵团越战越勇，坚守住阵地，与德军抗衡，整个战场一片硝烟弥漫。但是在别的地方，德国人涌过马恩河南岸去攻占美国的前哨，还爬上了通向巴黎—梅茨铁路后面的主要防线的小山。在这里，尽管伤亡惨重，但是美国人还是坚守了阵地。在第三十八步兵团两侧的法国人开始后撤了，但这些美国人坚决不撤。

在兰斯西面，德军聚集了6个师，以强大的优势兵力，突破了意大利第八师的防线，并迅速把他们逼到第二道防线去，进展较为顺利。上午9点30分，情况发生了变化。德军以人海战术，把从马恩河畔的多尔芒到兰斯高地的协约国防线，往后挤压成一个十分危险的楔子形。但这仅仅是暂时的，不大一会儿，有军官报告说，他们的部队在第二道防线前面受到协约国军队的猛烈阻击。兰斯以东大约80公里处，美国彩虹师参谋长道格拉斯·麦克阿瑟正站在主要防线上密切地注视着这场战斗。在德军向已被放弃了的前线战壕猛扑过来的时候，他们看见美军的炮火像雪崩一样向他们压过来，但是他们还是继续前进，因为他们在轻而易举地攻占了头几道战壕以后，胆子变得更大了。到了下午，战斗异常激烈，整条马恩河都被鲜血染红了，德军总司令鲁登道夫仍督促将士发起进攻，为占领兰斯投下最后一注。德军发疯了，似乎都不怕死，前边一批批倒下，后面又涌了上来，但靠这样的人海战术，到傍晚时分才前进了不到5公里。而协约国的炮兵则以逸待劳，整整一天都在接连不断地炮击河对面的德军后备部队，这样前击后炸，处处开花，眼见德军攻势渐渐削弱。

虽然德军现在已经在多尔芒的两边抢占了马恩河对岸许多桥头堡，

但是皇储威廉还不满意。他看到报告说，敌人已按计划撤出防线，法军的计划是避开我们的打击，因此，我们的准备性炮击所摧毁的战壕几乎是完全没人的战壕，而且战事没有取得什么进展。部队在敌人的第二道防线前面受阻了，皇储下令准备再次炮击敌人的第二道防线。到了这种地步，鲁登道夫只得下令皇储的第六集团军补充战斗力，准备把这支后备力量投到前线。但是皇储没有接到命令，眼见大势将去，只得于当晚停止了冲过马恩河的行动，并且还停止了兰斯东面的攻击。这下鲁登道夫只得靠马恩河和兰斯之间的两个军准备第二天重新发起攻击。鲁登道夫仍然希望可以突破敌人的防线，他对手下一个军官说："如果对兰斯的进攻现在就可以获得成功，那么这场战争我们就打赢了。"他对被阻止在兰斯东面的第三集团军的进展情况感到不满，便打电话给这个集团军的参谋长，他大声问道："你们的进攻为什么毫无进展？"冯·克勒维茨中校沉着地回答说："集团军司令下令停止进攻，因为法国人已经把他们的炮兵撤走很远了，法国人正在嘲笑我们的毁灭性炮火。"就在这时，在兰斯附近的茫茫森林中，24个整编师的协约国部队正集结待命，准备来日向德军发起全面进攻，而此时的德军，不仅在数量上少于对方，在士气上更是低沉，而且这些后备力量多数是从东线调过来的，疲军西进早已力竭，更是不堪一击。协约国则让英勇善战的摩洛哥师担任主攻，右侧是美国第一师，左侧是第二师，可谓全是精兵强将，装备精良。

那天下午的战斗打得十分激烈，加上天气炎热，使战斗更加折磨人，德军毫不畏惧地跟着往上冲，疯狂地叫着喊着，但是致命的炮火使他们不得不躲在玉米地里。到傍晚时分，他们令人失望地只前进了5公里，不得不在那一块玉米地的另一边挖战壕自卫。上级对他们的要求超过了他们的能力，对他们来说，末日已经到了。第二天，天刚亮，只见在平坦的田野上，大大小小的坦克隆隆地向前推进，喊杀声震耳欲聋，双方刚一接触，德军就乱了方寸，纷纷退却，面对强大的攻势，德军大部纷纷投降，只有少数部队坚守阵地继续抵抗，但很快就被打退。德军见大势已去，只好扔下长枪，不断地喊道："结束战争！"在河的另一边的屠杀更为残忍，协约国炮兵整整一天都在炮击河那边的后备部队，使德军伤亡惨重。皇储没有接到最高统帅部的命令，所以那天晚上他不仅停止了冲过马恩河的攻击，而且还停止了在兰斯东面的攻击，只有在马恩河和兰斯之间的两个军准备于第二天发起进攻。虽然地面部队抵敌不住，但在战场上空，一批批德国飞机仍不断地向地面的协约国部队进行一次次俯冲扫射，给协约国军队造成很大伤亡。协约国空军驾机升空，迎击敌机，双方在浓烟滚滚的兰斯上空，进行激烈的空战，战斗进行到上午11时，皇储威廉和鲁登道夫意识到局势严峻，因为所有的后备力量全已用上，而占领兰斯长驱直入巴黎的希望已然化作泡影。

法军芒让的部队集结在香巴尼突出部的东端，位于维莱-科特雷正西北的大森林。在这个地区的德军素质很差，其中许多人是从俄国调过来的，缺乏对付坦克的经验。而芒让计划大量使用坦克，7月18日晨，炮声隆隆，协约国军队发起了总攻，皇储威廉意识到，左右侧的几个师都被击退了，作为后备军的几个师也参战了。皇储不相信他的部队能阻挡敌人的进攻，命令部队从马恩河南面的桥头堡撤出来。经过一个下午的激战，强大而英勇的协约国军队终于占领了这座险要的峡谷，德军已失去战斗的信心，一批批撤出战场，仓皇地向后退去，夕阳照射下，站在雷斯森林里18米高瞭望塔上的协约国前线总指挥芒让将军，终于露出了微笑。

兰斯保卫战，虽然协约国付出惨重的代价，总计伤亡达5000人，但这是协约国从防御转入反攻的转折点，是结束第一次世界大战的关键战役。这次战役的规模与第一次马恩河战役虽然不可同日而语，但其结局却意义重大。德军因在此次战役中受挫，从此便完全丧失了主动权，无力再发动进攻，而法军不仅通过胜利反攻再次解除了德军对首都巴黎的威胁，而且还由此把战场上的主动权牢牢掌握在了自己手里。兰斯战役，德军所有后备军都已投入了战斗，这意味着，鲁登道夫想占领兰斯从而迫使黑格从佛兰德斯派出更多的增援部队的希望破灭了。在三天的时间里，他对香巴尼的所有希望都破灭了，敌人正在对他构成威胁，这是一种难以置信的转折，部下劝鲁登道夫让部队后撤，出于政治原因他拒绝了，在绝望之下，鲁登道夫说，他将不得不考虑辞职。

六、美军的"身份证"——圣米耶尔战役

第二次马恩河之战使德军付出了80万无法补偿的部队的代价，而美军则轻易地补充了协约国方面35万人的损失。德国未能有喘息的机

会。自 7 月 8 日开始，德军连续遭受猛击，被迫采取守势，福煦策划的反击，要攻下敌人的三个突出部，收复把亚眠和阿兹布鲁克这两个战略接合点连接起来的铁路线，最初的矛头都指向马恩河以及自 1914 年以来已经存在的圣米耶尔。

1918 年 8 月，潘兴把 16 个美国师编为美国第一集团军，并得到了一个法国军团的补充。每个美国师的人员编制大致相当于两个法国师或德国师，但是美军缺少火炮和坦克，不得不从盟友那里借取。所幸的是，潘兴并不缺少可以倚重的良将，这些初露锋芒的军人在未来的"二战"中都将成为一代名将。马歇尔上校负责协助潘兴制定作战计划，麦克阿瑟准将在第四十二师担任旅长，巴顿上校则指挥着第三零四坦克旅。事实上，自从踏上法国土地那一刻起，众多美国军官尽管在不熟悉的地点同不熟悉的敌人即将打一场不熟悉的战争，但他们边干边学，很快就适应了环境，进入了角色，许多人逐渐成为独当一面的行家里手，在他们的指挥和带动下，整个美国陆军成为一支任何人都不可小视的生力军。1918 年下半年，战争主动权转向协约国方面。在 8 月，协约国军队很容易地突破马恩突出部防线，揭示了德军的困境，大为沮丧的鲁登道夫终于认识到不可能获胜了，甚至有利的和平也不再行得通了。这位将军不再轻视美军了，承认形势随着更多的美军参加进来，必然会愈来愈不利。8 月 8 日，英军开始攻击亚眠。黄昏时，英军越过德军防线 15 公里。这是协约国在西线一天之内向前推进距离最远的记录、战事伤亡最小的战役。德军参谋长鲁登道夫将 8 月 8 日定为德军黑色的一天，这一天共有 3 万德军士兵被俘。

9 月，美军和法军决定在法国圣米耶尔附近地区对德军实施战略进攻，以消除 1914 年 9 月德军进攻凡尔登以南地区时形成的圣米耶尔突出部，确保巴黎—凡尔登—南锡铁路畅通，为尔后进攻德军控制的梅斯—色当铁路和布里埃铁矿盆地提供前进基地，这也是美军赴欧洲后第一次执行独立作战。早在 1914 年 9 月，德军在对凡尔登要塞的围攻中，占领了圣米耶尔。这个突出部的存在严重阻碍了巴黎与法国东部前线的铁路交通。法军在 1915 年曾发动了一次小规模的攻击，试图拔掉这个钉子，但被击退了。潘兴向联军高层承诺，美军将在法国圣米耶尔发动攻势，把德军在联军战线上占据的这个突出部消除。潘兴坚持让一支独立的美军在自己指定的战线上实施作战，对此，福煦不太情愿地表示接受，拔除圣米耶尔突出部便成为美军的第一项任务。8月底，配属了法国第二军的美军第一军团接管了与圣米耶勒相对的防区，福煦考虑以协约国的全力发动一次攻势，为此他试图改变潘兴的计划，将部分美军部队配属给法军第二和第四军团。经过激烈争论，福煦接受了潘兴的立场，而潘兴也同意一旦圣米耶尔的作战结束，立即调动美军和法军一起进攻阿尔贡森林。

从圣米耶尔起，突出部的西边一直延伸到默兹河东的树木茂密的高地，南边一直延伸到摩泽尔河横切河两岸的高地。潘兴要求参战部队同时向两边推进，进攻的重点是在南边。与此同时还要对突出部的顶端发起佯攻。为了保证此次战斗的胜利，潘兴集结了55万美军和11万法军。但是，参加这次作战的美国远征军中，超过三分之二的部队都无战斗经验。

面对这些坚固的防御体系，潘兴还是决心用美军来拔除圣米耶尔突出部，以此作为联军结束战争的一系列攻势的开端。此时，潘兴手里没有掌握任何空中力量，不过他知道夺取制空权至关重要，于是把这项工作交给了米切尔上校。米切尔计划在战役中全面出击，摧毁敌人的空中力量，突击敌人的地面部队，为己方空中和地面的有生力量提供安全保障，他最终争取到了1500架飞机的指挥权。

而德军防守圣米耶尔突出部的飞机不足300架。战役开始两天，大部分飞机因天气恶劣不能起飞，9月14日，天气好转，米切尔指挥约500架侦察机和战斗机支援地面部队作战。10月9日，协约国航空部队200架轰炸机轰炸德军集结地，投弹30余吨，并空袭了德军防线后方的交通要道和军事设施等目标，有效地配合了地面部队的进攻行动。在过去的四年里，德军在整个突出部地域用战壕、铁丝网和混凝土碉堡构筑了前沿阵地，并在后面构筑了与之类似的第二道防线。即便联军突破了所有这些防御阵地，他们也还将面对一个由重重壕沟和坚固的地下掩体组成的强大防御体系，那就是德国人精心构筑的兴登堡防线。在兴登堡防线的后面，隐藏着可怕的梅斯和蒂永维尔要塞群。德军在圣米耶尔突出部设置了8个师和2个旅，还有5个师的后备力量，其中相当一部分是奥匈帝国军队。尽管潘兴采取了极其严密的保密措施，德军还是渐渐感觉到协约国部队和物资的集中预示着将开展一次进攻。

9月12日，轰击从突出部的南边开始，协约国的900门大炮一齐开火，轰击了4个小时之后开始进攻。德军统帅部在获悉美军即将进攻后，于9月8日命令一线守军撤退，但是直到美军进攻前夕撤退仍未结束。9月12日5时，经4小时炮火准备后，突出部南面的美军步兵在坦克支援下率先发起进攻，8时，西面的美军也开始进攻。德军因大部分炮兵已后撤，只能进行微弱抵抗。中午，德军主力撤离突出部，13日，美军左右两翼部队在维尼厄勒村会师，肃清突出部残余德军。在这次战役中，美军共抓获了1.5万名俘虏，缴获250门火炮，美军伤亡7000人。这次胜利在战略上意义重大，因为自1914年以来，圣米耶勒突出部一直被德军占领，并对协约国军在香槟的一切机动都构成了威胁。此外，美国第一军团也用此役向朋友和敌人证明，自己是有能力的战斗集体，此役也是第一次世界大战中首次由美军组织实施的大规模进攻战役。随后美军在摩泽尔河以西继续进攻，但进展甚微。16日，美法军队进抵德军既设阵地后停止进攻。经过这次进攻，协约国军队战线缩短24公里，但未达成围歼德军集团的战役目的。

这时第一次世界大战已近尾声，在这之后不久，协约国指挥部根据战局的发展决定转入总攻，美国远征军再次在默兹河－阿尔贡战役中获得决定性胜利，远征军第一集团军和法国第四集团军在默兹河西岸实施主要突击，最终突破了兴登堡防线，彻底粉碎了德军的计划，占领了色当一线。由于原先站在同盟国一边的保加利亚、土耳其等国纷纷退出战争和奥匈帝国宣布无条件投降，加之德国国内爆发了十一月革命，德国在此次世界大战中已难以逃脱最终失败的命运。

七、压垮骆驼的一根重要稻草——亚眠战役

第一次世界大战打到第五个年头，德国为首的同盟国已相当吃力。1918年夏天，协约国准备发动总攻，作战的突破口选在德军防线的亚眠。参战的兵力，英法美澳加等总计21个师、2000多门火炮、1000多架飞机。面对的德军是其第二集团军，其防御阵地的工事十分薄弱，只有840门火炮和106架飞机。8月8日凌晨，亚眠一带起了大雾，浓雾中，2000多门火炮齐鸣，几百辆坦克率领10万步兵，排山倒海向德军防线冲去。至日落前，已向德军防御阵地纵深推进11公里，一天之内，德

军伤亡达 2.8 万人，损失火炮 400 多门。在这次战役中，协约国还调集了近 600 辆坦克和装甲车辆。这种新式武器，1916 年在索姆河首次使用，只有十多辆，1917 年的康布雷会战则出动了近 400 辆，取得较大战果，如今，协约国首脑又把坦克作为撕开德军防线的利器。浓雾中出现的坦克，依然给德军带来了巨大压力。坦克装备的轻型火炮和机枪并没有杀伤多少德军，但许多坦克不惧枪弹、势不可挡冲来的气势却让德军胆战心惊，在英军的强大攻势下，驻守该地的德军六七个师纷纷逃跑。

鲁登道夫被这突如其来的失败惊得目瞪口呆，在统帅部里，他沮丧地大嚷道："8 月 8 日是德军在这次大战史上最黑暗的一天。"为了做最后的抵抗，鲁登道夫立即下达一道严厉的命令，要求前线德军不惜一切代价死守阵地。同时，他还从其他地段调来 6 个预备队师，紧急增援亚眠守军，另外 7 个整编师也奉命前去增援。8 月 8 日这一战对联军而言也是马恩河会战之后的最伟大胜利。攻方所付出的代价总共为 1.2 万人，但却杀伤了德军 1.3 万人，俘虏了 1.5 万人和火炮 400 门，并且突破了敌军正面。现在联军所要做的，就是对他们的初步成功加以猛烈扩张。但因坦克损耗较大，进攻力度也渐渐减弱，进展缓慢，逐渐变为局部性战斗。黑格知道等德国的援军赶到亚眠后，进攻就要困难许多，因此，他于 10 日亲自赶到前线，指挥联军向德军发起猛烈的攻击。黑格一面下令投入更多的后备兵力，英军、法军、加拿大军、澳洲军一律参加战斗，一面下令加宽进攻正面，将全部兵力集结在从阿尔贝尔到瓦兹河长达 75 公里的战线上，以增加德军防守的难度并减弱其抵抗力。

战斗中，协约国曾想用坦克和骑兵配合作战，事实证明这是个败笔。因为当时骑兵的速度比坦克快，但面临机枪扫射时，骑兵又不敢跟着坦克上前。在战斗中，两个不同兵种根本无法配合。相反，一辆在行动中与骑兵失去了联系的坦克，得以自由发挥，先消灭了一个德军炮兵阵地，接着协助友军杀伤 60 名敌军，后来又连续击毁了几个敌军运输纵队，充分说明了装甲部队单独行动所展现的强大威力。联军虽然这时已打得筋疲力尽，但因美国新增 89 万部队的参战和大量物资补充，联军战斗力大大加强。而德军则因连续作战且得不到多少补给，战斗力迅速衰退。联军瞅准时机，于 12 日清晨组织了对德军强有力的攻势。德军顽强抵抗，但终因实力悬殊而渐渐不支。至黄昏时分，德军不得不退出亚眠，撤至阿尔贝尔、佩龙纳及索姆河上游一线以东的地区。

在澳大利亚军攻占了利翁后，大约正午时，德军首先发出沉重的炮声，接着就在达莫里和弗克斯库尔之间发动了一连串坚决反攻，虽然被击退了，但这却是会战即将结束的确实讯号。到此时，黑格已经明白，全线的攻势都已接近尾声。为了结束进攻和在更北面的地方重新展开攻势，黑格命令停止攻击，12日，骑兵军也撤回充当预备队，这样，亚眠会战正式结束。9月，德军撤至德法边境上的"兴登堡防线"。

亚眠战役标志着德国的最后衰落，从此，德军士气急剧下降，开小差的现象大量发生，士兵们经常聚集在一起高喊："我们不愿为百万富翁打仗！"几乎所有的德国军事将领都开始明白，胜利的希望已经破灭，继续战争已毫无指望，必须采取非常措施。鲁登道夫无可奈何地说道："现在，我们已无力再击垮敌人，坚持防御以求和平也不可能，眼前的出路只有一条，用和平谈判结束战争！"随后，协约国军又发动了多次攻击，联军的反击战迅速展开。在潘兴指挥下，美国第一军团在9月对默兹河–阿尔贡地区发起进攻，法国人收复了色当。9月底，协约国军开始发动总攻。"兴登堡防线"全面崩溃，德军已无力反抗。随着德军在西线的崩溃，协约国军在巴尔干战线也开始了反攻，突破了保加利亚的防线，保加利亚宣布投降。它的溃败，使同盟国的整个阵线被打开了一个缺口。

自从兴登堡防线被突破后，德军最高指挥部陷入一片恐慌。此时德国国内反战呼声越来越高，已经陷入了混乱的状态之中，鲁登道夫确信，他被人从"背后插了一刀"。德国领导人开始考虑停火，向美国总统威尔逊寻求和平谈判，但威尔逊声称自己绝不会跟一个军事独裁国家谈判。英军则在10月份继续加强进攻，突破了德军在塞尔河的防线。10月27日，鲁登道夫辞职。两天后，德国公海舰队发生叛乱，德国人的不满终于爆发，最终使德国在11月11日签约停火投降，第一次世界大战以协约国的胜利而告终，这其中，亚眠的坦克战无疑是压垮骆驼的一根重要稻草。

八、最后的战役——默兹–阿尔贡攻势

当战争进行到1918年8月时，在协约国的反攻下，德军连连败北，这使得协约国方面的联军总司令福煦对胜利能够在1918年取得已是深

信不疑，在这之前，他本以为战争会延续到1919年。现在，协约国的作战任务是要瓦解从伊普雷东北的海岸延伸到瑞士边界的"兴登堡防线"。这条防线是德国西线指挥官兴登堡为防御协约国军队而在1917年构建的防御工事，也叫"齐格菲防线"。

"兴登堡防线"更直、更短，筑有更多的防御工事，当尼韦尔的军队跃出壕沟发动攻击时遭受了巨大的失败。这条防线使得协约国蒙受了40万人的伤亡，而德国只有25万人。在第一次世界大战期间，战争的特点是防御性的武器优于进攻性武器，传统的进攻方式是大批步兵在炮火掩护下发起冲锋，但是这种冲锋在深壕沟、巧布的地雷和机枪掩体相结合的防御设施面前没有多大效果。现在，协约国计划在9月发动一场攻势，打算夺取或切断德军赖以调动部队和补给的铁路线，只要使德军丧失了它的运输系统，那么前线上已经削弱的德军的战斗力势必进一步被削弱。

这个计划是由英国远征军司令黑格元帅提出来的，在英国远征军胜利的鼓舞下，黑格建议对德军形成一个巨大的包围圈。包围圈的一翼为英国远征军，向东横扫比利时和法国北部；另一翼将是美第一集团军和法国军队，向北穿过默兹河和阿尔贡森林区。如果协约国的第一右翼部队能突破德军的五道防线，就能切断色当和梅济耶尔的德军主要铁路供应干线，迫使德军沿崎岖的阿登地区两侧后撤。法国的福煦元帅采纳了黑格的建议，准备在9月底发动默兹–阿尔贡攻势。

为了发起这次战役，在圣米耶尔攻势结束后一周，美国远征军司令官潘兴利用夜间的时间，通过不是很充足的公路和铁路网，将他的军队迅速布置到新的进攻地区。这是美军历史上最大规模的行动，60万名美军和5000门大炮从80公里以外的地方调往前线，在战线的后边储备了数万吨的弹药和其他补给品。9月26日清晨5时，天刚刚亮，潘兴指挥的美军第一军团的三个军一齐开始实施进攻，与此同时，古罗指挥的法军第四军团也开始了全线进攻。行动受到清晨的浓雾、数千个弹坑、有刺铁丝网、滑脚的沟壑和密林的阻碍。黄昏以前，第一道防线已被美军攻下，美军还大规模进攻蒙福孔两边远离主阵地的突出部，并在第二天中午前由第五军的第七十九师占领它。

在协约国发起这场进攻之前，鲁登道夫就已认识到，在协约国的快速猛攻下，他的部队根本不可能指望有秩序地通过列日那拥挤的隘道撤退，为了能够减缓协约国进军的速度，德军对已经戒备森严的默兹－阿尔贡地区继续加强防备，每一个树林和村庄都变成了敌军进军的障碍物，并且在前方阵地的后面又修建了好几道防线，以用于对敌人的步步阻击。这次分派给美军负责进攻的德军防区里，铁路线比较靠近前线，面对该防区德军已经构筑了纵深十多里的堑壕防御系统。美军的作战地带必须横跨默兹河谷，包括左侧的阿尔贡森林、艾尔河谷和默兹河两侧的高地。防守该地区的德军部队，东边是加尔维茨的集团军，西边是德国皇储的部队，德军巧妙地利用崎岖不平、植被茂密的地形构筑了三道严密的防线。

对于美军来说，这次攻势并不是一帆风顺的，发起攻击的部队中仅有4个师进行了激烈战斗，还有4个师根本没有与炮兵密切合作。虽然在右翼的进攻完成了大部分任务，但中路和左翼的部队很快就被困在密林和深谷之中，或者在开阔的丘陵地带受到机枪和密集炮火的猛烈射击。经过两天的艰苦进攻，美军未能攻到德军防御的主阵地前。与此同时，鲁登道夫将8个师的德军紧急调到了防线上。德军的有利条件，在于默兹－阿尔贡地形是天然适合防御的，在默兹河的东面，是陡峭高地，这是优良的炮兵射击阵地，并且是进攻者几乎攻不破的障碍；阿尔贡的峭壁和有很深裂缝的山丘，由在防线之间来回迂回的几公里长的有刺铁丝、混凝土机枪掩体、重机枪和各式各样障碍物连成了一个极难攻破的防御阵地。

美军在最初的几天中推进得还是很快，但是当德军的增援部队赶到后，美军的进攻在阿尔贡森林和蒙福孔之前慢了下来。10月3日，美军在突破德军两道阵地之后，由于德军的顽强抵抗，遏止住了美军的大规模进攻，在德军的阿普勒蒙－布略勒防线之前美军的进攻势头被遏止。在此决定战争结局的最后时刻，潘兴既不愿丧失美军的独立性，也不能放弃美国远征军艰苦作战赢得的左右战争进程的影响力，因此，潘兴以其参加过圣米耶尔战斗而有经验的部队替换了原先的攻击部队，新的攻势于10月4日开始，美军再次发起了进攻。而德军的增援部队也同样是身经百战的劲旅，由于战场上没有机动的余地，两军短兵相接，硬打硬拼。美第一军团不得以代价高昂的正面攻击，缓慢地向前推进。由于美军拥有占压倒优势的炮兵的支援，德军的阵地一个个被攻破，德军的主要堡垒崩溃了。

在美军发动攻势的第二天，英军开始猛攻兴登堡防线，10 月 5 日，英军在实施了一系列代价高昂而辉煌的攻击之后，终于突破兴登堡防线最后一道阵地。鲁登道夫采取以空间换取时间的办法，设法指挥德军实施退却。令黑格吃惊的是，他无法达成完全的突破，在德军巧妙的防御面前，英军进攻的锐势丧失了，并慢慢停了下来。

在这场决定性的战役中，为了对付协约国的部队，德军只能集结起 200 个师，其中直接用于一线的只有 120 个师，80 个师被用作后备军。现在的德军和刚开战时已是大不相同了，除兵力的严重缺额外，来自国内饥饿的传闻，已加剧了部队自身日益增长的厌战情绪。

10 月 12 日，潘兴将美军的参战部队改编为两个军团，新组建的第二军团由布拉德指挥，准备在默兹河和摩泽尔河之间向东北方向进攻，与此同时，第一军团在利格特的指挥下继续向北面实施缓慢的攻击。克里孟梭对美军缓慢的推进极为不满，但福煦了解德军防御的实际情况，他也清楚地知道，美军的进攻威胁着德军防线上至关重要的一部分，德军不得不四处抽调可使用的预备队投入该处的防御，到 10 月结束之时，美军第一军已突破德军第三道也是最后一道防线的大部。

在向德军全线发起的进攻中，默兹－阿尔贡仅仅是其中一个战区，同时有比利时军和英军在佛兰德斯进攻，法军在香巴尼进击。协约国合起来的兵力有 220 个师，在制定行动计划时，福煦提出的战斗口号是"人人作战"。由于美军在默兹－阿尔贡地区的进展，德军的全线撤退已经成为必然。鲁登道夫希望在德国的西部边界建立一道新的防线，并在整个冬季实施坚强的防御，以此争取协约国给予较宽大的停战条款。但由于协约国军继续在全线保持强大的压力，鲁登道夫的希望破灭了。10 月 17 日，协约国军队再次发动进攻，英军的第四军团突破德军在塞勒河的防御。3 天后，英军第三军团在下游地区强行渡过塞勒河，抓获了 2 万名德军战俘。10 月 31 日，阿尔贡森林被美军攻占了，美军一直向前推进了 10 多公里。同一天，法国部队也到达了离出发阵地 20 多公里的埃讷河。美军进攻所造成的压力，迫使鲁登道夫动用他所剩下的 30 个最精良的后备师，以增援摇摇欲坠的默兹－阿尔贡战线。美军吸引了这么多的德国部队，因此大大减轻了在其他方向上的盟军身上的负担。

战役进行到了 11 月份，潘兴以休整过的师部替换了疲惫的一线部队，随后再次发动了进攻，突破德军最后一道防御阵地，由利格特中将指挥的美国第一集团军这时已经在德军的防线中杀开了一条血路，从 11 月 1 日起直到停战前的一系列进攻中，这支部队连战连捷。进入开阔地区以后，美军攻击箭头直指默兹河上游地区，并横扫试图最后顽抗的德军部队，于 11 月 6 日，抵达色当城前的默兹河畔，并占领了色当附近俯视默兹河的高地，以火炮猛烈轰击梅济耶尔至蒙梅迪的铁路线。美军第一集团军的几个师在色当东面强渡了默兹河，这时美军的实际作战地带已扩大到包括默兹河东岸地区，阿尔贡森林已被清除，从而为左侧的法军第四军团向埃讷河挺进创造了条件。在部署于美军附近的几个法国师的配合下，美军第一师主动对色当发起攻击，但被来自高层的命令制止。因为协约国要将攻占色当的荣誉让给法军，以洗刷法军在 1870 年普法战争的惨败中所遭受的耻辱。11 月 10 日，布拉德的第二军团向蒙梅迪发动了最后一次进攻，第二天，一纸停战协议结束了所有敌对状态，第一次世界大战到此结束了。

第十五章　尾　声

一、美丽的童话——十四点原则

1918 年 12 月 4 日，一艘邮轮满载着参加巴黎和会的美国代表团从纽约港起航，他们将横越大西洋前往战火刚熄灭的欧洲。带领美国代表团的是美国总统伍德罗·威尔逊，这是美国总统历史上第一次亲自带领美国外交代表团前往欧洲参加一个旷日持久的国际会议。在巴黎和会前夕，威尔逊提出了他那著名的"十四点原则"。

19 世纪末，美国成为世界第一大经济大国，强大的经济实力促使从此之后的美国总统开始重新审视与世界的关系，要求美国领导世界的愿望日益强烈，美国参战的最大目的便是企图取得对世界的领导地位。美国试图利用沙皇俄国的崩溃、英法协约国集团和德奥同盟国集团在战场上两败俱伤的形势，迫使其在战后按照美国的意愿重建世界秩序，在这样的背景之下，"十四点原则"应运而生。十四点和平原则由威尔逊于 1918 年 1 月提出，内容包括：废止秘密外交，海洋自由航行，废除关税壁垒，裁减军备，设立国际和平机构，民族自决，公正解决殖民地问题，允许奥匈帝国与奥斯曼土耳其帝国的各民族独立，建立一个有出海口的独立波兰，共同保证大小国家政治独立与领土完整，等等。

威尔逊为了反对英、法、俄撇开美国秘密分割世界，提出反对秘密外交；为了取代英国的海上霸权，主张海上自由；为了确立美国的商业霸权，要求废除经济壁垒；在欢迎俄国进入"自由"国家社会的招牌下，反对苏维埃政权；以同等重视殖民地人民与帝国主义的要求来否认被压迫民族的独立；以"自治"为名反对前奥斯曼帝国内的阿拉伯民族的独立；把美国的战争目标说成是"维护世界生活中的和平与正义"。

　　战争时期各个协约国适时宣布它们的战争目标，在1918年严峻的1月，英国和美国都找机会以最合理的词语重申其观点。特别是在1月8日威尔逊总统向国会发表了演讲，其中提到了十四点，他认为这十四点可以指引美国人走向他们渴望达到的目的，并把这个计划作为结束第一次世界大战的纲领及战后世界的蓝图。"十四点"表面上标榜"民族自决"，反对"秘密外交"，倡导建立"公正而持久的和平"，实际上是美国企图利用战争中增长的实力，削弱竞争对手英、法帝国主义，重新瓜分世界，也反映其敌视苏俄、反对被压迫民族争取独立解放的立场。"十四点原则"出台以后，曾受到了世界上许多进步人士的欢迎，对于当时的世界来说，"民族自决"、"公道处理殖民地问题"、"建立国际组织维护世界和平"等主张确实具有针砭时弊的作用，所以，威尔逊那套美丽动人的声明一度吸引了不少人。在中国，威尔逊的声明也引起了较大的反响，许多进步人士对此深表赞同并持欢迎的态度，连陈独秀都表示威尔逊的主张"都算光明正大，可算得现在世界上第一个好人"。

　　不过，威尔逊在劝说协约国各国政府接受他提出的"十四点"方面还是遇到了困难，法国人要求德国保证支付战争赔款；英国人否决了公海自由，他们作战就是为保持其对海上的控制。德国人请求停战，他们认为，和约将会在"十四点"的基础上拟订出来，战胜国将会以较温和的态度来对待他们，一个新的民主德国一定会重新出现在世界上，获得应有的地位。可是真当德国提出要在"十四点"的基础上签订停战协定时，自认为胜券在握的威尔逊突然变脸了，他巧妙地使用拖延的手法，宣布"为维持美国及其盟国目前的军事优势，必须有绝对令人满意的保护和保证措施"，否则就不可能停战。停战条件必须由协约国军司令官决定，在德国自行解除其全部能再次发动战争的力量以前绝不能讨论和平，德国人是否完全解除了防御能力要由战胜国来辨别和判断。与敌方进行的这些谈判占用了一个月，这使得整个战线又大规模连续战斗了一个月。但威尔逊的第一条原则"杜绝秘密外交"在巴黎和会上就无法做到。从1919年3月的最后一周开始，巴黎和会的主要问题就在四个人之间进行解决，那就是美国总统威尔逊、英国首相劳合·乔治、法国总理克里孟梭、意大利总理奥兰多。且不要说其他参与国的代表们，连巴黎的新闻媒体都抱怨和会透明度太低，简直就像"一个用黑漆包裹的大篷车"。所谓的"杜绝秘密外交"成了一句讽刺语。

1918 年 8 月，德国在战败前夕向美国提出愿在"十四点"基础上和谈，10 月，英、法同意以"十四点"为和谈基础。但在 1919 年的巴黎和会上，英、法操纵会议进程，所议定的和约条款大多不符合"十四点"的初衷，法国总理克里孟梭就以嘲讽的口吻说道："他对欧洲一无所知，他以为按照公式和十四点原则，什么问题都可以解决。上帝也只提出十诫而已，威尔逊却谦逊地要把十四点强加于我们，最空洞的十四条戒律！"而在巴黎和会上所新创立的国际联盟也成为推行英、法两国政策的工具。美国国会因而拒绝批准《凡尔赛和约》，不参加国际联盟，这标志着"十四点"的失败。就这样，在列强的利益面前，美好的"十四点原则"就像一个阳光底下的肥皂泡，很快就幻灭了。

二、"背后一刀"——德国的"十一月革命"

第一次世界大战末期，德军在前线不断溃败，经济陷入危机，政治动荡。为了防止革命爆发，1918 年 9 月 30 日，德国皇帝宣布实行国会制政府，答应在普鲁士改革三级选举制。10 月 4 日成立了议会制民主政府，自由派巴登亲王马克西米利安被任命为帝国首相，并邀请社会民主党的谢德曼参加政府。但这些措施并未能阻止革命的爆发。

1918 年下半年，德国在第一次世界大战中败局已定，不断传来的军事失败的消息使德国国内的矛盾加剧，德皇威廉二世陷入绝境。人们到处高喊着："打倒战争！打倒威廉！"德国已经处于风雨飘荡之中，革命已是不可避免的了。1918 年 10 月，第一次世界大战接近尾声，德国败局已定，但德国统治集团仍想孤注一掷进行抗争，意图用剩余的海军舰只与英国海军进行最后决战。10 月 25 日，德国海军司令部下令基尔港的德国远洋舰队出海同英军作战，若失败就"光荣地沉没"。然而已经经历四年野蛮杀戮，饱尝恶劣待遇和粗劣食品之苦的士兵不愿再为帝国海军的荣誉去送死，基尔港的 8 万名水兵拒绝起锚，并把军舰熄了火。水兵的抵制虽然迫使德国海军当局收回了命令，但水兵们却遭到迫害，被逮捕了几百人。

11 月 3 日，基尔港水兵集会要求释放被捕者，提出"打倒军国主义"及要"和平、面包"的口号，会后举行了游行示威，但遭到镇压，死伤数十人。基尔港水兵的行动立即得到了德国广大工人和士兵的响应和支持，11月4日，基尔水兵苏维埃和工人苏维埃相继成立，前来镇压的军队或加入起义队伍，或被解除武装。5日，全城举行总罢工，工人、士兵苏维埃掌握了该城政权。起义得到全国各地的响应，揭开了德国十一月革命的序幕，游行示威很快发展成了武装起义。11月4日，基尔革命的水兵和工人组成了工兵代表苏维埃，夺取了基尔的全部政权，汉堡、不来梅、莱比锡、慕尼黑等地也纷纷起来响应这次起义，组成了工兵苏维埃，夺取了各地的政权。

11月9日，在斯巴达克团等组织号召下，首都柏林的工人和士兵发动武装起义，参加游行示威的社会党人挤满了德国大街，水兵哗变，陆军占领了指挥部。革命热情支配着德国人民，德皇威廉二世调集军队镇压未遂，被迫退位逃往荷兰，霍亨索伦王朝统治被推翻。11月9日上午11点30分，德军司令给总理官邸发电报通知说，威廉将立即退位。中午，德国总理、巴登亲王马克西米利安宣布皇帝正式退位，12点30分，柏林报纸号外大肆报道德皇退位的消息，德国总理在办公室接见了社会民主党领导人并把权力移交给社会民主党主席弗里德里希–艾伯特。下午2点，社会民主党人菲利普–谢德曼站在总理官邸前，向人群宣布成立德国共和国。

整个柏林沸腾起来了，成千上万的武装群众高呼口号，涌向皇宫广场，在一片欢腾中，皇宫阳台上升起了一面红旗，起义工人的领导人卡尔·李卜克内西在皇宫宣布："从今天开始，德国已经是自由的社会主义共和国了！我们强烈谴责德国现政府的战争政策，德国人民要以'十月革命'为榜样！德国必须由人民自己来管理！"在德国各地，皇室纷纷垮台，巴伐利亚国王路易三世逃之夭夭，不伦瑞克公爵和五位其他国王、王子和大公们均被赶出了城堡，首相巴登亲王将政权交予社会民主党右派首领艾伯特，企图限制革命的发展。艾伯特拒绝斯巴达克团关于全部政权归苏维埃、建立社会主义共和国的建议，组成了资产阶级临时政府——人民全权委员会，并得到柏林工兵苏维埃批准。新成立的资产阶级临时政府宣布退出战争，并开始与协约国进行关于停战的和谈。11月11日，在巴黎东北贡比涅森林的雷通车站，德国以外交大臣为首的代表团走上联军总司令、法国元帅福煦乘坐的火车，签订了第一次世界大战停战的条约，到此，德国退出了战争，第一次世界大战结束了。

由于德国无产阶级缺乏独立的革命政党的领导，革命胜利果实落入德国社会民主党右翼领导集团手中，这个集团的领导人艾伯特和谢德曼组成政府——人民全权苏维埃。它没有触动旧的国家机构和军队，留任大批原来帝国的官员和将军，竭力设法把群众运动平息下去。在革命的关键时刻，李卜克内西等社会民主党左派成立了德国共产党并创办了《红旗报》，同艾伯特展开了针锋相对的斗争，德国共产党发出了战斗号召："必须全部政权归苏维埃！"而艾伯特则提出了"必须由国民议会决定一切"的口号。1918年12月，全德苏维埃第一次代表大会召开，大会在社会民主党的操纵下，决定召开国民议会，并于次年1月举行选举，在国民议会召开之前把立法权、行政权交给艾伯特政府，这样，苏维埃实际被取消。1919年2月，国民议会在魏玛召开，组成了以艾伯特为首的资产阶级共和国，制定了"魏玛宪法"。

新政府进行部分资产阶级民主改革，宣布保证言论、集会、结社自由，实行大赦政治犯、八小时工作制和普选制等，继续保护资本主义私有制，保留旧的国家机器和容克资产阶级政治经济特权，阴谋解除无产阶级的武装，打击苏维埃，因而引起人民群众的不满。为了把革命推向社会主义革命阶段，1919年3月，德国共产党人李卜克内西和卢森堡领导柏林工人再次举行总罢工，但是起义准备工作不够充分，社会民主党右派诺斯克担任临时政府国防部长，他调来大批军队进行镇压，工人们经过英勇抵抗，但由于力量过于悬殊而失败，李卜克内西和卢森堡被捕后被杀害。"十一月革命"被镇压以后，艾伯特宣布德国为联邦共和国并担任总统。艾伯特死后，德国"一战"英雄兴登堡继任总统。

三、"第一次世界大战的终结者"——三国元帅福煦

斐迪南·福煦，"第一次世界大战的终结者"，1918年被任命为协约国最高司令，公认是协约国获胜的最主要的领导人。综观古今中外，没有哪个军事家能像法国的福煦将军那样拥有如此辉煌的荣耀——英国、波兰、法国都授予他元帅军衔或者元帅称号，使他成为世界战

争史上绝无仅有的三国元帅。作为少数从战争中脱颖而出的高级将军之一，福煦喜欢自称为普通士兵。他矮小、一头金发、谦逊、不修边幅。某美国专家认为，"5 米之外，没人会把他当作大元帅"。

1918 年，福煦代表法国在贡比涅森林他的专用车厢上签订了对德停战协定，后又在巴黎和会上发挥重要作用，与德国签下了历史上有名的、"埋下了仇恨种子"的《凡尔赛和约》。作为一名军事家，福煦生平有不少著作，他曾提出胜利在于意志的观点，后来认识到军队新装备和机械化程度具有决定性作用，强调歼灭思想和集中优势兵力原则。著有《战争原理》、《战争指南》等军事著作。

福煦于 1851 年 10 月 2 日出生于上比利牛斯的塔贝斯，他父亲拿破仑·福煦是个文职官员，是拿破仑一世的旁系。1869 年，福煦考入著名的麦茨地区的圣克里门耶稣会学院，为报考工艺专科学校做准备。在麦茨，他亲身经历和目睹了巴赞的被围与投降。法国在普法战争中的失败，给他留下了永难磨灭的印象。像许多爱国的热血青年一样，他报名入伍，要去为国家而献身，可是他并没赶上参加战斗，战争已然结束，停战以后，他回到圣克里门，这时麦茨已经成为德国的城市了，战败的悲痛与耻辱使他立下誓愿：入伍当兵，收复阿尔萨斯和洛林！

1873 年，福煦从巴黎综合工科学校毕业后参军，调陆军总参谋部三局任职，晋升少校。不久，又入高等军事学院攻读研究生，毕业后留校任教，主要讲授战略课。这个阶段对他本人的事业具有决定性的意义。他强调心理因素在战争中的特殊重要性，并提出了一些在当时十分惊人的论点："有较大意志力和智力的人经常能够获胜。" "胜利在于意志。"其实对他那个时期的军事思想简单的概括就是一句话"拼命进攻"。然而他的主张在当时却成了那个时代最有创见的军事观点，"进攻、进攻、再进攻"的思想在欧洲许多的军事家中曾风行一时。1907 年，福煦晋升准将并调回总参谋部。1908 年，福煦重新回到军事学院，不过这次他的身份已不再是教授了，他被任命为军事学院院长，在该学院的三年中，他一直在研究和教授他的军事理论，他给学生们授课的讲义被编为两本书出版了，一本叫《战争指南》，另一本叫《战争原理》。这两本书成了法国陆军的"新约全书"，不仅为法国培养了整整一代军官，而且还形成了一套完整的军事理论。他的理论的核心是进攻学说：进攻是作战的最高原则，是获得胜利的唯一途径，即使濒于失败也不要放弃进攻。以后相当长的一段时期内，这种军事思想在法国军事界一直占统治地位。

福煦让他的学生注意进攻的重要性是对的，但是他应该记住，他正在教育的，是法国军队中未来的领导者和参谋军官。他要是把这种思想发展成为一种宗教狂热，那就是最不幸的错误，因为不管攻击者的精神多么坚强，这种精神并没有避弹的功效。这一点在随后发生的堑壕战中得到了证实，主张防御战的贝当的主张也理所当然成了实用的战法。1911 年，福煦离开军事学院，升任第十三师师长，1913 年 8 月，又出任第二十军军长，坐镇南锡，守卫着洛林前线。战争爆发初期，福煦率领他的二十军成功阻止了德军的进攻，拯救了南锡。这次战斗中，他第一次实践了他"胜利在于意志"这一理论——在处境极为不利的情况下坚决发起反攻，并获得成功，福煦因功升任第九集团军司令。其实内情根本不是那么回事，按照德军的进军计划，洛林战线本就是采取守势，甚至要诱敌深入，但内情不重要，重要的是福煦"挡住了德军的进攻"。

在紧接下来的马恩河会战中，福煦与德军真正的进攻狭路相逢了，他在给霞飞的电报中说，我的左翼在撤退，我的右翼在撤退，我的正面受到敌军的猛攻，好极了，我正在进攻。在当时的战况中，福煦真的实践了他的战术——不顾一切地进攻！好在战局的发展和变化配合了他，英法联军的大反攻开始了，而福煦的力排众议、率军反击也就显得格外耀眼。由于他成功地阻止了气势汹汹的德军进攻，守住了阵地，使危在旦夕的巴黎转危为安，故在这一战斗中名声大振，成为法军的中流砥柱，被法国舆论界誉为"欧洲第一军事家"。其实当时的巴黎守将加利埃尼才是从全局考虑而发起反攻的，至于福煦这种在友军都在撤退的情况下不顾死活地进攻的打法实在值得质疑。不过战争是以成败论英雄的，幸好他赢了。

福煦是一个有才干的军人，作为法国元帅，在第一次世界大战中，也可算是少数几个杰出的军队首脑之一。但是，他作茧自缚，陷落在自己提出的理论中难以自拔。他认为，只有"拼命攻击"才是取得胜利的唯一途径，而对这种理论的自身矛盾却视而不见。当时西线的战局已形成堑壕战，先进的武器和优势的火力，已使他所主张的那种"拼命攻势"变成了屠杀。武器决定了战术，可是福煦却忽视了这些。

1915年福煦升任北方集团军群司令，并负责协调联军作战。这时运动战已经过去，作战被迫转入阵地战。福煦的战法遇到了问题，虽然他也努力寻找过打赢堑壕战的方法。在索姆河会战中，福煦指挥不利，所部损失惨重。因为这次失利他被贬到了军事研究中心任主任，负责协调协约国的协作问题。不过这次贬官对于法国来说却是一件幸事，因为它使福煦赢得了所有协约国的信任。这时的福煦已经认识到军队的新装备和机械化程度具有决定作用了，不再坚持他那种拼命的打法，而是强调歼灭战思想和集中优势兵力原则。

1918年3月，德国垂死挣扎，鲁登道夫竭尽全国之力，发动了最后的突袭。他们迅速突破了英法联军的数道防线，兵锋直指巴黎。英、法、美联军由于意见分歧，导致了指挥上的混乱，联军的防线出现了漏洞，面临崩溃的危险，在这种情况下，众人推举福煦出来协同指挥，而这种战况对于福煦来说实在很简单，正好适应了他的打法——"迎面进攻，勇者胜"。此时的联军在各方面的实力上显然已大大地超过了德军，稳住阵脚的联军拼命进攻，终于止住了德军的攻势，福煦那种拼命战术在有些情况下也的确是实用的，于是感激不尽的法国总统把一把金光闪闪的元帅权杖交到了福煦手中。

战争期间，协约国联军一度由于缺乏统一指挥，互不协调，而被德军各个击破。血的教训使协约国的首脑们认识到了福煦所主张的建立统一的联军统帅部的重要性，1918年4月，福照被指定为协约国联军总司令，统一指挥英、法、美等国军队对德军发起总攻。在英、法、美联军的强大攻势下，德军防线土崩瓦解，全面崩溃，这时德国内部也爆发了革命，内外交困的德国被迫于11月7日与协约国开始了停战和谈，福煦可谓功不可没。

1918年9月，德军领导人兴登堡发表声明，要求签订停战协定。11月5日，协约国同意在威尔逊提出的"十四点"的基础上同德国开始会谈。但谈判开始后，美国人却突然变了口气，想使德国就此彻底垮下去，不再给它翻身的机会，于是宣布不再以"十四点"为和谈基础了，而是提出了万分苛刻的条件，对德国来说，这已不再是"体面的和谈"了，而是投降谈判。11月8日，福煦代表协约国在贡比涅森林接见了德国代表团。他下令宣读了协约国提出的停战条件，并要求德国必须在72小时之内答复。经过几天的谈判，德国只从协约国方面得到了微小的让步。11 月 11 日，法国时间凌晨 5 时，福煦代表协约国与德国代表在法国东北部贡比涅森林雷通车站的自己的车厢里签订了停战协定。

德国战败了，签下了极其耻辱的条约，福煦并没有被胜利冲昏头脑，1919 年，他在认真看了战胜国与德国签订的《凡尔赛和约》后，说出了一句极其经典的话——"这不是和平，这只是 20 年的休战"。福煦还是很有远见的，20 年后，在同一个地点、同一个车厢中，法国与德国再次签下了停战协定，只不过这次投降的一方是法国。

大战正式结束后，居功至伟的福煦以"大战终结者"的身份被载入了史册，并接受了英国和波兰授予的元帅称号，随后出任了法国国家高级军事委员会主席和巴黎和会法国代表团首席军事顾问，他主张以莱茵河为法、德边界，并支持武装干涉苏俄。晚年的福煦不再介入政治生活，一心撰写战争回忆录，曾当选法国科学院院士。1929 年 3 月 20 日，福煦在巴黎病逝，安葬在圣路易教堂拿破仑一世的墓旁。

四、一百零一响礼炮——渐渐熄灭的战火

当春季攻势的收获到 9 月丧失时，鲁登道夫的权威消逝了，1918 年 9 月 26 日，正当默兹－阿尔贡进攻发动的时候，保加利亚退出了大战，这对他是一个双重的打击。两天后，鲁登道夫在精神上垮掉了。本来开始时是例行的参谋人员检讨军事形势的会议，却变成了一场场悲叹会议，鲁登道夫在会上为德国的困境，责备除他自己以外的每一个人。9 月 29 日，鲁登道夫要求政府赶紧在军队尚能坚持的情况下，主动倡议停战与媾和，9 月 30 日，赫特林伯爵及其内阁辞职。10 月 4 日，德国自由党的巴登亲王被任命为首相兼外相，取得了中央党、进步党、社会党的支持，同日，德、奥两国向美国总统威尔逊呼吁停战，接受"十四点"作为和平基础。

与此同时，德国的同盟国都垮了，协约国在西线的前进，使希腊人、意大利人、罗马尼亚人和塞尔维亚人又有了希望，他们在自己的不同战线上出击。土耳其这时也是岌岌可危，英军在巴勒斯坦击溃了土军，土军完全丧失了战斗力，士兵自动放弃阵地，拒绝作战。土耳其苏丹投降，10 月，土耳其同协约国签署了停战协定，退出了与协约国之间

的战争。协约国通过与土耳其签署的《色佛尔条约》，彻底瓜分奥斯曼土耳其的领土，后来的土耳其共和国只剩下伊斯坦布尔、其附近小部分领土及小亚细亚的部分。得到协约国部队增援的意军进击皮亚韦河，迫使奥军退出意大利。奥匈帝国在协约国的打击下土崩瓦解，不满情绪蔓延在整个哈布斯堡帝国，国内民族解放运动高涨，非德意志民族纷纷宣布独立，处于革命动乱中的奥地利，于 11 月 3 日同协约国签订了《圣日耳曼条约》，无条件投降，奥匈帝国被划分为多个民族国家。

10 月 6 日，当德军在战线上开始崩溃之时，德国的新首相巴登亲王向威尔逊总统发出照会，要求在威尔逊《十四点和平纲领》的基础上达成停战协议。10 月 23 日，美国在与德国交换的照会中表明了威尔逊总统坚定的立场，即美国不会和现存的军事独裁政府就停战协议进行谈判。10 月 27 日，鲁登道夫辞职，10 月 28 日，基尔的德国舰队发生兵变，打了几年了，很多将士疑惑为什么而战，战争的目的是什么，得出结果是：我们的战争毫无意义，只是杀戮人民而已。将士们拒绝执行海军上将舍尔的一系列巡洋舰袭击计划，兵变迅速蔓延到汉堡、不来梅，很快蔓延到德国西北全境。其实当将上问"为什么要打仗"时，战争实际上就已经结束。

除了承认战败，德国政府别无选择。在战争的最后几个月，德国损失了 50 多万人，11 月 9 日，兴登堡在比利时斯帕的德皇总部告诫他的君主，德国军队现在已经没有力量保护他，并说："我必须劝告陛下退位，并前往荷兰。"在不到 48 小时内，震惊的威廉接受了劝告，这位利用智慧与勇气从俾斯麦手中夺回所有权力的德国皇帝突然间失去了意志，他以一纸下野诏书宣布退位后，随即逃亡到了荷兰。在兴高采烈的协约国军能够集结起来侵入德国之前，一个共和国宣告诞生。

两天后，以德国外交大臣为首的代表团揣着白旗越过前沿阵地，来到位于巴黎东北 50 公里处的贡比涅森林——协约国联军总司令福煦元帅的司令部所在地。法国元帅福煦在他自己的专用火车车厢里，接见了以埃尔茨贝格为首的德国停战委员会。获悉德国人的来意后，法国人立即用他的傲慢来享受着这份来之不易的胜利："可是我们没有提过任何停战建议，先生们，我们很愿意继续打下去。"协约国提出的条件是要使德国彻底垮掉，并保证接受协约国和平条款，条件苛刻，但德国只得接受。1918 年 11 月 11 日，德国与协约国签订了第一次世界大战停战的条约。停战的条约是十分苛刻的，总的来说，德国失去了 1/3 的领土、1/10 的人口还有数额巨大的战争赔款。

战火缓慢地熄灭了，上午 11 时，整个西线吹起了停战喇叭，与此同时，巴黎上空响起了 101 响礼炮声，它表明，经过 4 年 3 个月零 8 天的艰苦奋战，第一次世界大战以法国所属的协约国的最终胜利而宣告结束。在高地上、斜坡上、堑壕里，德国士兵三三两两地走了出来，伸出双手，微笑着，交头接耳着，向法国人、英国人和美国人走来。协约国的士兵们，也终于认识到，战争真的结束了，他们也走出阴暗潮湿的堑壕，像朋友一样与德国士兵相见，仿佛忘了几分钟前他们还是敌人。他们握手，交换纪念品、照片和香烟，一起欢呼，不是为了胜利，而是为了他们还活着。德国的全部潜艇都已经投降、被禁锢或者被凿沉了。德国公海舰队无可奈何地处于停泊在斯卡帕湾的英国大舰队的大炮监视下，直至 1919 年 6 月被德国水兵凿沉。数以千计的火炮和机关枪已经交给协约国军队，德国人的倔强是徒劳无益的，进一步向德国本土进军的威胁足以迫使他们屈服。

战争结束了，如何分享这些胜利果实呢？战胜了的协约国开始筹划分赃了。1919 年 1 月，由英、美、法控制的和会在巴黎凡尔赛宫开幕，缔结了第一次世界大战胜利的和约，被称为《巴黎凡尔赛和约》，苏俄没有受到邀请，德国作为战败国也被拒之门外。如同一切用鲜血达成的妥协历史一样，《巴黎凡尔赛和约》鼓励在德国建立民主政府即魏玛共和国，但是把罪责、赔款和一大堆麻烦加在它的头上。和约对德国的军事工业作了诸多限制，直到 1933 年 1 月 30 日，一名穿褐色衬衣的独裁者阿道夫·希特勒，一个第一次世界大战中作战勇敢的奥地利军下士，僭取了比德皇曾经享有的权力更大的个人权力，彻底撕毁了这个条约。

五、代号"彩虹行动"——德国大洋舰队的归宿

1918 年 11 月 11 日，德国政府在停战书上签了字，宣告了第一次世界大战的结束，响彻欧洲大陆长达四年之久的枪炮声终于止息了。按照停战协议的第十三款规定，德国的舰队必须留滞在德国港内，置

于协约国的严密监视之下，听候发落；同时德国必须将最先进的舰只拱手交由战胜国拘留处置，其中包括10艘战列舰、6艘战列巡洋舰、8艘巡洋舰、50艘驱逐舰以及整个潜水艇舰队。原本决定解除武装的水面舰只在中立国就地扣留，可没有一个中立国愿意自己的港口成为德国舰队的拘留所，日后成为是非之地。最后，战胜国选择了英国的斯卡帕湾，认为那里是拘留德国舰队最安全的地方。

斯卡帕湾，苏格兰东北海岸不远处奥克尼群岛中的一个天然海港，是英国海军舰队的基地，由于其特殊的地理位置，成为皇家海军遏制德国舰队冲击北大西洋的轴心，在大战中起到了极为重要的作用。然而，相对于其在海军史上留下的闪耀印记而言，斯卡帕湾这个名字更多的却是代表着一段极具悲剧色彩的回忆——这里见证了一支强大舰队的毁灭和一个时代的终止。在世界海战史上，因迫于种种困境，而将自己的军舰全部沉入海底的历史悲剧屡见不鲜，在国家面临覆亡的危机时，真正的海军军人们往往会选择这种宁为玉碎、不为瓦全的惨烈方式来进行最后的抗争。"一战"战败后，德国的大洋舰队用自沉的方式终结了自己，也终结了德国人的海洋之梦。

德国公海舰队创始于19世纪末，从其创建那天起，就带上了悲壮的色彩。1889年8月，刚刚登基的威廉二世接受英国邀请，以海军名誉元帅身份率领一支德国舰艇分队，出席了盛大的英国皇家阅舰式。英格兰南部怀特岛外洋面上浩大壮观的皇家海军战舰群，令威廉二世所挑选的"德国海军最好的"战舰相形见绌，盛大的典礼强烈刺激了威廉二世的自尊心，皇家海军的霸主气势使其羡慕不已，他下了决心，要建立一支能与英国皇家海军相媲美的德国舰队。对海洋的热衷让他对传统海上霸主英国发起了挑战，而德国可怕的工业实力让他几乎在瞬间就拥有了一支庞大的舰队。实际上，德国海军当时在世界上已经成为仅次于英国皇家海军的强大海军。在第一次世界大战之前的海军竞赛中，德意志第二帝国以倾国之力，在最短的时间内打造出了一支世界上规模第二的远洋海军——"大洋舰队"，凭借着强大的工业实力和严谨的作风，德国人不但拥有了一流的战舰，更训练出了素质一流的水兵！

"大洋舰队"拥有战列舰40艘、超级战列舰4艘、巡洋舰7艘、驱逐舰及鱼雷艇144艘、潜艇28艘，它们是德国海军的主力，尽管这支"大洋舰队"已完全被英国皇家海军围困在海港中，不过在第一次世界大战结束前，它依然还是一支具有强大打击力量的大舰队。1916年，英国本土舰队倾巢而出，和德国的大洋舰队在日德兰半岛附近海域展开了人类历史上规模空前绝后的海战，德国的大洋舰队不仅全身而退，而且取得了战术上的胜利——击沉了英国海军3艘战列巡洋舰、3艘轻巡洋舰和8艘驱逐舰，吨位达12万吨。1918年11月11日，德国政府在停战书上签了字，欧洲大陆享受到了4年零3个月以来的第一次平静。德国庞大的舰队离开威廉港踏上最后的航程。

11月21日，74艘德国战舰在由协约国海军组成的超过250艘舰船的庞大舰队的押解下，缓缓驶入斯卡帕湾。这是辉煌的公海舰队的绝唱，也许是海军史上绝无仅有的华丽集合。这些德国军舰由舰队司令冯·鲁伊特指挥。德国人被迫将那支"大洋舰队"的精华集结到英国的斯卡帕湾海军基地，等待正式签署和约之日，向英国海军移交。由于德国海军上将弗朗茨·冯·希佩尔拒绝率领舰队前去投降，负责这次行动的就落在了德国海军少将路德维希·冯·罗伊特的肩上，据说他并不是接到命令而是接到要求来负责这一勉为其难的任务的，他当时的心情是可想而知的。是啊，率领舰队去投降，这是何等的国耻！可他是个军人，军人的天职就是服从。

英国大舰队和配属的美国"无畏"级战舰在福斯湾滩头外的海面上排成阅兵队列，德国舰队中的最好的军舰慢慢驶进、抛锚，并降旗表示投降——这是一支没有战败的海军，但却是一个战败国的海军。在这个耻辱的时刻，对于德国海军的官兵来说，不仅意味着一个事业的完结，也表明他们为之献身的一种传统的完结。按照英国皇家海军将领贝蒂的命令，德国公海舰队以一字形单列队形，鱼贯驶入预定的海域，在此待命押运的战胜国庞大的舰队如临大敌，虽然知道德国舰只武装已被解除，但协约国的舰只依然荷枪实弹严阵以待，以防万一出现的突发事件。这是一支战时令人生畏、降时令人感叹的舰队！英国海军将领贝蒂写道："此情此景令人伤感，实际上，我应该说这是可悲的一幕。"

1919年，拟定凡尔赛和约的谈判十分不顺利，原本双方和谈的基础是美国总统提出的"十四点"和平主张，但当德国人真的解除了武装以后，协约国的态度也就变了，不再是和平谈判了，而是无条件投降。

德国人认为并没有输掉战争，把和谈看成争取权利的最后机会，然而英国却不这样认为，英国政府向德国政府下达最后通牒——要么全盘接受，要么再次面临战争。此时的德国人也只能屈服了。虽然德国已经战败，但在这些曾于日德兰重创英军的德国海军军官的心目中，他们并不是失败者！随着谈判的进行，协约国方面对德国的盘剥让这些年轻的军官们愤懑不已，面对协约国方面"不签字，就战争"的最后通牒，为了不让协约国将这些德国军舰用于对德国的战争，德军官兵决定凿沉战舰！他们这时已没有大炮用来战斗，也没有燃料用来逃脱，为了防止舰队落入敌人手中，挽救德国海军荣誉的唯一机会，只有在敌人行动之前自行将其凿沉。

1919年6月21日，随着旗舰"埃姆登"号巡洋舰上发出的信号，每一艘战舰上都升起了被禁止悬挂的舰队旗和战旗，这表示这支舰队进入了战斗状态，所有军舰上的德国水兵同时打开水密门，随着阀门和水密舱门的开启，"腓特烈大帝"号战列舰首先沉没，其余军舰也一艘艘相继没入水中，最后沉没的是战列巡洋舰"兴登堡"号。英国舰队想尽各种办法试图补救，但是根本无法阻止如此大规模的集体自沉行动。包括10艘战列舰和5艘战列巡洋舰在内的51艘德国军舰全部沉入了苏格兰斯卡帕湾冰冷的海底，吨位为被扣押舰队总吨位的95%，曾进水5000吨而不沉的"不沉之舰""塞德利茨"号战列巡洋舰，在斯卡帕湾找到了自己的归宿！在英国人阻止德舰自沉的过程中，有9名德国水兵被打死，他们成为大战中最后牺牲的士兵，被埋葬在奥克尼郡的海军基地附近的一个海军公墓中。

这对德国人来讲是一个失败中的胜利，用德国海军将领希尔的话来说："它洗刷了投降的耻辱，向世界表明舰队的精神永存，这场最后的战斗是德国海军光荣传统的最好体现！"而对英国人来讲，这却是一种耻辱，这一行动引起英法公众舆论的极大愤怒，因为在他们的眼中，这些宝贵的战舰早已是他们的财产了。作为应得的惩罚，德国被迫又交出它剩下的5艘轻型巡洋舰、30万吨的浮船坞和4.2万吨的挖泥船、拖船和起重船——这实际上是它寂静的港口中所有的船只。

在斯卡帕自沉行动后不久，英国皇家海军便对公海舰队的沉船进行了打捞，由于自沉及打捞时往往会导致龙骨受损、舰体扭曲，而将其校正又极费时间和金钱，所以打捞上来的德国战舰大多拆卸回炉，变成了废钢铁。从"一战"结束以来，经过多次打捞，公海舰队如今只有7艘大型军舰留在湾底，因为有着众多有名的沉船，斯卡帕湾现在成为潜水爱好者的天堂。20年后，经过卧薪尝胆，重新崛起的德国海军在第二次世界大战失败后，又一次上演了自沉战舰的历史悲剧。当德国海军元帅邓尼茨在投降书上签字的同时，由他一手创建的德国潜艇部队的官兵没人肯听从交出战舰的命令，就在正式受降的那一天，全部德国潜艇先以上浮形式表示投降，随即一声令下，220艘潜艇一齐自沉于深海之中——这也成了德国海军的传统衣钵。

六、胜利者的分赃——播种战争的"巴黎和会"

1918年11月11日凌晨5时，在巴黎东北贡比涅森林的雷通车站，德国以外交大臣为首的代表团走上联军总司令、法国元帅福煦乘坐的火车，签订了第一次世界大战停战的条约。历经四年的战争终于结束了，下面各列强要考虑的是要如何分享胜利果实了。尽管饱受战争创伤，但法国毕竟处在了获得胜利的一方，更由于法国朝野上下还普遍把法国视为最为主要的战胜国，在法国统治集团看来，最终清算德国这一宿敌以及独霸欧陆的时刻已经到来了。在法国的极力争取下，1919年1月18日，在法国巴黎的凡尔赛宫召开了分赃的丑剧——巴黎和会。

1919年的巴黎是世界的首都，举世瞩目的巴黎和会正在这里召开，来自世界各地的调停人员齐聚一堂。战后的巴黎悲伤而美丽，刚刚结束的大战的迹象无处不在，比如来自北部废墟的难民、缴获的德国大炮、德军炸弹所到之处成堆的瓦砾和用木板遮挡的窗户。一个巨大的弹坑印在杜拉瑞宫玫瑰园。由于人们把树砍了当柴火，林荫大道两旁成排的板栗树不时出现空缺。人们情绪低沉，神情悲哀，但妇女依然显得格外优雅。"一战"结束后，胜利的协约国集团为解决战争所造成的问题以及确立战后由美、英、法等主要战胜国主导的国际政治格局，在巴黎举行讨论战后问题的国际会议。参加的有英、法、美、日、意等27国，苏俄未参加。会议名义上是拟定对德和约，建立战后世界和平，实际上是帝国主义宰割战败国、重新瓜分势力范围。巴黎和会上签订了处置德国的《凡尔赛和约》，同时还分别同奥、匈、土等国签订了一系列和约，它们构成了凡尔赛体系。

本来英美都不希望和会在巴黎召开，他们认为在交战国首都的氛围中"公正的和平"很难达到，法国人易激动，由于遭受的苦难太多，对德国深恶痛绝，所以很难营造和会需要的冷静的氛围。威尔逊一直希望在日内瓦举行，而法国总理克里孟梭坚决要求和会在巴黎召开，这使得前来开会的英国首相劳合·乔治非常恼火，他说："我从来不想在他的首都举行和会，我们都认为在中立国举行会更好，但这个老家伙哭哭啼啼，反复抗议，使我们不得不让步。"

1871年，普鲁士国王威廉一世就在这个镜厅举行加冕典礼，并迫使法国缔结德法条约，让法国把阿尔萨斯和洛林割让给德国，并向德国交纳50亿法郎的战争赔款。法国一直把此条约视为耻辱，现在德国战败了，并将被迫签订屈辱的投降条约。为了发泄郁积多年的对德国的愤懑，法国特意选择凡尔赛宫和1月18日作为和会的开幕地点和时间。

1919年1月18日下午3时，巴黎和会在法国外交部大厅宣告开幕，在巴黎和会的开幕式上，身为东道国的总统，普恩加莱在主持开幕式时宣称德意志帝国"生于不义，自当死于耻辱"。借东道主之利，法国在和会上不仅扮演了主要角色之一，其总理克里孟梭还坐上了大会主席的交椅。参加巴黎和会的和谈者都是举足轻重的国际要人，实际上是由美国总统威尔逊、英国首相劳合·乔治、法国总理克里孟梭在主导和会的进行。他们天天会晤，谈判时辩论不休、争吵不断，但最终总能言归于好。他们互做交易、制订条约、创建新国家和组织，甚至一起吃饭，一起去剧院看戏。从1月到6月的半年中，巴黎一跃成为世界的政府、上诉法庭和国会，同时也是人们恐惧和希望的所在。

为了便于操纵会议，英、法、美、意、日等主要战胜国对会议的开法做了许多不平等的规定。首先，是把出席会议的国家分为几等，最高会议由美、法、英、意、日五强首脑和外长组成，一切重大问题都由其讨论决定。后来十人会议又演变成美、英、法三国首脑组成的三人会议。专门会议由有关国家代表和专家组成，只审议最高会议指定的专门问题。全体大会由所有与会国代表组成，但整个会议期间只举行了7次全体大会，而且都是只准举手通过决议，根本不想让其发挥作用。从一开始，巴黎和会就因组织、目标及运作混乱而受人诟病，英、法、意、美举行了前期会议，就和会即将提出的条约达成共识，然后召开全体会议与战败国谈判。这时问题就出现了，其他协约国何时能发表意见？最终四强妥协了，加进了一个全体会议，但这个全体会议仅是徒有虚名，会议的真正结果竟是在四强和日本私下举行的非正式会议上产生的。几个月过去了，原本是预备的前期会议却成了真正的主体。

1919年威尔逊来到巴黎参加巴黎和会。作为第一次世界大战后实力最强国家的元首，威尔逊满怀信心，希望能够建立国际新秩序，避免下一次战争。但威尔逊这位当时世界上最有影响的人在和会期间的举止自相矛盾，他所带来的"十四点和平方案"成为一纸空文，最后制定的《凡尔赛和约》一方面对德国大肆勒索，一方面没有彻底防止德国重新武装，同时在各战胜国中制造了新的矛盾。在这次巴黎和会上，以法国首席代表的身份当选为大会主席的克里孟梭对德国怀有强烈的复仇情绪，他的主要目标是最大限度地削弱德国，以建立法国在欧洲大陆的霸权。为此，他提出法国不仅要收回阿尔萨斯和洛林，还要将法国的边界东移到莱茵河，并主张将莱茵河左岸的德国各省合并成一个独立国家，并向德国索取高达2000多亿金法郎的战争赔款。但法国的要求与立场却在巴黎和会上遭到昔日的同盟者英美两国的联手抵制，英美两国之所以反对过分削弱和肢解德国，主要是因为它们向来在欧洲大陆奉行"均衡"政策，英美两国既想保持德法之间的力量平衡，又想利用德国对抗苏俄，因而都反对这种过分削弱德国的建议。虽然以"老虎"总理为首的法国代表团在巴黎和会上使出了浑身解数，但面对美英两国的共同抵制，仍未能实现法国的全部意图。

和会持续了半年之久，美英法日意等战胜国都想多分到一些赃物，削弱战后与自己争霸的对手，所以彼此间矛盾重重，钩心斗角，经常闹得不可开交。法国为了称霸欧洲大陆，力图彻底削弱德国，而美英想让德国继续保持一定的实力来牵制法国称霸，就竭力加以反对，并且迫使法国在德国问题上对美英做出让步。三个主要的协约国的目的是不相同甚至存在矛盾的，虽然三国都做出了让步最终达成了一致，但结果是各方都做出了妥协，没有任何一方完全达到了自己的目的。而德国没有被彻底削弱也没有得到安抚，这个结果预示着无论是对战胜还是战败国，以至于整个欧洲甚至全世界，都是一个不安定的因素。

和谈人员在巴黎的几个月中"硕果累累"：签订了对德和约，确立对奥地利、匈牙利及保加利亚和平条约的基础，在中欧和中东重新划定国界。但不得不承认，他们的许多工作成果并不公正，也并不持久。

有关1919年的和平方案非常失败并直接导致第二次世界大战的说法非常普遍。4月30日，德国代表团被叫到巴黎，先被"晾"了一个礼拜之后，才于5月7日被召到凡尔赛。克里孟梭在交付和约草案时先羞辱了德国人一番，他说："现在清算的时间终于到了。你们不是向我们请求和平吗？这就是我们同意给你们的和平。"并表明，德国对该草案不许做任何争辩，只允许在15天内提出书面意见。德方曾试图对和约的条件做有利于德国的修改，但被协约国方断然拒绝，在协约国的胁迫下，德国统治集团经过激烈斗争，最后于6月27日决定接受这个最后通牒。6月28日，德国外长米勒和司法部长贝尔在凡尔赛宫镜厅签署和约，至此，第一次世界大战宣告正式结束。

6月28日是巴黎和会的最后一天，也是全体战胜国在和约上签字的一天。经过5个月的激烈争吵，德国代表终于被迫在440条的《凡尔赛和约》上签字。但作为战胜国的中国代表拒绝签字，原来和约里有三条是关于中国的，中国在"一战"中参加了协约国一方，曾支援协约国大量粮食，还派出18万名劳工，牺牲了2000多人。作为战胜国的中国，索回德国强占的山东半岛的主权，这是顺理成章的事。但英美法却做主把德国在中国的殖民地转送给日本，这是拿中国的利益做他们之间的交易，实在叫中国人民忍无可忍，终于爆发了轰轰烈烈的五四运动。在这之前，美国总统威尔逊发表了著名的"公理战胜强权"的演说，说什么"对殖民地之处置，须推心置腹，以绝对的公道为判断，国无大小，一律享同等之利权"，人们几乎不假思索就掉进了威尔逊"公理战胜强权"的迷雾中，并对美国产生极大的幻想。但事实让人们清醒了，什么"公理战胜强权"？有的只是分赃，外带上强盗的逻辑。

一年前，当时尚处在胜利中的德国最高统帅部在布列斯特强迫战败的俄国接受一个和约，这个和约剥夺的俄国领土几乎有奥匈帝国和土耳其加起来一般大，此外，俄国还得付给德国60亿马克的赔款。德国人高兴得太早了，第二年，即1919年，德国受报应的日子终于来到了，协约国逼它签订的条约更甚于《布列斯特条约》。协约国未经与德国协商，就将《凡尔赛和约》的条件于5月7日在柏林发表。《凡尔赛和约》

共 15 部分，440 条。除第一部分是《国际联盟盟约》外，其余全是处置德国的条款。处置德国的条款十分苛刻，内容主要涉及疆界、赔偿、殖民地和限制军备四个方面。根据条约规定，德国要丧失掉原有领土的 1/8 和人口的 1/10，以及 16% 的煤产地、半数的钢铁工业和所有的海外殖民地。在军事工业以及军队组成上也对德国做了严格的限制，以防止德国的东山再起。在关于德国的赔偿问题上，确定德国总共应赔款 1320 亿金马克，在此之前应先交付 200 亿金马克等，并且德国要负担其境内外国占领军的维持费用。

《凡尔赛条约》对于到最后一刻钟还沉溺在幻想中的德国人民来说是个惊人的打击，愤怒的群众纷纷举行集会，对和约表示抗议，要求德国政府拒绝签字。德国临时政府也公开声称，和约条款是"不能实现和不能负担的"，谢德曼总理更是指责《凡尔赛和约》是"可怕的、谋杀性的魔锤"，并高声诅咒道：谁签这个条约，他的手就会烂掉。但现实摆明了协约国是想打下去的，而此时的德国根本无力再战，面对着协约国拥有 110 个后备师，德国却只有 18 个后备师的客观事实，在距协约国最后通牒的限期只差 19 分钟时，德国终于通过了签订和约的决议，4 天后，在凡尔赛宫的镜厅签了字。次日，德国右翼报纸不约而同地在第一版加上了刺目的黑框，以暗示所有的德国人要为复仇做准备。

战胜国与其他战败国亦分别签署了条件苛刻的和约。战胜国与奥匈帝国的奥地利签署《圣日耳曼条约》，奥匈帝国被划分为多个民族国家；与保加利亚签署《纳依条约》，保加利亚失去爱琴海出海口，并须赔款 4.5 亿美元；与匈牙利签署《特里亚农条约》，匈牙利领土大幅减少；与土耳其签署《色佛尔条约》，彻底瓜分奥斯曼土耳其的领土，后来的土耳其共和国只剩下伊斯坦布尔其附近小部分领土及小亚细亚部分。

1871 年 5 月 10 日法国与德国为结束普法战争而签订了《法兰克福条约》，条约主要内容为法国割让阿尔萨斯和洛林东部给德国，赔款 50 亿法郎，分三年付清，赔款付清前德军留驻巴黎和法国北部诸省。由于《法兰克福条约》条件苛刻，令战败的法国与德国从此结怨，引起了法国的复仇主义，埋下了第一次世界大战最早的起因。现在的《凡尔赛条约》与当年的《法兰克福条约》何其相似，它埋下的是"二战"

的种子。巴黎和会并没有解决帝国主义之间争夺殖民地的矛盾，《凡尔赛和约》是在美、英、法、意、日等国操纵下缔结的，是帝国主义列强重新瓜分殖民地和划分势力范围的掠夺性条约。历史无情地嘲笑着巴黎和会。1939 年 9 月，希特勒再次在欧洲掀起大战，距巴黎和会正好是 20 年零 2 个月！从此，世界人民再次陷入灾难和痛苦中。